Philipp Dankel

Strategien unter der Oberfläche

Die Emergenz von Evidentialität im Sprachkontakt
Spanisch – Quechua

FREIBURGER ROMANISTISCHE ARBEITEN

herausgegeben von

Andreas Gelz, Ursula Hennigfeld, Hermann Herlinghaus,
Daniel Jacob, Rolf Kailuweit, Thomas Klinkert,
Stefan Pfänder

Band 10

Philipp Dankel

Strategien unter der Oberfläche

Die Emergenz von Evidentialität im Sprachkontakt
Spanisch – Quechua

rombach verlag

Gefördert durch:

 Dr. Jürgen und Irmgard Ulderup Stiftung

Bibliografische Information der Deutschen Bibliothek
Die Deutsche Bibliothek verzeichnet diese Publikation in der Deutschen Nationalbibliografie; detaillierte bibliografische Daten sind im Internet über <http:/dnb.d-nb.de> abrufbar.

© 2015. Rombach Verlag KG, Freiburg i.Br./Berlin/Wien
1. Auflage. Alle Rechte vorbehalten
Lektorat: Katja Scholtz
Umschlag: Bärbel Engler, Rombach Verlag KG, Freiburg i.Br./Berlin/Wien
Satz: Rombach Druck- und Verlagshaus GmbH & Co. KG, Freiburg im Breisgau
Herstellung: Rombach Druck- und Verlagshaus GmbH & Co. KG, Freiburg im Breisgau
Printed in Germany
ISBN 978-3-7930-9809-6

*Für Hermine, Anton und Veronika,
Hildegard und Michael,
Franz und Julian.*

Danksagung

Mein herzlicher Dank geht an all die Menschen deren Unterstützung die Entstehung und Gestaltung dieser Arbeit ermöglicht haben.
Für die Betreuung und Begutachtung der Arbeit gilt mein Dank meinem Doktorvater Prof. Dr. Stefan Pfänder sowie Prof. Dr. Daniel Jacob und Prof. Dr. Wolfgang Raible. Auf ihren fachlichen Rat, ihre Kritik, ihre Anregungen und ihre persönliche Unterstützung konnte ich jederzeit zählen. Besonders danken möchte ich dabei Prof. Dr. Stefan Pfänder für sein Vertrauen und seine Art des Förderns und Forderns, der ich so vieles zu verdanken habe.
Diese Arbeit wäre ohne die Menschen, die bereit waren sich mir und meinen Kollegen für Gesprächsaufnahmen und Interviews zur Verfügung zu stellen, nicht möglich gewesen. Ein herzliches Dankeschön deshalb an sie, insbesondere meinen Freunden und Unterstützern in Bolivien.
Danke an die Projektverantwortlichen und Gäste des Graduiertenkollegs 1624 »Frequenzeffekte in der Sprache« für die hervorragende Ausbildung und die perfekten Bedingungen, ermöglicht vor allem durch den unermüdlichen Einsatz der beiden Sprecher, Prof. Dr. Stefan Pfänder und Prof. Dr. Heike Behrens. Danke auch an meine Kollegen der 1. Generation, insbesondere Malte Rosemeyer und Karin Madlener, mit denen das GRK zu einem fachlichen und menschlichen Erfolg wurde.
Für Inspiration, Energie, Ratschläge, Anregungen, Transkriptionshilfe, redaktionelle Unterstützung u.ä. bedanke ich mich bei: Daniel Alcón, Francesco Azzarello, Anna Babel, Marta Bulnes, Clara Debour, Cynthia Dermarkar, Dennis Dressel, Oliver Ehmer, Maximilian Feichtner, Victor Fernández-Mallat, Marco García García, Juan Carlos Godenzzi, Johanna Gutowski, Hiltrud Junker-Lemm (ganz besonders), Constanze Lechler, Angelita Martínez, Isabel Oberle, Ole Oeltchen, Robin Oldenzeel, Adriana Orjuela, Azucena Palacios, Soledad Pereyra, Elke Schumann, Marie Skrovec, Dirk Vetter, España Villegas u.v.m. Ganz besonders danken möchte ich in dieser Hinsicht Mario Soto Rodríguez: ¡Gracias hermano!
Für die großzügige finanzielle Förderung meiner Promotion und ihrer Publikation gilt mein Dank der *Deutschen Forschungsgemeinschaft*, der *Université de Montréal* und der *Dr. Jürgen und Irmgard Ulderup Stiftung*.
Zu guter Letzt danke ich meiner Familie und meinen Freunden für ihr immerwährendes Vertrauen und ihre stete Unterstützung.

Inhalt

1 Einleitung 19
1.1 Einleitung aus der Perspektive der Sprachwandelforschung und allgemein-linguistischer Fragestellungen 19
1.2 Einleitung aus der Perspektive der Sprachkontaktforschung 25
2 Methodisch-theoretische Grundlagen 29
2.1 *Dizque* als Evidentialitätsmarker im Spanischen – die Forschungslage 29
2.2 Evidentialität als sprachliche Kategorie 32
    2.2.1 Evidentialität zwischen Grammatik und Gebrauch 32
    2.2.2 Evidentialität und Grammatikalisierung – grundsätzliche Überlegungen 36
2.3 Evidentialität aus onomasiologischer Perspektive: eine Fallstudie in den beiden Kontaktsprachen 39
    2.3.1 Kontakt, Konvergenz und Evidentialitätsmarkierung als kognitiv-kulturelle Notwendigkeit 39
    2.3.2 Evidentialität als Kategorie im Quechua und im Andenspanisch 42
    2.3.3 Eine Fallstudie zum Quechua 46
    2.3.4 Eine Fallstudie zum Andenspanisch 57
    2.3.5 Diskussion: Konvergenz und Divergenz der untersuchten Phänomene 67
    2.3.6 Konklusion 71
3 Daten und Analyseparameter 75
3.1 Die Datengrundlage 75
3.2 Die Grammatikalisierung des Evidentialitätsmarkers *dizque* im Andenspanisch: Parameter und Kriterien der Korpusanalyse 77
4 Varianten von *dizque* im ecuadorianischen Spanisch 81
4.1 Beispiele Typ 1: Verb + Konjunktion 81
    4.1.1 Beispiel ›Sauber‹ 81
    4.1.2 Beispiel ›Vitamine‹ 83
4.2 Beispiele Typ 2: Perspektivierung und Deixis 86
    4.2.1 Beispiel ›Quichua sprechen‹ 86
    4.2.2 Beispiel ›Unter Drogen‹ 89
4.3 Beispiele Typ 3: Metonymie 94

	4.3.1	Beispiel ›Vitamine‹ (= Kapitel 4.1.2)	94
	4.3.2	Beispiel ›Racumin‹	97
4.4	Beispiele Typ 4: Syntaktische Konkordanz und Diskursstrukturierung		99
	4.4.1	Beispiel ›Neid auf Salcedo‹	99
	4.4.2	Beispiel ›Der Chimborazo‹	102
4.5	Beispiele Typ 5: Pragmatisierung		107
	4.5.1	Beispiel ›Betrunken‹	107
4.6	Beispiele Typ 6: Reduktion		110
	4.6.1	Beispiel ›Mehr verdienen‹	110
	4.6.2	Beispiel ›Arbeit in Quito‹	112
5	Varianten von *dizque* im bolivianischen Spanisch		115
5.1	Beispiele Typ 1: Verb + Konjunktion		115
	5.1.1	Beispiel ›Englische Interessen‹	115
5.2	Beispiele Typ 2: Perspektivierung und Deixis		117
	5.2.1	Beispiel ›Alte Spielkameraden‹	117
	5.2.2	Beispiel ›Zwerge im Haus‹	119
5.3	Beispiele Typ 3: Metonymie		124
	5.3.1	Beispiel ›Wer gewinnt den *Clásico*‹	124
5.4	Beispiele Typ 4: Syntaktische Konkordanz und Diskursstrukturierung		126
	5.4.1	Beispiel ›Scheibenschießen‹	126
	5.4.2	Beispiel ›Das Spray‹	131
	5.4.3	Beispiel ›Rosel‹	135
	5.4.4	Beispiel ›Allein in der Teufelsgasse‹	137
	5.4.5	Beispiel ›Nachts um zwölf‹	141
5.5	Beispiele Typ 5: Positionierung		146
	5.5.1	Beispiel ›Morgens auf dem Markt‹	146
	5.5.2	Beispiel ›Nachbarn‹	150
5.6	Beispiele Typ 6: Reduktion		154
	5.6.1	Beispiel ›Neue Stadtviertel‹	154
	5.6.2	Beispiel ›Die Grenzen Boliviens‹	158
5.7	Emergenz in der Interaktionssituation – *dice que* als offene Form im bolivianischen Spanisch		163
	5.7.1	Beispiel ›Der Bischof‹	164
	5.7.2	Beispiel ›Geräusche‹	166
6	Varianten von *dizque* im peruanischen Spanisch		173
6.1	Beispiele Typ 1: Verb + Konjunktion		175

	6.1.1 Beispiel ›Aymara‹	175
6.2	Beispiele Typ 2: Perspektivierung und Deixis	177
	6.2.1 Beispiel ›Hoffentlich dieses Mädchen‹	177
	6.2.2 Beispiel: ›Arbeiten und Studieren‹	178
6.3	Beispiele Typ 4: Syntaktische Konkordanz und Diskursstrukturierung	180
	6.3.1 Beispiel: ›Manieren‹	180
6.4	Beispiele Typ 5: Positionierung	182
	6.4.1 Beispiel: ›Die Hochzeit, Version 1‹ (= Beispiel 6.5.3)	182
6.5	*Verba dicendi* und Evidentialität im peruanischen Spanisch – Aspekte in Variation und Positionierung	183
	6.5.1 Beispiel: ›Der Nacachu‹	183
	6.5.2 Beispiel: ›Der Vergleich‹	185
	6.5.3 Beispiel: ›Die Hochzeit, Version 1‹	192
	6.5.4 Beispiel: ›Die Hochzeit, Version 2‹	200
7	Synopse	207
8	Gewählte und alternative Transferstrukturen in der Zielsprache	213
8.1	Einleitung	213
8.2	Frequenzeffekte im Sprachkontakt	214
8.3	Frequenz als Faktor für die Wahl der Zielstruktur	217
	8.3.1 Testimoniale/nicht testimoniale Vergangenheit	220
	8.3.2 Ausdruck reportativer Evidentialität	222
8.4	Fazit	226
9	Zusammenfassung der Ergebnisse und Ausblick	229
10	Literaturverzeichnis	237
11	Anhang: Zielstrukturen und mögliche Alternativen für die grammatischen Kategorien des Quechua	257

Tabellen und Schemata

Tabelle 1: Studien zum Evidentialitätsmarker *dizque* 31
Tabelle 2: Evidentialitätstypen 34
Tabelle 3: Analyseparameter 78
Tabelle 4: Synopse 210
Tabelle 5: Alternativen zu *decir* in CORDE und CREA 224
Tabelle 6: gewählte und alternative Zielstrukturen im Transfer
   Quechua – Spanisch 257

Schema 1: System der Vergangenheitstempora im Quechua 52
Schema 2: Informationszusammenhänge und Quellen der
   Geschichte ›Mord an einer Wirtin‹ 60
Schema 3: Beispiel für die Verkettung von Bezeugungen im
   Ausschnitt ›Mord an einer Wirtin‹ 66
Schema 4: Beispiel ›Sauber‹ 82
Schema 5: Beispiel ›Vitamine‹ 85
Schema 6: Beispiel ›Quichua sprechen‹ 88
Schema 7: Beispiel ›Unter Drogen‹ 94
Schema 8: Beispiel ›Vitamine‹ 96
Schema 9: Beispiel ›Racumin‹ 99
Schema 10: Beispiel ›Neid auf Salcedo‹ 102
Schema 11: Beispiel ›Der Chimborazo‹ 106
Schema 12: Beispiel ›Betrunken‹ 110
Schema 13: Beispiel ›Mehr verdienen‹ 112
Schema 14: Beispiel ›Arbeit in Quito‹ 114
Schema 15: Beispiel ›Englische Interessen‹ 117
Schema 16: Beispiel ›Alte Spielkameraden‹ 119
Schema 17: Beispiel ›Zwerge im Haus‹ 123
Schema 18: Beispiel ›Wer gewinnt den *Clásico*‹ 125
Schema 19: Spektrogramm und Intensitätsverlauf:
   »*dice que era bárbara*« 129
Schema 20: Spektrogramm und Intensitätsverlauf:
   »*dice que (ponía= una)*« 129

Schema 21: ›Scheibenschießen‹ 131
Schema 22: *Dice que* als einzelner *slot* in einer Retraktionsschablone .. 133
Schema 23: ›Das Spray‹ 134
Schema 24: ›Rosel‹ 136
Schema 25: ›Allein in der Teufelsgasse‹...................... 141
Schema 26: ›Nachts um zwölf‹ 146
Schema 27: ›Morgens auf dem Markt‹ 150
Schema 28: ›Nachbarn‹.................................... 153
Schema 29: Spektrogramm und Intensitätsverlauf:
»...*Pagador dice que es (-)*« 155
Schema 30: Spektrogramm und Intensitätsverlauf:
»...*so eso (.) dizque es (.)*« 156
Schema 31: ›Neue Stadtviertel‹ 158
Schema 32: ›Die Grenzen Boliviens‹ 162
Schema 33: ›Aymara‹ 176
Schema 34: ›Hoffentlich dieses Mädchen‹ 178
Schema 35: ›Arbeiten und Studieren‹ 180
Schema 36: ›Manieren‹.................................... 182
Schema 37: Markierungsebenen für Evidentialität im Beispiel
›Die Hochzeit, Version 1‹ 197

Verwendete Interlinearglossierung

1	erste Person
2	zweite Person
3	dritte Person
3.1	Objektpersonenmarker: dritte Person zu erster Person
ABL	Ablativ
ACC	Akkusativ
ADD	Additiv
CAU	Kausal
CERT	Certitudinal
DEST	Destinativ (Finalität)
DELIM	Delimitativ
DIM	Diminutiv
DIR	Direktional
DIREV	direktes Evidential
EU	euphonisches Segment
FACT	Faktitiv
GEN	Genitiv
GER	Gerund
GNR	generische Wurzel
INCEP	Inceptiv
INCH	Inchoativ
INFR	Inferential
INST	Instrumental
INTS	Intensivierer
LIM	Limitativ
LNK.CONT	syntaktischer Kontinuativ
MOV	Translokativ
NEG	Negationspartikel
NO.TEST	Nichttestimoniale Vergangenheit
NUD	diskursiver Anknüpfer
PART	Partizip
PE	exklusiver Plural
PI	inklusiver Plural
PL	Plural
POSS	Possessiv

POT	Potential
RAP	Rapportpartikel
REFL	Reflexiv
SG	Singular
SR	Subordinator (biaktantiell)
TEST	Testimoniale Vergangenheit
TOP	Topikmarker

Verwendete Transkriptionskonventionen (auf Basis von GAT2)

Sequenzielle Konventionen:
```
pra[do]            Überlappungen und Simultansprechen
   [ma]ñana
```

Segmentale Konventionen:
```
:, ::, :::         Dehnung, Längung, je nach Dauer
=                  Verschleifungen innerhalb von Einheiten
lleg...            Wortabbruch
?                  Glottalverschluss
```

Pausen:
```
(.)                Micropause (< 0.3s)
(-)                kurze Pause (0.3s - 0.6s)
(--)               mittellange Pause (0.6s - 0.8s)
(---)              lange Pause (0.8s - 1.0s)
(1,45)             Pausen, länger als eine Sekunde
```

Akzentuierung:
```
PRAdo              Primär- bzw. Hauptakzent
```

Tonhöhenbewegung am Einheitenende:
```
/                  hoch steigend
,                  mittel steigend
-                  gleich bleibend
;                  mittel fallend
\                  tief fallend
```

Unverständliche Passagen:
```
(prado)            vermuteter Wortlaut
(xxx); (x xx)      unverständliches Wort; eine, zwei, etc. unverständliche
                   Silben in einer Passage
(prado ; dado)     mögliche Alternativen
```

Atmen:
```
°h                 Einatmen
h°                 Ausatmen
```

Sonstige Konventionen:

`eh, ah, etc.`	Verzögerungssignale
`hm, aya, etc.`	Rezeptionssignale
`est(h)o`	Lachpartikeln beim Reden
`jaja, jeje, etc.`	silbisches Lachen
`((lacht))`	Beschreibung des Lachens
`((hustet))`	Para- und außersprachliche Handlungen und Ereignisse
`<<hustend>   >`	sprachbegleitende para- und außersprachliche Handlungen und Ereignisse mit Reichweite
`<<erstaunt>   >`	interpretierende Kommentare mit Reichweite
`<<all>   >`	allegro, schnell; Lautstärke- und Sprechgeschwindigkeitsveränderung
➔	Verweis auf im Text behandelte Transkriptzeilen

1 Einleitung

Die vorliegende Arbeit beginnt mit einer zweigeteilten Einleitung, die folgende Perspektiven und Ziele umfasst: im ersten Teil der Einleitung wird die Fragestellung dieser Arbeit zunächst aus einer allgemein sprachwissenschaftlichen Sicht in der Sprachwandelforschung situiert. Im zweiten Teil positioniert sich die Arbeit in der Sprachkontaktforschung zum Andenraum.[1]

1.1 Einleitung aus der Perspektive der Sprachwandelforschung und allgemein-linguistischer Fragestellungen

Diese Arbeit vertieft drei Aspekte, die über die bisherige Forschung hinausgehen und leistet somit einen neuen Beitrag, sowohl zur Forschung über das Andenspanische als auch zur Forschung über kontaktinduzierten Sprachwandel.
Den Schwerpunkt der Arbeit bildet die Frage, wie ähnlich sich die drei ›großen‹ Varietäten[2] des andinen Spanisch, das ecuadorianische, das peruani-

---

[1] Die dabei auftretenden Doppelungen werden absichtlich in Kauf genommen.
[2] Als andines Spanisch bezeichnet man diejenigen spanischen Varietäten, die im Konvergenzareal der indigenen Sprachen Quechua, Aymara und Puquina mit letzteren koexistieren. Dieses Areal deckt sich in erster Linie mit großen Teilen Ecuadors, Perus und Boliviens, jedoch in geringer Ausbreitung auch mit Teilen des südlichen Kolumbien, mit dem Norden Argentiniens und dem Norden Chiles (Escobar 2011: 323f., Rivarola 2000: 13f.). Man spricht von den drei ›großen‹ Varietäten, weil in Ecuador, Peru und Bolivien die meisten Sprecher der Kontaktsprachen beheimatet sind. Die Kontaktsprache mit der größten Sprecherzahl ist dabei das Quechua.
Je nach Datenquelle spricht man in Ecuador von ca 2 Mio. Quechua-Sprechern (dort Quichua genannt) (Sälzer 2013) bzw. 1,5 Mio. Quechua-Sprechern (Escobar 2011: 324). Insgesamt liegt der Anteil der indigenen Bevölkerung in Ecuador bei 20-25% (Stand 2001, Wert entnommen aus Sälzer 2013).
Für Peru geben sich bei den *resultados censales* von 2007 (http://desa.inei.gob.pe/censos2007/tabulados/) 13% der Bevölkerung als Quechua-Sprecher an (3,3 Mio.). Andere Quellen gehen auch von deutlich mehr aus und taxieren die Gesamtzahl an den andinen Sprachen (Quechua, Aymara und Jaqaru) auf 5,5 Mio. (Escobar 2011). Der Gesamtanteil an indigener Bevölkerung liegt in Peru mit 35-45% deutlich höher als in Ecuador. Dies ist laut Sälzer (2013) der dritthöchste Wert in Lateinamerika, nach Bolivien und Guatemala.
Offiziell spricht der Zensus von 2001 für Bolivien von 2,3 Mio. Sprechern des Quechua, was einem Anteil von 20% der Gesamtbevölkerung entspricht (http://apps.ine.gob.bo/censo/make_table.jsp?query=poblacion_15). Knapp 3 Mio. Sprecher in Bolivien sprechen zwei oder mehr Sprachen (http://apps.ine.gob.bo/censo/make_ table.jsp?query=poblaci-

sche und das bolivianische Spanisch, tatsächlich sind und inwieweit von einer parallelen Entwicklung dieser Varietäten gesprochen werden kann. Diese Frage stand in der bisherigen Forschung in einem Spannungsfeld zwischen diskursiver Konstruktion nationaler Identität, deren Ziel es war, sich gegenüber anderen Nationen abzugrenzen, und den häufig von Linguisten aus dem Ausland durchgeführten Studien, die feststellten, dass ein Phänomen ähnlich funktioniert wie im Nachbarland. Dieser Abgleich mit den Nachbarländern wurde aber in der Regel selektiv verfolgt, da dies zur Beantwortung der entsprechenden Fragestellung meist ausreichend war. Das Vorgehen bisheriger Studien war daher meist die Analyse von Korpusdaten einer einzelnen Varietät, von der aus dann auf die aus der Sekundärliteratur referierten Daten für die anderen Varietäten rückgeschlossen wurde (z.B. die Arbeiten von Calvo Pérez 2000, Cerrón-Palomino 2003, Escobar 2000, Merma Molina 2007, aber auch korpuslinguistisch aufwendige und hochaktuelle Arbeiten wie Pfänder et al. 2009). In vielen Fällen kommt es erst gar nicht zu einem Vergleich, sondern die Relation zwischen den Varietäten bleibt an der (bibliographischen) Oberfläche, wie in einem Beispiel bei Calvo Pérez (2000: 73):

> Las convergencias y divergencias entre [sic] producidas entre sus tres lenguas más importantes, el español, el quechua y el aimara, a veces dos a dos, a veces en trío, determinan una serie de variedades caóticas, de las que hace tiempo viene resultando un español nuevo, si nos atenemos a la primera de las lenguas citadas. El trabajo de Pozzi- Escot se centra en Perú, pero el comportamiento idiomático es similar en Bolivia, Ecuador o en el Noroeste argentino (Justiano de la Rocha 1986, Toscano 1953, Fernández Lávaque y Valle Rodas 1998).

---

on_16). Die Anzahl an Sprechern, die eine passive Kompetenz im Quechua besitzen, dürfte aber deutlich höher anzusiedeln sein, wie die Befragungen von Sichra (1986: 126) andeuten. 60% der über 15-Jährigen ordnen sich selbst einer indigenen Gruppe zu, die Mehrheit davon dem Quechua (http://www.ine.gob.bo/indice/visualizador.aspx?ah=PC20113.HTM). Insbesondere im *Departamento* Cochabamba ist das Quechua die dominierende indigene Varietät im Alltag (49,9% der Sprecher, die das Quechua im Alltag gebrauchen, leben in Cochabamba; Martínez 1996: 17). Mindestens die Hälfte der Sprecher in Cochabamba werden als zweisprachig bezeichnet (Pfänder 2004).
Eine deutlich geringere Zahl an Sprechern der indigenen Sprachen des Andenraums findet sich in Argentinien (ca. 1 Mio.), Südkolumbien (23000) und im Nordwesten Chiles (9000) (Escobar 2011: 324).
Escobar (2011: 324) geht zusammenfassend von insgesamt ca 10 Mio. Quechua-Sprechern im Andenraum aus und zählt den Bilingualismus Spanisch – Quechua zu dem mit der drittgrößten Sprecherzahl auf dem amerikanischen Kontinent, hinter Spanisch – Englisch in den USA und Englisch – Französisch in Kanada.

Jedoch vor allem im Umgang mit mündlichen Korpusdaten, wie im Fall von Pfänder et al. (2009), liegt die Schwierigkeit insbesondere im großen Aufwand, sich eine ausreichende Ausgangsbasis an mündlichen Daten aus den verschiedenen Varietäten zu erarbeiten oder Zugang zu einer entsprechenden Datenmenge zu erhalten, da die Vorarbeiten wissenschaftlicher Datenerhebung bisher nur spärlich vorhanden waren.

Eine systematisch vergleichende Analyse liegt nicht vor. Dies stellt deshalb ein Problem dar, da die dadurch getroffenen Aussagen in der Regel spezifischen Problemstellungen galten. Somit ist auch der Fokus auf die referierte Literatur sehr spezifisch dem jeweiligen Problem gewidmet. Für einen systematischen Vergleich entstehen dadurch keine zufriedenstellenden, nachvollziehbaren Ergebnisse. Ein Varietätenvergleich fürs andine Spanisch existiert bisher also nur oberflächlich.

Erst in den letzten fünf Jahren ist es durch die Etablierung des Forschernetzwerkes *españoldelosandes.org*[3], an dessen Aufbau ich zusammen mit Stefan Pfänder, Juan Carlos Godenzzi, Victor Fernández-Mallat und Daniel Alcón maßgeblich beteiligt bin, gelungen, die Resultate der Korpusarbeit verschiedener Forscher zu bündeln und den Mitgliedern des Netzwerkes zugänglich zu machen. Dieser Umstand ermöglicht es der hier vorliegenden Arbeit also erstmalig, anhand von mündlichen Korpusdaten drei Varietäten des andinen Spanisch zu vergleichen. Dies geschieht in den Kapiteln 4, 5 und 6 anhand der Markierung von HÖRENSAGEN durch Elemente auf Basis des *verbum dicendi decir*. Dabei wird insbesondere die Entstehung der Partikel *dizque* durch die Univerbierung der 3. Pers. Sing. *dice* und dem nebensatzeinleitenden Komplementierer *que* betrachtet. Dies mündet in einer Synopse in Kapitel 7.

In einem diesem Vergleich vorausgehenden Schritt ist der Blick auf die kognitive Dimension bei Sprachwandelprozessen in Kontaktsituationen zu richten, der in der bisherigen Forschung kaum Beachtung fand. Von einer gebrauchsbasierten Perspektive ausgehend steht dabei nicht wie bisher die rohe Erfahrungsmöglichkeit von Äußerungen aus den Kontaktsprachen im Vordergrund, sondern es wird die Frage gestellt, welche Erfahrung zählt und wann sie zählt. Es geht also nicht darum, festzustellen, ob eine sprachliche Einheit oder eine Kategorie im Quechua existiert, sondern ob sie gebraucht wird und wie sie gebraucht wird. Die bloße Existenz einer Kategorie ist also noch kein Grund, kontaktinduzierten Wandel anzunehmen, wohl aber zählt, ob sie eine Rolle im kommunikativen Alltag der Sprecher

---

[3] http://espanoldelosandes.org

spielt (Kapitel 2.3). Die Häufigkeit, mit der sie realisiert wird, ist nicht entscheidend.
Es zählt also die Erfahrung, die ein Sprecher mit einer Einheit oder Kategorie im sozialen Kontext macht. Ist diese wie im Falle der Evidentialitätsmarker im Spanischen des Andenraums so essentiell, dass ihre obligatorische Verwendung in der Ausgangssprache zu einem starken Anstieg von Strategien der Evidentialitätsmarkierung in der Zielsprache führt (ebenso Kapitel 2.3), so kann dies zu Grammatikalisierung führen. Zu betonen bleibt aber, dass dabei nicht das Subsystem des Quechua an sich übernommen wird, sondern es findet eine Reorganisation der Kategorien in der Zielsprache statt (Pfänder et al. 2013).
Ein dritter Aspekt stellt fest, dass für den Sprachkontakt Spanisch – Quechua bisher immer positivistisch beschrieben wurde, welche Zielstrukturen genutzt wurden. Die Frage nach möglichen Alternativen blieb jedoch aus. Dabei legt insbesondere das Ergebnis der Kapitel 4, 5 und 6 nahe, dass für die drei untersuchten Varietäten zwar deutliche Unterschiede in der Entwicklung der Evidentialitätsmarker auf der Basis von *decir* festzustellen sind, die Basis der Zielstruktur aber eben die gleiche ist. Dabei stehen den Sprechern zumindest vom linguistischen Standpunkt aus durchaus attraktive Alternativen zur Verfügung (Kapitel 8 für die Kategorie Evidentialität, der Anhang für weiter im Sprachkontakt Spanisch – Quechua relevante Kategorien). Eine Begründung für diese einheitliche Wahl der Zielstruktur kann auch in Bezug auf den Transfer anderer Kategorien sein, dass zu beobachten ist, wie im Spanischen alle Wandelphänomene bereits angelegt waren (siehe Pfänder et al. 2009: 275ff.).
Aus dieser systematischen Gegenüberstellung der drei ›großen‹ andinen Varietäten ergibt sich also folgender empirischer und theoretischer Mehrwert für künftige Forschungsprojekte:
Der systematische Vergleich der drei Varietäten wurde in dieser Arbeit exemplarisch für ein Kontaktphänomen (die Entstehung von *secondhand*-Markern) erfolgreich durchgespielt. Die Unterschiede zwischen den ecuadorianischen, peruanischen und bolivianischen Daten sind beachtlich groß. Dies ist auffällig, da gezielt darauf geachtet wurde, Korpusdaten zu wählen, denen als Kontaktsprache ein vergleichbarer Quechua-Dialekt zu Grunde liegt.[4] Es ist also festzuhalten, dass bei vergleichbarem Input unterschiedliche Resultate hervortreten.

---

[4] Das Quechua wird in der Regel in zwei große Dialektgruppen eingeteilt: das Quechua I in Zentralperu und das Quechua II in Ecuador (auch Quichua oder Kichwa genannt), im Norden und im Süden Perus und in Bolivien. Beide Gruppen unterscheiden sich er-

Dieser Vergleich liefert somit ein empirisches Modell, das so auch für alle anderen auftretenden Kontaktphänomene (Pfänder et al. 2009: 244-249 beobachten insgesamt 40 Phänomene) erarbeitet werden kann. Auch für die weiteren 39 Kontaktphänomene sind demnach vielversprechende Ergebnisse in Bezug auf Unterschiede zwischen den Varietäten zu erwarten. Dies stellt sich folglich als lohnenswertes Forschungsfeld dar.

Der theoretische Mehrwert ist zunächst einmal ein kritischer Befund. Konnten Frequenzeffekte für den Sprachwandel in mehreren Studien bisher erfolgreich gezeigt werden (für eine Auswahl an Nennungen siehe Pfänder et al. 2013), so stellt sich die Situation im Sprachkontakt deutlich komplizierter dar. Zum einen bildet die komplexe methodische Herangehensweise eine große Herausforderung. Dies ist insbesondere deshalb der Fall, da die beobachtete Übertragung und Reorganisation von Kategorien auf Erfahrungen von Individuen in der Interaktion mit ihrem soziokulturellen Kontext abgebildet werden müssen und somit das Auftreten eines dekontextualisierten linguistischen Phänomens keine geeigneten Rückschlüsse zulässt. Dies muss besondere Sorgfalt bei der Wahl des Korpusmaterials nach sich ziehen, um die Vergleichbarkeit zu gewährleisten (siehe auch Pfänder et al. 2013). Zum anderen liefert die Empirie kein eindeutiges Bild.

In diesem Sinne entsprechen die hier vorliegenden Forschungsergebnisse den Ergebnissen von Shana Poplack und ihrem Team zum Sprachkontakt Englisch – Französisch in Ottawa (Kanada). Das Aufzeigen von Sprachwandel, so stellt sie fest, gelingt in der Regel gut. Gilt es aber, Wandel unter Kontaktbedingungen zu modellieren, so fällt dies methodisch denkbar schwer. Das Problem, das bei der von Poplack untersuchten Kontaktsituation auftritt, ist, dass diese Situation nicht die empirischen Daten liefert, um zu zeigen, dass aus dem Kontakt heraus Neues entsteht, da das Potential für die beobachteten Wandelphänomene in der Zielsprache bereits als Variante vorkommt (Poplack & Levey 2010, Poplack et al. 2011a, b).[5] Sämtliche Wandelphänomene, so also ihre Haupterkenntnis, sind im Französischen Kanadas bereits angelegt.

---

heblich. Im Quechua I herrschen auch gruppenintern große Unterschiede, während sich die Dialekte des Quechua II relativ ähnlich sind (siehe z.B. Adelaar 2004, Fabre 2005). Den hier verwendeten Korpusdaten des andinen Spanisch aus allen drei Ländern liegen Dialekte des Quechua II als Kontaktsprache zu Grunde.

[5] Verwiesen sei an dieser Stelle auch auf die aufschlussreiche Diskussion am Beispiel des zitierten *keynote article* von Poplack et al.'s (2011a) Forschung zu phrasenfinalen Präpositionen im Französischen von Québec in der Zeitschrift *Bilingualism: Language and Cognition* 15(02) mit Beiträgen von Martin Elsig, Georg A. Kaiser, Pieter Muysken, Ricardo Otheguy, Yves Roberge und Rena Torres Cacoullos.

Vergleichbares trifft auch auf das Spanische der Anden zu. Auch dort ist zu beobachten, dass alle Wandelphänomene bereits im Spanischen angelegt sind (siehe Pfänder et al. 2009: 275ff.). So hat zum Beispiel *decir+que* im Altspanischen schon einmal eine Univerbierung zu *dizque* und eine ähnliche Entwicklung zum *secondhand*-Marker durchlaufen (u.a. Lopez Izquierdo 2005).[6] Diese Entwicklung ist also sehr wohl mit den strukturellen Möglichkeiten des Spanischen vereinbar.

Poplack & Levey (2010) folgern daraus, dass die Kontaktsprache also, so lange kein eindeutiger Nachweis gelingt, keine Rolle bei der Herausbildung von typischen Wandelphänomenen im Französischen Kanadas spielt. Diese Folgerung trifft auf die Ergebnisse aus dem Andenraum aber nicht zu. Die Ausgangsbedingungen dort sind andere.

Aus diesem Grund stellen die Ergebnisse meiner Arbeit zwar die Ergebnisse von Poplack und Kollegen für das Englische und Französische in Ottawa als Kontaktsprachen nicht in Frage. Ihre Beobachtungen können durchaus zutreffen. Betrachtet man aber die soziolinguistische Situation der Sprecher im Andenraum, so sticht erstens besonders ins Auge, dass nicht nur die Mehrheit der Sprecher bilingual ist und, insbesondere aus historischer Perspektive betrachtet, bilingual war und diese Bilingualität auch in der alltäglichen Praxis lebt. Zweitens ist aus der Sicht linguistischer Kriterien hinzuzufügen, dass die Ausgangssprache (das Quechua) über andere grammatische Kategorien verfügt als das Spanische. Diese sind gleichzeitig stark ausgelastet (obligatorisch). Im Englischen und Französischen ist dies nicht so. Es herrschen kaum schwerwiegende Unterschiede in Bezug auf grammatische Kategorien. Drittens ist für alle drei hier untersuchten Varietäten des Andenspanischen festzustellen, dass die spanischen Zielstrukturen funktional reorganisiert werden.[7] Für das Französische in Ottawa wird keine funktionale Reorganisation berichtet. Dort handelt es sich in allen Fällen um die Extension von Vorhandenem. Das heißt, ein vorhandenes Element wird in seiner Funktion ausgeweitet, es entstehen aber keine neuen Kategorien. Zusammenfassend kann also für die Ergebnisse der hier vorliegenden Arbeit festgehalten werden, dass der Vergleich der Varietäten des Andenspanischen aus Ecuador, Peru und Bolivien für jede Varietät unterschiedliche Er-

---

[6] Die schwer zu klärende Diskussion, inwiefern *dizque* im Andenraum als Weiterentwicklung des altspanischen *dizque* zu betrachten ist, oder als unabhängig entstanden, spielt dabei für diese Überlegung keine entscheidende Rolle und wird deshalb in dieser Arbeit nicht weiter verfolgt.

[7] Der Wandelprozess führt dazu, dass mit *decir* nicht mehr direkte Rede ausgedrückt wird, sondern Hörensagen.

gebnisse liefert, trotz der im Grunde gleichen Ausgangsbedingungen. Dies zeigt, dass Sprache als System von Möglichkeiten modelliert werden muss. Die formalen Ausprägungen des Wandels lassen sich nicht unmittelbar aus den funktionalen Bedürfnissen erklären. Die drei Varietäten bringen drei Alternativen für den Wandel des Spanischen hervor und zeigen somit, dass das Potential für Wandel in einer Sprache nicht als ein determinierter Pfad zu betrachten ist, sondern als ein Pool von Möglichkeiten, die in verschiedenen Konfigurationen und Nuancierungen ausgeschöpft werden können.

1.2 Einleitung aus der Perspektive der Sprachkontaktforschung

Aufgrund bisheriger Arbeiten zum Sprachkontakt auf dem amerikanischen Kontinent kann festgestellt werden, dass besonders das Spanische im Andenraum stark mit dem Quechua konvergiert und, vor allem im Vergleich mit anderen Kontaktsituationen wie beispielsweise Spanisch und Guaraní in Paraguay (Gynan 2011, Palacios Alcaine 2008) oder Spanisch und Englisch in den USA (Silva-Corvalán 1994), eine Vielzahl von Transferphänomenen zu beobachten ist (für einen Überblick siehe u.a. Escobar 2011, Gugenberger 2013, Pfänder 2013, Pfänder et al. 2009, Sälzer 2013). Dieser Transfer zeigt sich aber in erster Linie indirekt. Das heißt, übertragen werden nicht bevorzugt Konstruktionen mit eingeschliffenen phonetisch-intonatorischen Sequenzen (z.B. lexikalische Elemente wie Wörter oder Lemmata), also *matter replication* (Matras 2009), sondern abstrakte semantische und syntaktische Muster, also *pattern replication* (ibid.).[8]
Insbesondere die Arbeit von Pfänder und Kollegen (2009) zum bolivianischen Spanisch zeigt, dass die *matter*, also die Oberflächenstrukturen sich nur geringfügig von anderen Varietäten des Spanischen unterscheiden, dass sich jedoch im Gebrauch dieser Strukturen deutliche funktionale Unterschiede zwischen dem Andenspanischen und den Standardvarietäten herauskristallisieren. Dies gilt auch für Peru (z.B. Calvo Pérez 1993, 2000, 2008, Godenzzi 2005) und Ecuador (z.B. Haboud & Vega 2008, Palacios Alcaine 2005). Besonders auffällig ist dabei, dass in allen Varietäten sehr ähnliche Phänomene zu Tage treten und immer wieder die gleichen Ressourcen des Spanischen zu ihrer Herausformung herangezogen werden.

---

[8] Eine ausführliche Definition und Unterscheidung beider Arten des Transfers findet sich in Matras 2009 (234–237), eine Kurzfassung findet sich in Matras 2010 (68).

In dieser Beobachtung stecken zwei Fragen, die bisher in der Forschungsliteratur noch kaum gestellt wurden und die in dieser Arbeit erstmalig in ausführlichem Umfang bearbeitet werden.

Die erste Frage, die sich stellt, ist, wie ähnlich sich die beobachteten Phänomene in den drei großen Varietäten des andinen Spanisch (ecuadorianisches, peruanisches und bolivianisches Spanisch) denn tatsächlich sind. Dies wird in dieser Arbeit am Beispiel des Evidentialitätsmarkers, der sich aus dem *verbum dicendi decir* in verschiedenen Vorkommensvariationen, unter anderem univerbiert mit dem nebensatz-einleitenden Komplementierer *que*, herausgebildet hat (insb. die Formen *dice, dizque* und *dice que*), untersucht. Dazu gilt es zunächst in Kapitel 2 die methodisch-theoretischen Grundfragen zu klären. In diesem Rahmen wird in Kapitel 2.3 untersucht, wie sich die Konvergenz der Kategorie Evidentialität zwischen dem Quechua und dem Spanischen in der konkreten Interaktion gestaltet. Es wird dazu je eine vergleichbare Erzählsequenz aus dem Quechua und dem andinen Spanisch gewählt und auf sämtliche Strategien des Ausdrucks von Evidentialität hin analysiert. Beide Sequenzen sind Erzählungen über vergangene Ereignisse, an denen die Sprecher nicht selbst beteiligt waren, die aber in ihrem unmittelbaren Umfeld, im vertrauten Raum von vertrauten Personen erlebt wurden. Die gewählten Sprecher sind beide aus derselben Region und gehören derselben Altersgruppe an. Bei diesem Vergleich wird deutlich, dass sich die Mittel zur systematischen Markierung von Evidentialität strukturell nicht auf grammatische Marker beschränken.

Fernerhin gilt es, die Daten und Analyseparameter zu erarbeiten (Kapitel 3). In den Kapiteln 4, 5 und 6 werden die unterschiedlichen Gebrauchskontexte und Nuancen des Markers *dizque* für Korpora gesprochener Sprache aus den Ländern Ecuador (Kap. 4), Bolivien (Kap. 5) und Peru (Kap. 6) herausgearbeitet. Kapitel 7 bildet dann eine Synopse der Ergebnisse.

Die zweite Frage greift die Beobachtung auf, dass in den untersuchten Varietäten die gleichen Ressourcen des Spanischen zur Herausbildung der neuen Funktion (in diesem Fall der Markierung von Evidentialität) herangezogen werden. Was es zu beantworten gilt, ist, warum es immer wieder auf die gleichen Zielstrukturen hinausläuft. Dabei zeigen die Ausarbeitungen für die Übertragung der Kategorie der Evidentialität in Kapitel 8 und die Übersicht über andere relevante Kategorien im Sprachkontakt Spanisch – Quechua im Anhang, dass zumindest vom linguistischen Standpunkt aus den Sprechern durchaus attraktive Alternativen zur Verfügung stehen. Für diese Ausarbeitung werden aus einem Korpus-*sample* aus bolivianischem Quechua die darin vorkommenden grammatischen Kategorien extrahiert, und es wird anhand des Transfers der Evidentialitätskategorien ausführlich überprüft und diskutiert, welche möglichen Zielstrukturen für einen Transfer ins Spanische in Frage kommen, welche dieser Optionen gewählt wird und welche möglichen Begründungen sich aus der Sprecherperspektive heraus dafür ergeben.

Eine mögliche Erklärung könnten Frequenzeffekte liefern. Bisherige Studien, die im Paradigma der gebrauchsbasierten sprachtheoretischen Modellierungen wie der von Bybee (2002, 2003, 2006, 2007, 2010) u.a. angesiedelt sind, belegen inzwischen ausführlich, dass die Frequenz eines sprachlichen Phänomens in Produktion und Perzeption einer der entscheidenden Faktoren zur Ausformung der mentalen Repräsentation von sprachlichen Strukturen ist und postulieren einen weitreichenden Geltungsanspruch. Auch für die Sprachkontaktforschung wurde versucht, Frequenzeffekte zu operationalisieren. Dabei konnte u.a. Johanson (1992, 2002, 2008, 2010) in seinen Beobachtungen zeigen, dass sprachliche Kategorien, die in der Ausgangssprache häufig sind, in Kontaktsituationen auch in der Zielsprache immer häufiger verwendet werden.

Frequenzeffekte in der Zielsprache können auf Grund der höheren Visibilität von frequenteren Formen im Vergleich zu weniger frequenten Formen bei der Auswahl von möglichen Konstruktionen, auf die etwas kopiert wird, eine Rolle spielen (Gómez Rendón 2008a: 41). Es wird sich in Kapitel 8 aber zeigen, dass diese Beobachtung vor allem auf der subsystematischen Ebene relevant ist. Frequenzeffekte bleiben für die Disziplin des Sprachkontaktes also von sekundärer Relevanz.

Der Vollständigkeit halber soll an dieser Stelle das Kapitel 9 erwähnt werden, das die Ergebnisse dieser Arbeit noch einmal resümiert.

Zusammenfassend demonstrieren die überwältigende Präsenz und Variation in der Verwendung von *decir* als Evidentialitätsmarker, die sich in den Kapiteln 4, 5 und 6 darstellen, und die Erkenntnisse aus den Beobachtungen zur Wahl der Zielstrukturen aus Kapitel 8 in Bezug auf die Sprecher vor allem eines: das Konzept der Evidentialität scheint im Andenraum von höchster Wichtigkeit zu sein. Dementsprechend lässt sich in den hier vorliegenden Daten anhand der Realisierung der Kategorie Evidentialität die Versprachlichung der kulturellen Routinen des Andenraumes mit den strukturellen Mitteln des Spanischen beobachten. Dies hat die Umstrukturierung gewisser Systempositionen im Spanischen zur Folge, die aber lange Zeit unbemerkt bleibt, da die Sprecher sehr behutsam die strukturellen Möglichkeiten des Spanischen ausnutzen, eine Strategie also, die sich erst spät an der sprachlichen Oberfläche auswirkt.

2 Methodisch-theoretische Grundlagen

2.1 *Dizque* als Evidentialitätsmarker im Spanischen – die Forschungslage

In der Grammatikalisierungsforschung werden Evidentialitätsmarkierung als Forschungsfeld (u.a. Diewald & Smirnova 2010a, b, c) und *dizque* als Evidentialitäsmarker im Spanischen (Miglio 2010) gerade wiederentdeckt. So beschreibt Miglio (2010) in einer quantitativen Studie zum Spanischen den diachronen Wandel von *dice que* zu *dizque* für das peninsuläre Spanisch (siehe dazu auch Eberenz 2004, Lopez Izquierdo 2005).
Miglios Daten zeigen, dass das hochfrequente Vorkommen des apokopierten *diz que* in historiographischen Werken, Urkunden und Gerichtsprotokollen des 13. und 14. Jahrhunderts in quasi impersonellen Kontexten mit niedriger Agentivität zu einer Verwendung von *dizque* als Evidentialitätsstrategie führte.

> Resulting from **high-frequency occurrence** in **low-agentivity and quasi-impersonal contexts**, dizque acquired the function of an evidentiality strategy and grammaticalized into an adverbial particle. From its very inception as an impersonal form, it is clear that dizque's fortunes were connected to specific literary genres such as juridical and historical prose and legal documents (Miglio 2010: 25, meine Hervorhebungen; PD).

Dies soll hier an zwei Beispielen aus dem Corpus Diacrónico del Español (CORDE) der Real Academia Española verdeutlicht werden.

(a) En el ccij capitulo que fue en el xxv annos **dize que** ...[1]

(Juan Manuel, vor 1325: *Crónica abreviada,* meine Hervorhebung; PD)

(b) La verdadera estoria **diz que** un enperador fué en Roma aquella sazón que ovo nonbre Otas, muy poderoso y muy buen christiano a maravilla.[2]

(Autor unbekannt, zw. 1300 und 1325: *Cuento muy fermoso de Otas de Roma,* meine Hervorhebung; PD)

In Beispiel (a) ist syntaktisch kein Subjektreferent vorhanden, auf den *diz que* verweisen könnte. Der Kontext bleibt impersonell. Bestenfalls wird auf den

---

[1] Übersetzung (PD): *Im CCII. Kapitel, das im XXV. Jahr war, heißt es, dass...*
[2] *Die wahre Geschichte sagt, dass es einen Kaiser in Rom gab...*

Autor des im Beispiel erwähnten Kapitels in Form einer konversationellen Implikatur referiert.

In Beispiel (b) ist zwar ein Subjektreferent vorhanden, jedoch ist die ›wahre Geschichte‹ als Subjekt abstrakt und wenig agentiv.

Ausgehend von dieser Entwicklung beobachtet Miglio eine Autonomisierung und Univerbierung des *strings* im Verlauf des 15. und 16. Jahrhunderts. *Dizque* ist damit als adverbiale Partikel mit reportativer Funktion bereits in dieser Zeitperiode voll ausgebildet. Es verschwindet jedoch nahezu vollständig im 17. und 18. Jahrhundert aus den schriftsprachlichen Dokumenten in den von Miglio verwendeten Korpora. Miglio erklärt dies mit signifikanten Veränderungen der für *dizque* relevanten Textgattungen. Im 19. und 20. Jahrhundert steigen die Vorkommen von *dizque* in verschiedenen literarischen Textgattungen, vor allem in Abschnitten fingierter Mündlichkeit, wieder an. Miglio schließt daraus, dass *dizque* einen Registerwechsel ins Mündliche vollzogen hat.

Offen bleibt jedoch, warum der starke Wiederanstieg von *dizque* besonders bei Schriften lateinamerikanischer Autoren zu beobachten ist.[3] Dies deckt sich zwar mit der intuitiven Einschätzung vieler lateinamerikanischer Sprecher, dass *dizque* sehr häufig im gesprochenen lateinamerikanischen Spanisch vorkommt, Miglios Datengrundlage lässt jedoch keine empirische Überprüfung und auch keine Aussage darüber zu, inwiefern die Entwicklung im Altspanischen mit den Vorkommen in Lateinamerika zusammenhängt.

> The **impressionistic view** of speakers of **Latin American Spanish** LAS that the form is **very common in oral usage** is **very likely true**, but **hard to corroborate with data from corpora**, whose LAS component usually comprises mainly formal spoken Spanish data (lengua culta) (Miglio 2010: 25, Hervorhebungen: PD).

Dizque ist aber für die Forschung zum lateinamerikanischen Spanisch kein gänzlich unbeschriebenes Blatt, wie der folgende Überblick über die Forschungslage zeigen soll.

---

[3] Problematisch an diesen Daten aus dem CORDE ist außerdem, dass die überwiegende Mehrheit dieser Vorkommen von einem einzigen Autor stammt.

Tabelle 1: Studien zum Evidentialitätsmarker *dizque*

Studien zum Spanischen, in denen *dizque* behandelt wird oder die **ausschließlich** *dizque* **gewidmet** sind:	
peninsuläres Spanisch (diachron)	Demonte & Fernández-Soriano 2013, Eberenz 2004, Lopez Izquierdo 2005, Miglio 2010
Überblick über Lateinamerika:	Kany 1944, Alcázar 2014, Dumitrescu 2011
Mexiko:	Olbertz 2007, García Fajardo 2009, Magaña 2005
Kolumbien:	Travis 2006
Venezuela:	Kany 1944
Überblick über den Andenraum:	Calvo Pérez 2000, 2008, Granda 2001
Ecuador:	Olbertz 2005
Peru:	Andrade 2007, Escobar 1994, 2000, 2011, Merma Molina 2007, Godenzzi 2005, 2007
Bolivien:	Babel 2009, Pfänder et al. 2009, Mendoza 2008
Argentinien (Nordwesten):	Fernández Lávaque 1998, Granda 2002
Ähnliche Entwicklungen in der Romania: brasil. Portugiesisch (diz que), Galizisch (disque), Rumänisch (cica), Sardisch (nachi), Sizilianisch (dicia)	Aikhenvald 2004, Cruschina & Remberger 2008

Eine ausführliche Korpusstudie zur Grammatikalisierung von *dizque* in Lateinamerika liegt bisher nicht vor und kann auch in der hier vorliegenden Arbeit aufgrund des schon von Miglio beanstandeten Mangels an entsprechendem Korpusmaterial nicht geleistet werden. Stattdessen soll sich diese Arbeit auf den Andenraum beschränken, für den, wie der Forschungsüberblick zeigt, erstens bereits eine gute Forschungsbasis in Form mehrerer Publikationen, zweitens mit Olbertz (2005), Babel (2009) und Andrade (2007) je eine Vorarbeit in Aufsatzlänge bzw. eine Magisterarbeit (Andrade) zum Gebrauch von *dizque* in Ecuador (Olbertz), Bolivien (Babel) und Peru (Andrade) vorliegt, und drittens mir für alle drei Regionen gesprochensprachliche Korpora zur Verfügung stehen (siehe Kapitel 3.1).

Die Sichtungsergebnisse in diesen Korpora liefern ein breites Spektrum an unterschiedlichen Vorkommen des zu untersuchenden *strings* in unterschiedlicher Funktion und Verwendung. Für eine präzise Einschätzung der Einzelvorkommen sind deshalb der Analyse vorausgreifend zwei Schritte vonnöten: erstens, eine genaue theoretische Auffächerung des Evidentialitätsbegriffes in der aktuellen Forschungsliteratur (Kapitel 2.2); zweitens ist empirisch zu prüfen, wie Evidentialität als Konzept im Andenraum tatsächlich versprachlicht wird und inwiefern hier eine konvergente Verwendung in den Kontaktsprachen Spanisch und Quechua vorliegt (Kapitel 2.3).

2.2 Evidentialität als sprachliche Kategorie

2.2.1 Evidentialität zwischen Grammatik und Gebrauch

2.2.1.1 Evidentialität als sprachliches Phänomen

Evidentialität kann generell als der versprachlichte Hinweis auf die Informationsquelle einer sprachlichen Äußerung gelten. In der sprachwissenschaftlichen Forschung war diese sprachliche Kategorie bisher besonders eine Domäne der Sprachtypologie, die sich dabei in erster Linie für das Vorhandensein oder Nichtvorhandensein eines geschlossenen morphologischen Paradigmas zum Ausdruck verschiedener Evidentialitätsarten interessiert (Diewald & Smirnova 2010a: 114, Wachtmeister Bermúdez 2006: 31). In jüngster Zeit nehmen aber auch Studien zur Evidentialität als diskurspragmatisches Phänomen[4] zu (Michael 2008: 62).

---

[4] Einen Überblick *in extenso* über die Verbindung der Kategorie der Evidentialität zu ihren Nachbarkategorien bietet vor dem Hintergrund der Analyse spanischer Pressetexte Hennemann (2013).

Zwischen beiden Ansätzen liegen insbesondere zwei Dissensfelder über die genaue Eingrenzung der Phänomenologie. Dies ist zum einen die Frage nach den möglichen Kodierungsebenen für die Evidentialitätsmarkierung, zum anderen die Frage nach der Eigenständigkeit der Kategorie und ihrem Verhältnis zur epistemischen Modalität.

2.2.1.2 Kodierungsebenen für Evidentialität

Evidentialität als grammatische Kategorie
Für den Großteil der einflussreichsten Arbeiten auf diesem Gebiet (unter ihnen u.a. Aikhenvald 2003, 2004, 2006, Aikhenvald et al. 2003, Anderson 1986, Bybee 1985, De Haan 2001, Lazard 2001) kann Evidentialiät nur auf grammatischer Ebene definiert werden. Evidentialitätssysteme setzen sich somit aus einem geschlossenen morphologischen Paradigma und obligatorischer Markierung zusammen.

> Linguistic evidentiality is a grammatical system (and often one morphological paradigm). In languages with grammatical evidentiality, marking how one knows something is a must. Leaving this out results in a grammatically awkward ›incomplete‹ sentence (Aikhenvald 2004: 6).

Evidentialität als semantische Kategorie
Andere Autoren erkennen auch lexikalische Elemente und Konstruktionen als Teil von Evidentialitätssystemen an (u.a. Biber & Finegan 1989, Chafe 1986, Cornillie 2007, Crystal 2003, Mayer 1990).

> [Evidentials are] items that have to do with the way information is graded in respect of certainty and source (Mayer 1990: 103)

In der Konsequenz dieser Auffassung ist die grammatische Evidentialitätsmarkierung heruntergestuft zu einer Subklasse, und Evidentialität als Kategorie wird dieser Auffassung folgend für eine Vielzahl von Sprachen relevant.

Evidentialität als diskurspragmatische/kognitive Kategorie
Die Kodierungsebene lässt sich auch noch weiter spannen. Indem man wie Atkinson (1999), Hill & Irvine (1993b), Ifantidou (2001), Mushin (2001) anerkennt, dass das Bedürfnis, die Informationsquelle zu markieren, aus der Weltwahrnehmung, also aus einer kulturell-kognitiven Notwendigkeit heraus entsteht, müssen folglich auch pragmatische Strategien zum Ausdruck

von Evidentialität Teil der Bildung von systemhaften Paradigmen zur Markierung der Informationsquelle sein.

> In so far as delimiting evidentiality is concerned, these scholars are concerned only with notional content, and are neutral with respect to the structural characteristics of how this notional content is realized in discourse (Michael 2008: 83).

Diese Anerkennung jeglicher diskursiven Realisierung von Evidentialität als Ausgangspunkt einer systemhaften Verwendung verschiedener Arten von Informationsquellen auf Basis einer kognitiv-kulturellen Notwendigkeit ist entscheidend für das Aufspüren von sprachlichen Strukturen, von denen Grammatikalisationsprozesse ausgehen können.[5]

Arten von Informationsquellen in grammatischen Paradigmen
Hat sich einmal ein grammatisches Paradigma herausgebildet, so unterteilt sich dies in der Regel in bis zu fünf Evidentialitätstypen (Aikhenvald 2004: 2f., 2006: 320, Mushin 2001: xi), wie die folgende Tabelle veranschaulicht.

Tabelle 2: Evidentialitätstypen

	Evidentialitätstyp	Beispiel
A	Direkte Evidenz VISUAL	-> Er hat Fußball gespielt (Ich habe ihn spielen sehen)
B	Direkte Evidenz NONVISUAL	-> Er hat Fußball gespielt (Ich habe das Geschrei auf dem Sportplatz und ihn gehört, aber nicht gesehen)
C	Indirekte Evidenz ERSICHTLICH (*apparent*)	-> Er hat Fußball gespielt (Ich habe seine schmutzige Ausrüstung gesehen, nicht aber das Spiel)
D	Indirekte Evidenz AUS ZWEITER HAND (*secondhand*)	-> Er hat Fußball gespielt (Mein Nachbar hat es mir erzählt)

---

[5] Besonders in Sprachkontaktsituationen liefert die kulturell-kognitive Notwendigkeit und Weltsicht den Anschub für beginnende Grammatikalisierungsprozesse. Eine stark ausgebildete, obligatorisch zu bedienende Kategorie in der Ausgangssprache führt dazu, dass die Sprecher diese Kategorie auch in der Zielsprache bedienen wollen und deshalb nach sprachlichen Mitteln in der Zielsprache suchen, die diese Aufgabe übernehmen können.

E	Indirekte Evidenz ANGENOMMEN (*assumed*)	-> Er hat Fußball gespielt (Er spielt jeden Sonntag, also wohl auch heute)

Selten, aber in einigen Fällen vorhanden, sind fernerhin grammatische Evidentialitätssysteme mit mehr als fünf Typen. »Systems with more than five terms have just two sensory evidentials, and a number of evidentials based on inference and assumption of different kinds...« (Aikhenvald 2006: 323).

2.2.1.3 Evidentialität und die Grenze zur epistemischen Modalität

Wie das obige Beispiel zeigt, drückt der Typ E, die indirekte, angenommene Evidenz (Inferenz), eine logische Folgerung aus und ist in seiner Funktion eng verwoben mit dem Ausdruck des Wissensmodus. Diese Verbindung bildet den Ausgangspunkt für das zweite Feld, in dem Uneinigkeit herrscht: die Abgrenzung von Evidentialität als eigenständige sprachliche Kategorie zur epistemischen Modalität, im Besonderen zur epistemischen Notwendigkeit. Diese Eigenständigkeit wird von vielen Wissenschaftlern in Frage gestellt.

Mit beiden Kategorien kann ein Sprecher seinen epistemologischen Standpunkt zu einer Proposition steuern. Evidentialität drückt dabei das Vorhandensein und die Art der Quelle für eine Proposition aus, epistemische Modalität stellt den Faktizitätsgrad der Proposition heraus (u.a. Diewald & Smirnova 2010a).

Jedoch sind Quelle und Faktizität beim Ausdruck von Inferenz und epistemischer Notwendigkeit im Sprachgebrauch eng miteinander verwoben, da die Markierung einer Informationsquelle immer auch eine implizite Angabe zur Faktizität einer Aussage macht und umgekehrt Faktizitätsbewertungen im Kontext implizit auf die Informationsquelle verweisen. Dies sei an folgenden Beispielen (a) zur epistemischen Notwendigkeit und (b) zur inferentiellen Evidentialität illustriert:

(a) Bei den Protesten muss die Stimmung auf dem Siedepunkt gewesen sein.
(b) Ich habe sie in voller Montur bis Stuttgart mitgenommen. Sie wird also daran teilgenommen haben.

Autoren wie beispielsweise van der Auwera & Plungian (1998) sprechen sich deshalb dafür aus, dass beide Kategorien einen Überlappungsbereich mit identischer Funktion haben.

> [...] the inferential reading amounts to epistemic modality and more particularly to epistemic necessity: for both categories we are dealing with the certainty of a judgment relative to other judgments. From this point of view it also causes no surprise that inferential evidentials often receive an English translation with epistemic *must*. **Inferential evidentiality is thus regarded as an overlap category** between modality and evidentiality. (van der Auwera & Plungian 1998: 85f., Hervorhebungen: PD)

Auf der anderen Seite plädieren beispielsweise Diewald & Smirnova (2010a) für die strikte Trennung beider Kategorien und erklären die enge Verbindung der beiden Kategorien über ein stabiles, aber nicht notwendigerweise permanent aktiviertes Implikationsverhältnis.

> Das bedeutet im Wesentlichen, dass die beiden Sub-Kategorien miteinander in einem **stabilen Implikationsverhältnis** stehen, das allerdings **nicht permanent aktiv ist bzw. aktiviert** wird. Aus dieser Perspektive lässt sich unter anderem erklären, warum die Kategorien häufig miteinander vermengt werden und auch durch gleiche sprachliche Mittel zum Ausdruck gebracht werden. Es wird aus dieser Sicht nämlich nicht ausgeschlossen, das diese Subkategorien auch unabhängig voneinander konzipiert, realisiert und ausgedrückt werden können. (Diewald & Smirnova 2010a: 121, Hervorhebungen: PD)

Aufgrund der logischen Verknüpfung beider Bereiche, so wird argumentiert, stehen sich inferentielle Evidentialität und epistemische Notwendigkeit als zwei Systeme in konverser Verteilung von inhärenter Semantik und konversationeller Implikatur gegenüber (ibid.: 126). Denn Schlussfolgerungen erreichen nie absolute Sicherheit, somit bleibt immer der Status der starken Hypothese haften. Andersherum kann gefolgert werden, dass je höher der Sicherheitsstatus einer epistemischen Notwendigkeit ist, desto wahrscheinlicher hat der Sprecher gute Evidenz für seine Aussage.

Dass diese strikte Trennung nicht rein auf der Basis logischer Argumentation angenommen werden muss, zeigt Aikhenvald (2003: 15), indem sie auf empirischer Basis feststellen kann, dass in manchen Sprachen beide Subkategorien getrennt voneinander verwendet, jedoch zur Modifikation derselben Proposition herangezogen werden. Solche Vorkommen sind auch in den Korpora dokumentiert, die dieser Arbeit zu Grunde liegen.

2.2.2 Evidentialität und Grammatikalisierung – grundsätzliche Überlegungen

Um der Beschreibung des grammatischen Wandels sprachlicher Einheiten zu einem Evidentialitätsmarker gerecht zu werden, muss zunächst grundsätzlich zwischen Evidentialität als grammatischer Kategorie und dem Prozess der Grammatikalisierung hin zu einer Evidentialitätskategorie unterschieden werden.

2.2.2.1 Evidentialität und Grammatik

Die Forschung zur Evidentialität steht unter dem starken Einfluss typologischer Studien, die einen hohen Bekanntheitsgrad und kanonischen Status besitzen (hier sind insbesondere Aikhenvald 2004 und Willett 1988 zu nennen). Diese Studien arbeiten mit engen Definitionen und formalen Kriterien, die den grammatischen Status von Evidentialität klar abgrenzen. Dies ist zum Beispiel bei Aikhenvald (2004: 3-11) der Fall. Sie stellt vier Kriterien für den Status grammatischer Evidentialität auf: (1) Die primäre Semantik des Markers muss einen Evidentialitätstypus ausdrücken. (2) Die Evidentialitätsmarkierung muss obligatorisch sein. (3) Paradigmatische Unilokalität muss vorliegen. Das heißt, der Marker muss immer im selben syntaktischen *slot* realisiert werden. (4) Es muss paradigmatische Uniformität vorliegen. Das Evidentialitätssystem muss also ein geschlossenes Paradigma bilden, in dem jeder Bestandteil in seiner Kernbedeutung einen Evidentialitätstyp ausdrückt.

2.2.2.2 Evidentialität und Grammatikalisierung

Durch eine so enge Klassifizierung fallen viele Evidentialitätsphänomene durch das Raster, nur ein hochgradig formaler und hochgradig spezialisierter Teilbereich der sprachlichen Ausdrucksmöglichkeiten von Evidentialität wird berücksichtigt und dient vielen Arbeiten als Ausgangspunkt für die Beschreibung der Phänomenologie einer Einzelsprache.

Besonders problematisch erscheint dies bei der Absicht, keine statische Klassifikation vorzunehmen, sondern die Beschreibung eines Prozesses zu fokussieren. Mit dem Ausblenden von Grenzfällen sowie lexikalischen und diskurspragmatischen Phänomenen besteht somit die Gefahr, auch die komplexen soziokulturellen Prozesse, die erst zur Herausbildung von grammatischer Evidentialitätsmarkierung geführt haben, zu vernachlässigen.

Diese Prozesse forcieren Kontexte, in denen zunächst pragmatische, lexikalische und paraphrastische Strategien zur Informationsquellenmarkierung benötigt werden. Dies führt erst nach und nach zur Herausbildung von unterschiedlich stark ausgefeilten grammatischen Paradigmen. Diese stehen aber am Ende eines oft mehrfachen Grammatikalisierungsprozesses,[6] der von historisch kontingenten Verwendungskontexten geprägt ist. Eine Berücksichtigung dieser Prozesse und Kontexte kann daher zu einem besseren Verständnis der Kategorie Evidentialität führen, welches bei bloßer Betrachtung der Endsystematik häufig verschlossen bleibt.

In Bezug auf den in dieser Arbeit angestrebten Vergleich zwischen drei andinen Varietäten lässt eine statische, zielorientierte Auffassung von Evidentialitätsmarkern fernerhin einen nur geringen Erkenntniswert erwarten. Die Unterschiede sind ja gerade in der Variation über die verschiedenen sprachlichen Ebenen hinweg zu suchen und dingfest zu machen.

Um die Grammatikalisierung von Evidentialitätsmarkern als Prozess fassen zu können, ist es nötig, die in den Daten vorhandene Phänomenologie unabhängig von sprachstrukturellen Vorgaben zu untersuchen, die in der Typologie legitime Statik der Modellierung zu dynamisieren und den Fokus auf die soziokulturell-interaktionalen Kontexte zu richten, die der Herausbildung von Evidentialitätsstrategien und komplexen Paradigmen zu Grunde liegen.

Dies betrifft insbesondere die Untersuchungen zu kontaktinduziertem Wandel. Hier ist eine dynamische Konzeptualisierung von Evidentialitätsmarkern vonnöten, da nicht von einer Übertragung eines vollständig ausgebauten, grammatikalisierten Subsystems von der Ausgangssprache in die Zielsprache auszugehen ist. Für einen solchen Konvergenzprozess ist vielmehr die Reorganisation der Kategorien in der Zielsprache (Pfänder et al. 2013) zu erwarten. Der Prozess dieser Reorganisation zeigt sich auf allen Ebenen sprachlicher Produktion.[7] Es müssen also pragmatische, lexikalische und paraphrastische Strategien der Evidentialitätsmarkierung betrachtet werden, um präzise Aussagen über die Übertragung und Entwicklung

---

[6] Die Herausbildung des häufig zitierten Evidentialitätsparadigmas im Tuyuca mit fünf Evidentialitätstypen ist das Ergebnis eines solchen mehrfachen Prozesses, in dem sich ein zunächst einfacheres Paradigma weiterentwickelt (Malone 1988).

[7] Ein Ansatz, der zur Modellierung eines solchen Reorganisationsprozesses herangezogen werden kann, ist das Fünf-Phasen-Modell von Daniel Jacob (2003a, b), das Grammatikalisierung als Systematisierung sprachlicher Formen durch Abstrahierung und (Aus-)Differenzierung von zunächst funktional und semantisch motivierten Strukturen betrachtet. Dieses Modell lässt in den Phasen I und II, unter welche die Entwicklung von *dizque* im Andenspanisch großteils fällt, hier außerdem problemlos eine Vermengung von evidentialer Bedeutung und damit eng zusammenhängenden anderen Bedeutungen (wie z.B. epistemische Modalität) zu und macht aus soziokultureller Perspektive Sinn, da die Sprecher Evidentialität als Kategorie nicht *per se* verwenden, sondern immer zum Erreichen konkreter Kommunikationsziele, für die eine Quellenmarkierung opportun oder notwendig ist.

von evidentialen Markern zwischen zwei Kontaktsprachen machen zu können.
Der im folgenden Unterkapitel (Kapitel 2.3) durchgeführte Vergleich von Strategien der Evidentialitätsmarkierungen in Sprachbeispielen aus den untersuchten Kontaktsprachen Spanisch und Quechua wird dies verdeutlichen.

2.3 Evidentialität aus onomasiologischer Perspektive: eine Fallstudie in den beiden Kontaktsprachen

2.3.1 Kontakt, Konvergenz und Evidentialitätsmarkierung als kognitiv-kulturelle Notwendigkeit

Die Sprachkontaktforschung konzentriert sich häufig entweder auf spezifische Einheiten oder Kategorien, oft im Rahmen von Subdisziplinen der Linguistik, die dann mit spezifischen Einheiten einer Varietät, die nicht in Kontakt steht, verglichen werden (im Andenraum richtet sich die Aufmerksamkeit in der Regel auf den Vergleich mit dem Standardspanischen), oder auf den Vergleich mit der mutmaßlichen Ausgangsstruktur in der Kontaktsprache.
An dieser Stelle soll über diese beiden Forschungsarten hinausgegangen werden. Als Untersuchungsgegenstand wird daher die gesamte onomasiologische Ausdehnung des Kommunikationszieles Evidentialitäts- und Testimonialitätsmarkierung sowohl im Quechua als auch im Andenspanischen festgelegt.
Im unten folgenden Vergleich von Evidentialitätsmarkierungen werden dazu je ein Sprachbeispiel aus dem Quechua und dem Andenspanisch aus onomasiologischer Perspektive auf ihre Strategien zur Informationsquellenmarkierung hin miteinander verglichen.
Wie im Kapitel 2.2.2 gefordert wird also die von der Typologie geprägte statische Modellierung von Evidentialität anhand von sprachstrukturellen Vorgaben dynamisiert. Der Fokus richtet sich folglich auf konkrete soziokulturelle und interaktionale Kontexte, die der Herausbildung von Evidentialitätsstrategien und komplexen Paradigmen zu Grunde liegen.
Somit werden auch die diskursiven Realisierungen von Evidentialität (siehe Kapitel 2.2.1.2) als systematisch verwendete Markierungen auf Basis einer kognitiv-kulturellen Notwendigkeit anerkannt. Diese kognitiv-kulturelle

Notwendigkeit speist sich aus der hier vorliegenden Kontaktsituation: im Quechua liegt Evidentialität als obligatorische grammatische Kategorie vor. In der Kontaktsprache Spanisch spielt Evidentialität ursprünglich eher eine marginale Rolle, deren Realisierung für die Sprecher im Andenraum aber essentieller Bestanteil ihrer Alltagskommunikation zu sein scheint. Sie ist der Motor für Konvergenz über typologische Grenzen hinweg.

Dieses Vorgehen ist entscheidend für das Aufspüren von sprachlichen Strukturen, von denen Grammatikalisierungsprozesse ausgehen können, und umfasst die Grammatikalisierung von Evidentialitätsmarkern als Prozess (siehe Kapitel 2.2.2).

Eine Berücksichtigung dieser Prozesse und Kontexte kann daher zu einem besseren Verständnis der Kategorie Evidentialität führen, das einem bei bloßer Betrachtung der Endsystematik häufig verschlossen bleibt.

Ausgehend von der Tatsache, dass hier zwei Beispiele analysiert werden, die aus einer Situation intensiven Kontaktes in einer spezifischen Region stammen, ist es wichtig zu betonen, dass es sich bei den Kopien von einer Sprache in die andere nicht notwendigerweise, in Verwendung der Termini von Lars Johanson (z.B. 2008), um globale Kopien handeln muss.[8] Insbesondere in Fällen, in denen die Kontaktsprachen typologisch weit voneinander entfernt sind, wie es beim Quechua und beim Spanischen der Fall ist, kann es sich auch um selektive Kopien handeln. Das heißt, dass zum Beispiel nur die semantische Funktion einer Konstruktion in der Modellsprache auf eine Struktur in der Zielsprache kopiert wird, die empfänglich für diese Kopie ist (Johanson 2008: 64). Der Autor stellt außerdem fest:

> The semantic functions of copies have often not reached the stage of grammaticalization of their models. They have not undergone the stages of grammaticalization that their models have undergone. Their use is often pragmatically determined (ibid.: 70).

Im Verlauf dieses Unterkapitels wird sich zeigen, dass die obligatorische Verwendung von Evidentialitätsmarkern im Quechua zu einem starken Anstieg von Strategien der Evidentialitätsmarkierung im andinen Spanisch führt.

Die typologische Kompatibilität spielt in diesem Fall keine Rolle. Entscheidend dafür, ob der Transfer einer Kategorie in die Zielsprache stattfindet,

---

[8] »*Global Copying* [...] means that units, i.e. morphemes and morpheme sequences, of the Model Code are copied *globally*, as a whole, including their material shape (substance) and properties of meaning, combinability and frequency« (Johanson 2008: 64).

ist die Erfahrung, die ein Sprecher mit einer Einheit oder Kategorie im sozialen Kontext macht. Das Konzept der Evidentialität ist im Andenraum von höchster Wichtigkeit. Dementsprechend groß ist der Platz den diese Kategorie in der Sprechererfahrung einnimmt.
Die vorgenommene onomasiologische Herangehensweise lässt darauf schließen, dass dieser o.g. Anstieg aber nicht darauf beruht, dass das Subsystem des Quechua an sich übernommen wird. Transfer ist hier nicht als Übertragung konkreter struktureller Muster zu sehen, sondern es findet eine Reorganisation der Kategorien in der Zielsprache auf Basis der strukturellen Ressourcen des Spanischen statt. Dies kann zu einem Grammatikalisierungsprozess führen (siehe auch Pfänder et al. 2013), wie er im weiteren Verlauf dieser Arbeit im Falle von *dizque* zu beobachten ist.
Solche Reorganisationsprozesse führen durch die allmähliche Herausbildung neuer grammatischer Subsysteme zu Konvergenzprozessen in beiden Sprachen.
Dieses Phänomen unterstützt damit eine Modellierung wie diejenige von Kriegel & Ludwig & Pfänder (erscheint)[9], die Konvergenz als Prozess betrachten und den Ausgangspunkt dafür bei der Interaktion der Sprecher ansetzen. Kriegel et al. (erscheint) schlagen vor, dass in diesem Prozess im Sprachkontakt zunächst ein spezifisches strukturelles *feature* eines Codes A von den Sprechern als ähnlich und somit kongruent zu einem *feature* in einem Code B wahrgenommen wird. Dies führt dazu, dass das entsprechende Element in Code B ähnlich verwendet wird wie das Ausgangselement in Code A. Dadurch kann Sprachwandel ausgelöst werden und die Sprachen nähern sich an diesem Punkt strukturell und typologisch einander an. Solche Annäherungen können marginal sein und nur kleine Teile der grammatischen Strukturen des Codes B betreffen. Sind aber Kongruenzprozesse für eine Vielzahl von *features* zu beobachten, kann auch von einem Extremfall gesprochen werden, in dem ein neues System emergiert.
Unter Berücksichtigung dieser Aspekte scheint es daher gerade für Sprachkontaktsituationen angemessen, ein offenes Modell für die Bestimmung von Evidentialitätsmarkern zu wählen. Denn ein Modell, das Evidentialitätsmarker auf eine zu rigide Weise definiert, strickt ein Netz mit zu hoher Durchlässigkeit für Konvergenzprozesse in Kontaktsituationen wie der hier vorliegenden. Deshalb orientieren sich die Analysen in diesem Unterkapitel an Arbeiten wie denen von Atkinson (1999), Boye & Harder (2009), Hill &

---

[9] Künftig: Kriegel et al. (erscheint).

Irvine (1993a), Ifantidou (2001), Michael (2008) und Mushin (2001), die die Möglichkeit anerkennen, dass sich ein Evidentialitätssystem in unterschiedlichen Ausprägungen auf allen Analyseebenen manifestieren kann.

Im weiteren Verlauf des Unterkapitels 2.3 wird zunächst ein Überblick über die Realisierung der Kategorie Evidentialität im Quechua und ihre Ausformungen im Andenspanisch gegeben. Dann wird die Verwendung des Begriffs ›Testimonialität‹ definiert. Im dann folgenden Abschnitt werden die Beispielanalysen für das Quechua und das Andenspanisch entwickelt. In den beiden abschließenden Abschnitten werden die Ergebnisse verglichen und diskutiert und eine entsprechende Konklusion gezogen.

Als Analyseobjekte wurden zwei vergleichbare Textausschnitte aus der Region Cochabamba in Bolivien ausgewählt, einer auf Quechua, der andere auf Spanisch. Diese Ausschnitte sind in mehrerer Hinsicht miteinander vergleichbar. Beide entstanden in derselben Kommunikationssituation (Interview), beide Ausschnitte fallen in dieselbe Textsorte (Narration), die interviewten Personen stammen aus derselben Region (Cochabamba), sie gehören derselben Generation an (60+) und in beiden Gesprächen besteht das Kommunikationsziel darin, die Testimonialitätssituation für vorgefallene Tatsachen darzustellen.

Ziel dieses Vergleichs ist es, diejenigen Mechanismen und Ressourcen aufzuzeigen, die auf die Existenz gemeinsamer kognitiver Konzepte in beiden Sprachen schließen lassen. Ein solcher Vergleich ermöglicht also zu zeigen, dass in beiden Sprachen vergleichbare Mittel zur Markierung einer sprachlichen Kategorie vorhanden sind und diese mit beachtenswerter Frequenz angewandt werden.

2.3.2 Evidentialität als Kategorie im Quechua und im Andenspanisch

2.3.2.1 Evidentialität und Testimonialität im Quechua

Grammatische Evidentialität im Quechua nach aktuellen, einschlägigen Studien
In sprachübergreifenden Studien zur Evidentialität wird das Quechua meist als ein prototypisches Beispiel für eine Sprache mit systematischer Markierung über grammatische Morpheme herangezogen. Die verschiedenen einschlägigen Studien schreiben diese Funktionen übereinstimmend einem bestimmten Paradigma an grammatischen Morphemen zu. Floyd (1999) zum Beispiel nennt das direkte Evidential *–mi*, das inferentiale *–chi*, *–ch(r)a* und

das reportative *–shi*.[10] Faller (2002) untersucht detailiert den semantischen und pragmatischen Gebrauch dieser drei Marker im Cuzco Quechua. Olbertz (2005) findet die gleichen Marker im ecuadorianischen Quichua[11] und außerdem die Verwendung von *nin* (3PS von *niy* ›sagen‹) als Reportativ. Taylor (1996) findet ebenfalls *nin* in Peru (Chachapoyas) und beschreibt es als Produkt, das vom Quechua aus dem Spanischen *(dice)* entnommen wurde. De Granda (2001: 123-132) wiederum schlägt vor, dass dies das Resultat eines Prozesses ist, der als reziproker Transfer zwischen *dice* und *–shi/–si* gelten kann.[12]

Auch die Grammatiken zur bolivianischen Varietät des Quechua erwähnen diese grammatischen Morpheme unter der Klasse der unabhängigen Suffixe. So beschreibt Choque Villca (1991) *–mi* (absolute Affirmation), *–si* (Zweifel, der Bestätigung oder Information aus zweiter Hand benötigt) und *–cha* (Konjektur). Für die Region um Cochabamba (Bolivien) beschreibt Quiróz Villarroel (2008: 136f.) *–s/–si* als Suffix, das »expresa *se dice, se cree, lo he oído pero no me consta*«, und *–m/–mi* als Suffix, das »expresa *yo lo atestiguo, me consta, lo tengo por seguro*.« Jedoch muss bei diesen Grammatiken beachtet werden, dass die verwendeten Beispiele in der Regel konstruiert sind und sich nach dem Quechua von Cuzco als Referenz richten (siehe Godenzzi & Vengoa Zúñiga 1994), um den semantischen Wert der Morpheme zu bestimmen. Albó (1960: 116 und Suffixtabelle) hingegen nennt nur die »particulas adverbiales« *–cha* (Zweifel) und *–min (»aseveración«)*.

---

[10] Auch Aikhenvald (2004: 65) erarbeitet, in erster Linie basierend auf den drei von Floyd (1997) bestimmten Typen, ein Paradigma mit drei Komponenten für die Evidentialitätsmarker des Quechua und setzt dieses in Verbindung mit ihrer prototypischen Klassifizierung von Evidentialitätstypen und Systemen (siehe Kap. 2.2.1.2). Darin werden die Bereiche folgendermaßen abgedeckt: *–mi*, der Marker für direkte Evidentialität, deckt die Typen A und B ab, der Reportativ *–si* deckt den Typ D ab und der Inferenzial *–cha* vereinigt die Typen C und E in sich.

[11] ›Quichua‹ ist der Name der Varietät dieser Sprache, die in vielen Regionen Ecuadors gesprochen wird.

[12] Taylor (1996: 265) und Olbertz (2005: 88) zufolge entspricht die Form *nin* in ihrer reportativen Funktion der Form *–shi* und findet sich in Konkurrenz zu dieser Form. Dennoch kann für die Region Cochabamba beobachtet werden, dass diese Konkurrenzsituation schon zugunsten von *nin* entschieden zu sein scheint. Es konnte in den hier vorliegenden Korpusdaten keine Okkurrenz con *–shi/–si* gefunden werden, obwohl diese Form als einzige Form gilt, die in allen Varietäten des Quechua nach wie vor intakt gebraucht wird (siehe Taylor 1996: 265). Jedoch ist es möglich, dieses Morphem, wenn auch in niedriger Frequenz (Soto Rodríguez 2002), in der benachbarten Varietät in der Region *Norte de Potosí* zu finden, eine Region, in der auch ein starker Kontakt zum Aymara zu beobachten ist.

Testimonialität und Verbaltempora im Quechua
Die einschlägigen Studien über das Quechua zeigen auf, dass die Sprecher dieser Sprache die Testimonialität gegenüber Ereignissen manifestieren. Dies geschieht über den Gebrauch der Verbaltempora des Präteritums, die spezifische morphologische Marker für jeden dieser Fälle aufweisen.
Generell spricht man dem Quechua drei Vergangenheitsstufen zu: die *nicht testimoniale* oder nicht erlebte Vergangenheit, die *testimoniale* oder erlebte Vergangenheit und das sogenannte Non-Futur (Cerrón-Palomino 2008: 140-143). Jedoch die Unterscheidungen, die zwischen ihnen gemacht werden, oder die Bedeutungen, die sich im Gebrauch manifestieren, sind nicht präzise ausgearbeitet. Die Kriterien, die für die Beschreibung gewählt werden, beinhalten einen starken Parallelismus zu den selben Kriterien, die für die ihnen ähnlichen spanischen Stufen angewandt werden. Manche Autoren verwenden sogar exakt die gleichen Termini wie für die spanischen Vergangenheitsstufen, um sich aufs Quechua zu beziehen. Wie schon erwähnt unterscheidet zum Beispiel Cerrón-Palomino (2008: 140-143) zwischen der nicht erlebten Vergangenheit für diejenigen Ereignisse ohne die freiwillige oder bewusste Beteiligung des Sprechers, der erlebten Vergangenheit für Ereignisse, die vom Sprecher erlebt wurden oder unter vollem Bewusstsein getan wurden, und Non-Futur für Ereignisse, die gerade im Moment stattgefunden haben. Catta (1994) beschreibt seinerseits für das ecuadorianische Quichua den Status *–shca*, der das Resultat einer vergangenen Handlung anzeigt, für in der Vergangenheit zurückliegende Aktionen *–rca*, das die Entwicklung einer Aktion anzeigt, und das Realisierungspräsens, das wie ein historisches Präsens verwendet wird, in dem »la acción relatatda parece entonces desarrollarse en el presente como una película« (Catta 1994: 108f.). Für jeden dieser Fälle schlägt er Übersetzungen ins Spanische vor und die Beispiele, die er liefert, scheinen ein ähnliches System zu bilden wie das zur Unterscheidung der (Nicht-)Testimonialität, wie es auch in anderen Regionen funktioniert. Für das Quechua von Cochabamba gibt Quiróz Villarroel (2008) mit Verweis auf Cerrón-Palomino das Non-Futur mit Vergangenheitsbedeutung an. Außerdem beschreibt er ein Plusquamperfekt[13] (inde-

---

[13] Die Benennung als Plusquamperfekt ist wichtig im Vergleich mit der entsprechenden Struktur im Spanischen des Andenraumes. Die gleiche Bedeutung, die diese Verbform im Quechua trägt – die Nichttestimonialität eines Sprechers gegenüber einem Ereignis, das er erzählt – findet sich auch im Gebrauch der Plusquamperfekt-Formen des Spanischen, die sich in der Andenregion auf den Ausdruck dieser Bedeutung spezialisiert zu haben scheinen. Für diese Spezialisierung kann, mit Hilfe der hier verwendeten Korpora, beobachtet werden, dass sie häufig einhergeht mit einer Verschiebung des Wortakzents des Hilfsverbs auf den finalen Vokal.

finite Vergangenheit) mit *-sqa* »que nos indica duda sobre la realización de la acción [...]«, verwendet im Allgemeinen zum Erzählen von Geschichten, und ein Perfekt (definite Vergangenheit) mit *-rqa*, das »nos indica que la acción fue realizada efectivamente sin la menor duda« (Quiróz Villarroel 2008: 113-115).

2.3.2.2 Evidentialität im Andenspanisch

In Bezug auf die Formen, mit denen Evidentialität im Spanischen der Anden ausgedrückt wird, erwähnen bisherige Studien insbesondere den Gebrauch des *verbum dicendi* ›decir‹ in seinen verschiedenen Realisierungsformen, vor allem in der 3. Pers. Sg. (*dice, dice diciendo, dice que*: Calvo Pérez 2008, Godenzzi 2007, Mendoza 2008, Pfänder et al. 2009; *diz, dize, diz que, dizque*: Babel 2009, Granda 2001, 2002, Kany 1944, Olbertz 2005), das als Marker für Information aus zweiter Hand mit reportativem Charakter verwendet wird. In Bezug auf die Ursprungsregion der hier verwendeten Beispiele sind dabei insbesondere die Arbeiten von Babel (2009), Mendoza (2008) und Pfänder et al. (2009) zu berücksichtigen.

Eine weitere Form, die häufig erwähnt wird, die aber noch nicht eingehend untersucht wurde, ist die Konstruktion *había* + V*-ado*, die in normativen Grammatiken des Spanischen als Plusquamperfekt klassifiziert wird. Mehreren Arbeiten zufolge (Babel 2009, Escobar 1994, Pfänder et al. 2009, Sánchez 2004, Speranza 2006, 2011) hat diese Konstruktion ebenfalls eine reportative,[14] nicht testimoniale Funktion angenommen und scheint seine Funktion als Tempusreferenz weitgehend eingebüßt zu haben.

Beide Strategien befinden sich auf einer morphosyntaktischen Ebene und scheinen auf dem Weg der Grammatikalisierung zu sein.

2.3.2.3 Testimonialität

Die Begriffe ›Testimonialität‹ und ›Evidentialität‹ werden vielfach als Synonyme verwendet und beziehen sich in diesen Fällen beide auf die Markierung der Informationsquelle (Ursprung und Typ). Für dieses Unterkapitel sollen die Begriffe ›Testimonialität‹ und ›Nicht-Testimonialität‹ als neutrales

---

[14] Einige Autoren erwähnen außerdem, dass dieser Konstruktion ein mirativer Charakter zugewiesen werden kann. Somit wird sie in einigen Fällen auch dazu benutzt, Überraschung über das Geschehene auszudrücken (Babel 2009, Kany 1976, Mendoza 1992, Pfänder et al. 2009). Solche mirative Lesarten können sich prinzipiell auch aus Inferenzmarkern herausbilden, wie eine Studie von Gipper (2014) für das an der Grenze der Departemente Cochabamba und Beni gesprochene Yurakaré zeigt.

Konzept gegenüber den verschiedenen oben vorgestellten evidentialen Subkategorien eingeführt werden. Die einzige Eigenschaft, auf die sich mit der Verwendung des Terminus ›(Nicht-)Testimonialität‹ bezogen werden soll, ist die Existenz oder Nichtexistenz einer Bezeugung gegenüber eingetretenen Tatsachen.

Dieses Vorgehen hat zwei Gründe: Erstens ist es das Ziel dieses Unterkapitels, streng onomasiologisch sprachliche Strukturen zu beobachten, die zum Erreichen eines spezifischen kommunikativen Ziels verwendet werden – solche Strukturen also, die die Glaubwürdigkeit einer Erzählung durch die Etablierung von Relationen und Verbindungen verschiedener Bezeugnisse beweisen. Dies soll unabhängig von vorab etablierten Beschreibungskategorien bleiben. Im Vordergrund steht durch das onomasiologische Vorgehen zweitens die Diversität der strukturellen Möglichkeiten, mit denen Sprecher operieren, um ihr Ziel zu erreichen und eindeutige Testimonialitätsrelationen für die erzählten Geschichten zu etablieren. Somit soll auf die Konvergenz kognitiver Konzepte zwischen beiden Sprachen aufmerksam gemacht werden. Dazu erscheint es weder zielführend, zu tief in die Diskussion über die möglichen Unterteilungen von Evidentialitätsarten einzusteigen, noch darüber zu diskutieren, ob die hier vorgestellten Strukturen mit den Abgrenzungen für morphologische Evidentialitätsmarkierung aus typologischer Perspektive übereinstimmen.

Der Begriff ›Testimonialität‹ bietet sich daher an, einerseits als neutrales Konzept gegenüber den bereits etablierten Konzepten, andererseits als der Terminus, der sich am besten dazu eignet, das onomasiologische Vorgehen in diesem Kapitel zu unterstreichen und die hier gewählten Beispiele somit unter der Perspektive des jeweiligen Kommunikationszieles zu betrachten.

2.3.3 Eine Fallstudie zum Quechua

2.3.3.1 Ausschnitt 1 (Quechua): *Nipuni rinichu.*

Der hier analysierte Abschnitt wurde aus einem Interview übernommen, das in der Ortschaft Cliza im Juni 2009 aufgenommen wurde. Die Interviewte ist eine alte Frau und Quechuasprecherin. Thema der Erzählung sind die Ereignisse eines sozialen Konfliktes in der Ortschaft zwischen der lokalen Polizei und Teilen der Bevölkerung, der sich einen Monat vor dem Interview abspielte. Dieser Zusammenstoß führte zur Plünderung und zur Inbrandsetzung des Polizeigebäudes durch die aufgebrachte Masse. Die Interviewte erzählt den Verlauf der Vorkommnisse, beginnend mit den Ereignissen, die all dies auslösten.[15]

```
01   P:     uh: chay señora-qa manchha-ri-ku-n:
            uh:  dies  Frau-TOP   erschrecken-INCH-REFL-3SG

02   askha dolares-ni-n ka-sqa        nin
     viel  Dollars-EU-3SG  sein-NO.TEST angeblich

03   encapuchado yayku-sqa:-nku
     verhüllt      eintreten-NO.TEST-3PL

04   ay/ ima-rayku jina yayku-nku-ri ni-spa   nuqa manchha-ri-ku-ni
     ay  was-CAU   so   eintreten-3PL-NUD sagen-GER ich  erschrecken-INCH-REFL-1SG

05   manchha-ri-ku-spa-tax-ri
     erschrecken-INCH-REFL-GER-LNK.CONT-NUD

06   encapuchado-qa sumax uniforma:-sqa
     verhüllt-TOP        viel   uniformieren-PART

07   botas-ni-yux ka-sqa       nin
     Stiefel-EU-POSS sein-NO.TEST angeblich

08   chay rat-itu-tax         ah     wawa-n
     dies Moment-DIM-LNK.CONT RAP    Kind-3SG
```

---

[15] Auf der folgenden Seite folgt der transkribierte Ausschnitt auf Quechua mit interlinearen Glossen. Eine freie Übersetzung ins Deutsche könnte folgendermaßen aussehen:
P: Die Frau hatte sich erschrocken, sie hatte jede Menge Dollars, [angeblich]. Sie drangen in Kapuzen gehüllt ins Haus ein; ah wie kann es sein, dass sie so dort hinein kamen [dachte ich]; ich hatte mich erschrocken... nachdem ich mich erschrocken hatte. Die Kapuzenträger waren sehr gut uniformiert, sie hatten Stiefel, [angeblich]. In dem Moment, als ihr Sohn die in Kapuzen Gehüllten sah, rief er um Hilfe, und als sie ihn rufen hörten, versammelten sich die Leute; sie schlugen die Glocke und es versammelten sich noch mehr Leute. Ich war auf keinen Fall dort, um das zu sehen, weder bei der Polizeistation, noch in der ›Aroma‹-Straße. Und später gingen sie (alle) zur Polizeistation, die Polizei hat es zugelassen, dass die Diebe entkamen; es waren drei und einer ist entkommen. Dann gingen sie (also) zur Polizei. Wie kann es sein, dass die Polizei ihnen geholfen hat zu fliehen, [sagend]. Dort griffen sie (die Polizisten) an und sicherlich wegen dieser Aggression schossen (die Polizisten) in die Luft; die Polizei hat sich nur verteidigt, sie haben mit Gas geschossen. Und ich - es war schon halb acht, acht - und ich ging zur einen Seite meines Hauses heraus, und als ich raus ging war jede Menge Gas in der Luft, das führte dazu, dass wir viel husten mussten, bis an mein Haus das... kam dieses Gas. Das ist alles, was ich weiß, mehr nicht.

```
09   eh:=ajina encapuchado ka-xti-n auxilio maña-sqa
     eh    so      verhüllt     sein-SR-3SG  Hilfe    bitten-NO.TEST

10   maña-xti-n-tax-ri
     bitten-SR-3SG-LNK.CONT-NUD

11   runa-tax-ri         tanta-yku-ku-sqa:-nku
     Leute-LNK.CONT-NUD  versammeln-INTS-REFL-NO.TEST-3PL

12   campana toca-sqa:-nku
     Glocke    schlagen-NO.TEST-3PL

13   campana toca-xti-nku astawan runa tanta-yku-ku-sqa
     Glocke    schlagen-SR-3SG    mehr   Leute  versammeln-INTS-REFL -NO.TEST

14   nuqa ni-puni    ri-ni-chu     chay-pax qhawa-x-pis
     ich  nicht-CERT gehen-1SG-NEG dies-DEST         sehen-DEST-ADD

15   mana ma    policia wasi-man  ni   calle  aroma-man
     nicht nicht Polizei Haus-DIR  noch Straße Aroma-DIR

16   chay-manta-tax-ri/
     dort-ABL-LNK.CONT-NUD

17   ri-yku-sqa-nku        policia:
     gehen-INTS-NO.TEST:-3PL  Polizei

18   ah: escapa-chi-sqa        chay chhika suwa-ta
     ah  entfliehen-FACT-NO.TEST dies  groß  Dieb-ACC

19   kinsa ka-sqa-nku       uj-ni-n    escapa-sqa
     drei   sein-NO.TEST-3PL ein-EU-3SG  entfliehen-NO.TEST

20   y   eh entonces policia-man ri-yku-sqa-nku
     und eh  dann    Polizei-DIR  gehen-INTS-NO.TEST-3PL

21   ima-rayku-tax ah pay policia-ri escapa-chi-n-man-ri ni-spa
     was-CAU-LNK.CONT ah er Polizei-NUD entfliehen-FACT-3SG-POT-NUD sagen-GER

22   chay-pi atropella-mu-sqa:-nku
     dort-LOC   zusammenstoßen-MOV-NO.TEST-3PL

23   tropella-mu-xti-nku-tax-cha      ari    balea-mu-n   al   aire-ta
     zusammenstoßen-MOV-SR-3PL-LNK.CONT-INFR RAP  schießen-MOV-3SG  in die  Luft-ACC

24   sólo policias-pis defiende-ka-mu-nku
     nur   Polizisten-ADD  verteidigen-REFL-MOV-3PL

25   eh gas-kuna-wan-tax   kacha-yka-mu-nku
     eh  Gas-PL-INST-LNK.CONT  schicken-INTS-MOV-3PL
```

26 nuqa-tax ah casi:
    ich-LNK.CONT ah fast

27 siete y media ocho-ña ka-rqa jaqay:
    sieben und halb acht-INCEP sein-TEST dort

28 u:j lad-itu-man wasi-y ukhu-manta jawa-man   lluxsi-ni/
    ein Seite-DIM-DIR Haus-1SG drinnen-ABL nach draußen-DIR hinausgehen-1SG

29 lluxsi-xti-y-tax   li:bre   gas-kuna-qa
    hinausgehen-SR-1SG-LNK.CONT frei(viel) Gas-PL-TOP

30 libRE   tose-chi-wa-yku hasta chay wasi-y-kama cha:...
    frei (viel) husten-FACT-3.1PE bis dies Haus-1SG-LIM komm...

31 gas-qa chaya-mu-n
    Gas-TOP kommen-MOV-3SG

32 achhay-lla-ta nuqa yacha-ni ma astawan yacha-ni-chu
    dies-DELIM-ACC ich wissen-1SG nicht mehr wissen-1SG-NEG

                    (aus: Korpus Soto: QQ.entr1)

2.3.3.2 Testimonialität und Verbaltempora

Die nichttestimoniale Vergangenheit V–sqa
Die gebräuchlichste Ressource in dem hier analysierten Ausschnitt besteht in der Opposition aus den Verbalpartizipien mit den Affixen *–sqa* und *–rqa*. Durch den differenzierten Gebrauch dieser Morpheme manifestiert sich der Grad der Teilnahme des Sprechers an den Ereignissen und zeigt die freiwillige, bewusste oder unbewusste Teilnahme des Subjekts (Cerrón-Palomino 2008: 142); außerdem wird die Qualität in Bezug auf die Information, die der Sprecher mitteilt, gezeigt.

Mithilfe des ersteren, V-*sqa*, bezieht sich der Sprecher auf Ereignisse, an denen er nicht selbst teilgenommen hat und bei denen er selbst auch nicht anwesend war im Moment ihres Geschehens. Deshalb kann er die vorgekommenen Tatsachen auch nicht bezeugen. Dies lässt sich in den Zeilen 02 und 03 des analysierten Ausschnitts beobachten. Die Propositionen in Zeile 02 *(askha dolaresnin ka**sqa** nin)* und Zeile 03 *(encapuchado yaykusqanku)* referieren auf vergangene Ereignisse, gleichzeitig trägt aber das Verb in jeder Proposition *(kay ›haben‹ und yaykuy ›eintreten‹)* das Suffix für die nichttestimoniale Vergangenheit *(–sqa)*. Auf diese Weise wird angezeigt, dass zusätzlich zur Referenz auf eine vergangene Handlung der Sprecher das Geschehen von einer dritten Person oder durch eine andere mediale Vermittlung erfahren hat.

Von den verbalen Vergangenheitsformen in diesem Ausschnitt ist dies die Konstruktion, die von der Sprecherin bevorzugt gebraucht wird.[16] Eine mögliche Erklärung dafür kann in der Intention der Sprecherin gefunden werden, sich von den vorgefallenen Ereignissen abzugrenzen, insbesondere unter dem Gesichtspunkt, dass die Auflösung der Ereignisse negative Konsequenzen hatte und die Möglichkeit nachträglicher Ermittlungen bestand.[17]

Die testimoniale Vergangenheit V–rqa
Im Kontrast zur nichttestimonialen Form V–*sqa*, ist auch die Verwendung der testimonialen Verbkonstruktion V–*rqa* zu beobachten. So ist es zum Beispiel in den Zeilen 27 und 28 (*siete y media ochoña* **karqa** *jaqay ujladituman wasiy ukhumanta jawaman lluxsini* – ›es war schon halb acht, acht – und ich ging zur einen Seite meines Hauses heraus‹). Nachdem die Sprecherin einen Teil der Ereignisse berichtet hat, die sich im Zentrum der Ortschaft zugetragen hatten (das Schießen von Tränengas), etabliert sie in Zeile 26 den Kontext für die Ereignisse, an denen sie selbst beteiligt war. In diesem Rahmen findet sich die einzige Verwendung des testimonialen Partizips in diesem Ausschnitt (*siete y media ochoña* **karqa** – ›es war schon halb acht, acht‹). Diese koinzidiert also mit den Handlungen der Sprecherin zu der Zeit der Auseinandersetzungen im Zentrum. Die Konstruktion zeigt also Handlungen an, an denen die Sprecherin beteiligt war. Und wiederum ist zu beobachten, dass auch diese Konstruktion mit der Verwendung des Non-Futur konkurriert (*jawaman lluxsini* – ›ich ging heraus‹, Zeile 28), dessen Bedeutung mit der V–*rqa* Konstruktion in dem Sinne überlappt, dass es sich ebenfalls auf Ereignisse bezieht, die der Sprecher freiwillig und bei vollem Bewusstsein erlebt.

---

[16] Insgesamt wurden dreizehn Vorkommen dieser Konstruktion gezählt. An zweiter Stelle der Häufigkeiten ist die Zeitform des Non-Futur mit sieben Vorkommen. Und schließlich findet sich auch ein Fall, in dem die Vergangenheitsform mit dem Testimonialität markierenden –*rqa* konstruiert wird. Dieser quantitative Unterschied in der Verwendung von –*sqa* als nichttestimonialer Form und –*rqa* als testimonialer Form lässt sich aus der Art der Situation und der Thematik des Interviews erklären. Darin nimmt die Sprecherin Bezug auf Ereignisse, die von einer Gruppe aus der Ortschaft bewirkt wurden, an denen die Interviewte nicht beteiligt war.

[17] Es bleibt fernerhin zu erwähnen, dass die Konstruktion V–*sqa* einerseits mit einer anderen Konstruktion alterniert, die bereits geschehene Ereignisse kennzeichnet, dem Non-Futur, andererseits lässt sich eine Konkurrenz zu einem anderen Element beobachten, das ebenfalls den Wert der Testimonialitätsmarkierung trägt – die Form auf Basis des Verbs *niy* (›sagen‹). In der Zeile 02 lässt sich eine solche Verwendung beobachten (*askha dolaresnin* **kasqa** *nin* – ›sie hatte viele Dollars [angeblich]‹). Auf diese Form wird im weiteren Verlauf des Kapitels noch ausführlicher eingegangen.

Die Verwendung dieser beiden Markierungen von (Nicht-)Testimonialität geht in dem hier analysierten Ausschnitt jeweils einher mit erzählten Ereignissen, an denen die Sprecherin nicht beteiligt und auch nicht anwesend war, oder mit Ereignissen, in die sie aktiv involviert war. Im Ausschnitt finden sich zwei Segmente, die sich auf Tatsachen beziehen, die die Interviewte nicht selbst erlebt hat (Zeilen 1-13 und 16-25). Nur in diesen ist es möglich, verbale Äußerungen zu finden, die mit *–sqa* (sieben Vorkommen im ersten Segment, sechs Vorkommen im zweiten Segment) markiert sind. Auf der anderen Seite finden sich in den anderen beiden Segmenten (Zeilen 14-15 und 26-32), in denen sich die Sprecherin auf Tatsachen bezieht, die sie selbst realisiert hat, oder bei deren Realisierung sie selbst anwesend war, keine derartigen Marker. In diesen Abschnitten sind Aussagen, die im Non-Futur gebildet werden, von dem im weiteren Verlauf noch die Rede sein wird, die bevorzugt verwendete Ressource. In einem dieser Segmente (am Kopf des zweiten Segmentes) findet sich auch der einzige Fall der Verwendung der Testimonialmarkierung *–rqa*, der im untersuchten Ausschnitt beobachtet werden konnte.

Als letzter Punkt wird deutlich, dass eine dritte Alternative der Verbmarkierung verwendet wird, die sich auf vergangene Aktionen bezieht – das Non-Futur. Konstruktionen mit dem Non-Futur tragen keinerlei (Nicht-)Testimonialitätsmarkierung und referieren, als Vergangenheitsmarker verwendet, nicht nur auf Ereignisse, die gerade im Moment eingetreten sind, wie von einigen Quechua-Grammatiken postuliert wird. Im hier analysierten Ausschnitt alterniert der Gebrauch des Non-Futur hauptsächlich mit dem des nichttestimonialen Markers und übernimmt dessen Aufgabe, wie in Zeile 01 festzustellen ist (*chay señoraqa mancharikun* – ›Diese Frau hatte sich erschreckt‹). Aber das Non-Futur alterniert auch mit dem schon mehrfach genannten Vorkommen des testimonialen Markers V*–rqa*, und auch in diesem Fall übernimmt es dessen Aufgabe. Der Gebrauch des Non-Futur in Konkordanz mit den Vorkommen der verbalen Testimonialitäts- und Nichttestimonialitätsmarker scheint dadurch ermöglicht zu werden, dass in solchen Fällen andere Elemente, die den Evidentialitätsstatus anzeigen, mit den Non-Futur Konstruktionen einhergehen. Dabei spielen nicht nur alternative Evidentialitätsmarker eine Rolle, sondern auch alternative Strategien zur Evidentialitätsmarkierung, wie zum Beispiel lexikalische Markierungen, die den Gebrauch des Non-Futur in den entsprechenden Kontext stellen. Im weiteren Verlauf des Kapitels wird darauf noch genauer eingegangen.

Schlussfolgernd lässt sich also ein dreigliedriges Paradigma für die Verbaltempora der Vergangenheit für das Quechua dieser Region konstatieren. Dieses organisiert sich aber im Gegensatz zum Spanischen unabhängig von jeglicher chronologischen Abfolge von Tatsachen mit dem Präsens als Bezugspunkt. Ausgehend von der Tatsache, dass die Markierung der Informationsquelle nur in zwei der drei Bestandteilen des Paradigmas vorhanden ist, und mit Blick darauf, dass sich dieses Kriterium nur auf die beiden Verbkonstruktionen V–*sqa* und V–*rqa* bezieht, erscheint es logisch anzunehmen, dass die dritte Form des Paradigmas sich neutral gegenüber diesem Kriterium verhält und in jeder Situation den testimonialen Wert der Einheiten, mit denen es vorkommt, annimmt. Daraus folgend können zwei Kriterien für die Wahl der verbalen Vergangenheitsformen festgelegt werden: eines, in dem die Frage nach der Testimonialität mit inbegriffen ist (und für das es zwei Alternativen gibt), und ein anderes, das sich unabhängig von dieser Frage bildet, ohne die Notwendigkeit der Testimonialitätsmarkierung. Dies wird im folgenden Schema am Beispiel des Verbs *manchachikuy* ›sich erschrecken‹ veranschaulicht:

Schema 1: System der Vergangenheitstempora im Quechua

TEMPORALE MODALITÄT	TESTIMONIALE MODALITÄT	
Non-Futur	Nichttestimoniale Vergangenheit	Testimoniale Vergangenheit
manchhachiku**n**	manchachiku**sqa**	manchachiku**rqa**

Dem Quechuasprecher stehen somit drei Verbformen für das Erzählen von Geschichten zur Verfügung. Die erste unterscheidet nicht zwischen Vergangenheit und Gegenwart und auch nicht zwischen bezeugten und unbezeugten Handlungen. Die beiden anderen dagegen verweisen auf die nichtbezeugte Vergangenheit (im Falle von –*sqa*) und die bezeugte Vergangenheit (im Falle von –*rqa*).

Der Reportativmarker nin
Eine weitere Einheit in dem hier vorliegenden Korpusausschnitt, die auf die Herkunft einer bestimmten Information hinweist, ist das lexikalisierte Versatzstück *nin* ›er sagt‹. Diese Konstruktion wird aus dem Verb *niy* (›sagen‹) und dem Verbsuffix für die 3. Pers. gebildet. In diesem Kontext trägt die Form *nin* kein Subjekt, diese Information findet sich implizit in der Endung.

Genauso wenig ist ein indirektes Objekt vorhanden und die Form steht, der kanonischen Wortstellung des Quechua gemäß, satzfinal.[18]

Diese Form findet sich im hier analysierten Ausschnitt an zwei Stellen, beide in den Segmenten, in denen auf Ereignisse verwiesen wird, an denen die Informantin nicht selbst Zeugin war. Im ersten Vorkommen in Zeile 02 steht *nin* zusammen mit einer Konstruktion, die das nichttestimoniale Suffix V–*sqa* trägt (*askha dolaresnin kasqa* **nin** – ›sie hatte viele Dollars, [angeblich]‹). Die Sprecherin zeigt in diesem Segment in erster Linie durch den Gebrauch des nichttestimonialen Suffix V–*sqa* an, dass sie sich auf eine Tatsache bezieht, für die sie keine Bestätigung hat (sie hatte viele Dollars) und in der Folge verweist sie durch *nin* auf die Art ihrer Informationsquelle: andere Personen haben es ihr gesagt, oder sie weiß es durch vorherige Erwähnungen. Diese Zuweisung ist aufgrund der Wichtigkeit dieses Umstandes als partieller Auslöser der Konflikte angebracht.

Im zweiten Fall der Verwendung von *nin* (Zeilen 06 und 07) tritt die Form zusammen mit einer attributiven Konstruktion auf. Bei solchen attributiven Konstruktionen ist im Quechua das Verb (*sein*, 3SG) üblicherweise implizit vorhanden (Zeile 06, *enchapuchadoqa sumax uniformasqa* – ›die Kapuzenträger [waren] sehr gut uniformiert‹). Erst in der zweiten attributiven Konstruktion (Zeile 07) stehen das Verb mit dem Nichttestimonialsuffix –*sqa* und *nin* als Marker für die Art der Quelle (*botasniyux kasqa* **nin** – ›sie hatten Stiefel, angeblich‹). Auch hier ist der Marker *nin* also dafür zuständig, die Art der Quelle zu identifizieren (das Gerede der Leute).[19]

---

[18] Diese Konstruktion steht der Verwendung als Vollverb entgegen, bei der die lexikalische Bedeutung wörtlich das ›Sagen‹ als Handlung ausdrückt. Diese Verwendung unterscheidet sich fernerhin dadurch, dass sie mit weiteren grammatischen Formativen wie zum Beispiel der Markierung des indirekten Objektes, das direktionale –*wa* (1SG) in Kombination mit dem Marker –*n* (3SG), auftritt (*niwan* – ›er sagte mir‹). Das folgende Beispiel eines solchen lexikalischen Gebrauchs ist ein Segment, das nicht aus dem hier analysierten Ausschnitt entnommen ist, wohl aber aus dem gleichen Interview. Darin verweist die Sprecherin auf einen ihrer Kunden, der ihr von den Vorkommnissen berichtet hat :

```
01 doña Delia-x wasi-n-man
   doña Delia-GEN    Haus-3SG-DIR
02 suwa-s yayku-yku-sqa-nku ni-wa-n
   Dieb-PL eindringen-INTS-NO.TEST-3PL sagen-3.1
                           (aus: Korpus Soto: QQ.entr1)
```
Übersetzung: Ins Haus von Doña Delia | sind Diebe eingedrungen, sagte er mir.

[19] Es bleibt festzuhalten, dass im hier verwendeten Ausschnitt eine weitere Konstruktion auf Basis von *sagen* vorkommt, die eine spezifische Verwendung kennt und über die lexikalische hinausgeht. Gebildet aus der Wurzel *ni*– und dem Gerundsuffix –*spa* (*nispa* – ›sagend‹) folgt diese Form auf Propositionen, die dadurch als zitierte Gedanken in einem bestimmten Moment gekennzeichnet werden. Diese Form dient also als Quotativmarker,

53

2.3.3.3 Die Validierungsmarker

Das direkte Evidential –mi
Dieser Marker wird auch als Reportativ aus erster Hand bezeichnet (Cerrón-Palomino 2008: 166). Diese Form kommt im vorgestellten Ausschnitt nicht vor. Legt man das gesamte Interview zugrunde, kann aber ein Vorkommen attestiert werden. Die Verwendung der Form weicht jedoch von ihrer Funktion, wie sie in den Quechuagrammatiken in der Regel beschrieben wird, ab. Im hier vorliegenden Fall, einer Frage der Sprecherin an sich selbst, drückt die Verwendung von –*mi* mit einer Fragepartikel Unsicherheit gegenüber einer Tatsache aus. Da diese Sequenz nicht Teil des oben analysierten Ausschnittes ist, wird sie hier gesondert zitiert:

```
01   paciente  chamu-spa-tax-ri            ni-wan
     Patient   ankommen-GER-LNK.CONT-NUD   sagen-3.1

02   na-man:=eh:  s:eñora  uj:   u:
     GNR-DIR      eh       Frau  ein   ei

03   na:  ima-mi    suti-sqa:
     GNR  wie-DIREV Name-PART

04   doña  Na:ncy
     doña  Nancy

05   doña  Delia-x     wasi-n-man
     doña  Delia-GEN   Haus-3SG-DIR

06   suwa-s          yayku-yku-sqa-nku             ni-wa-n[20]
     Einbrecher-PL   eindringen-INTS-NO.TEST-3PL   sagen-3.1
```

(aus: Korpus Soto: QQ.entr1)

Wie in Zeile 03 sichtbar, wird –*mi* hier als Marker für das Zweifeln an der Richtigkeit des Namens der betroffenen Frau verwendet, an den sich die Sprecherin in dem Moment gerade nicht mehr genau erinnert. Er bezieht

---

der es auch erlaubt, Aussagen zu zitieren, die man nur innerlich gesagt hat (also gedacht); ein Sprecher kann sich damit also selbst zitieren. Im hier vorliegenden Ausschnitt findet sich eine solche Verwendung zum Beispiel in der Zeile 04. Diese Verwendung koinzidiert mit einer Interrogativkonstruktion, die Ungläubigkeit gegenüber den berichteten, außergewöhnlichen Ereignissen vermittelt (Zeilen 03-04: *encapuchado yaykusqanku | ay imarayku jina yaykunkuri nispa* – ›Sie drangen in Kapuzen gehüllt ein | ah wie kann es sein, dass sie so dort hinein kamen? [denkend]‹).

[20] Übersetzung: Als der Patient angekommen war, sagte er mir | die Frau, ein eine | eh wie heißt sie noch? | doña Nancy? | ins Haus von doña Delia sind Diebe eingedrungen, sagte er mir.

sich aber auf ein *datum*, das der Sprecherin bereits sicher bekannt war (*imami sutisqa* – ›wie heißt sie noch gleich‹). Gleichzeitig kann die Unsicherheit gegenüber dem richtigen Namen auch in den nachfolgenden Zeilen beobachtet werden, in denen die Sprecherin verschiedene Namen nennt (zunächst *doña Nancy*, dann *doña Delia*), bei dem Versuch, sich an den richtigen zu erinnern. Diese Suche nach dem Namen geschieht an einer Stelle, an der die Sprecherin von Ereignissen erzählt, die sie selbst erlebt hat und die von ihr selbst bezeugt werden können. Es kann also davon ausgegangen werden, dass der Marker *–mi* an dieser Stelle nach wie vor auf die Bedeutung *Information aus erster Hand* referiert, wenn auch seine Verwendung in diesem Fall auf den interrogativen Kontext restringiert bleibt. Diese Beobachtung lässt sich auf die gesamte Varietät des Quechua in der Region Cochabamba ausweiten. Der Gebrauch von *–mi* unterscheidet sich hier also deutlich von anderen Varietäten. Diese Spezialisierung könnte auch einen Grund für den sehr seltenen Gebrauch dieser Form liefern.

Das Inferentialsuffix –cha
Ebenfalls in der Gruppe der Validierungsmarker wird von vielen Grammatiken das Inferentialsuffix *–cha* geführt, das eine Aussage als aus den Tatsachen ersichtliche, logische Wahrscheinlichkeit markiert. So wird auch das Suffix *–cha* in der Zeile 23 verwendet (*tropellamuxtinkutax**cha** ari baleamun al aireta | sólo policiaspis defiendekamunku* – ›sicherlich wegen dieser Aggression, weißt du, schossen sie in die Luft | die Polizisten haben sich nur verteidigt‹). Die Sprecherin liefert darin die wahrscheinlichen Gründe dafür, dass die Polizisten Schüsse in die Luft abgegeben hatten. Der Marker zeigt damit an, dass die Aussage der Sprecherin, die Aggression der Masse gegenüber den Polizisten (*tropellamuxtinkutax**cha*** – ›sicherlich wegen dieser Aggression‹) habe dazu geführt, dass letztere mit Schüssen antworteten, als Mutmaßung anzusehen ist, jedoch nicht durch eine Zeugenaussage belegt ist. Diese Ressource erlaubt es der Sprecherin also, eine nicht gesicherte Gegebenheit als logische Konsequenz aus anderen, gesicherten Gegebenheiten zu konstruieren.
Zum Abschluss des Abschnitts zu den Validierungsmarkern bleibt noch zu erwähnen, dass im hier analysierten Interview kein Vorkommen des Markers für Reportativität aus zweiter Hand festgestellt werden konnte, obwohl dieser von vielen Grammatiken als wichtiger und häufig gebrauchter Marker im Quechua gilt. Dieses Fehlen kann ein Hinweis darauf sein, dass der Gebrauch von *–si* eingeschränkt ist auf nur einige Gebiete des Quechua-Sprachraums und sein Gebrauch nicht als generelles Phänomen angesehen werden kann.

Explizite Äußerungen von Testimonialität und extralinguistische Referenz
In Bezug auf die Wichtigkeit der von der Informantin berichteten Ereignisse, die bis hin zu kriminellen Handlungen unter Teilnahme von weiten Teilen der Bevölkerung führten, ist es für die Sprecherin von größtem Interesse zu betonen, dass sie selbst nicht in diese Angelegenheit involviert war, da zum Zeitpunkt des Interviews nach wie vor die Möglichkeit einer nachfolgenden polizeilichen Untersuchung besteht. Wie in den vorherigen Abschnitten gezeigt, bedient sich die Sprecherin an verschiedenen grammatischen Ressourcen, um die Rolle, die ihr im Verlauf der Ereignisse zufiel, entsprechend darzustellen. Zusätzlich zu den bereits erwähnten Formativen greift die Sprecherin auch auf explizite oder paraphrastische Äußerungen zurück, die jegliches Indiz für ihre mögliche Teilnahme verneinen. Dafür finden sich analysierten Ausschnitt zwei Fälle, jeweils in den Segmenten über bezeugte Ereignisse: Zeilen 14-15 (*nuqa nipuni rinichu chaypax qhawaxpis | mana ma policia wasiman ni calle aroma-man* – ›Ich bin auf keinen Fall dorthin, um das zu sehen, weder zur Polizeistation, noch in die Aroma-Straße‹) und Zeile 32 (*achhayllata nuqa yachani ma astawan yachanichu* – ›Das ist alles, was ich weiß, mehr weiß ich nicht.‹). In beiden Fällen bedient sich die Sprecherin lexikalischer und morphologischer Ressourcen, um ihre Rolle und ihre Position gegenüber den Ereignissen zu betonen. Dazu zählen in erster Linie das Personalpronomen *nuqa* (›ich‹) – abgesehen davon, dass die Subjektreferenz implizit bereits in den Verbendungen gegeben ist –, die Negationsadverbien *mana* und *ni*,[21] Partizipationsverben (*riy* – ›gehen‹) und epistemische Verben (*yachay* – ›wissen/ kennen‹). Außerdem verwendet sie eine Reihe morphologischer Marker, mit deren Verwendung sie ihre Rolle und Position unterstreichen kann. Einer davon ist der Certitudinalmarker –*puni*, der die vorausgehende Negation mit *ni* verstärkt (*nipuni* – ›auf keinen Fall‹). Im zweiten Fall verwendet sie das Delimitativsuffix –*lla*, das hier wie ein Restriktivmarker funktioniert, um so anzuzeigen, wie wenig sie an den Ereignissen beteiligt war und um sich von ihnen zu distanzieren.
Schließlich nutzt die Sprecherin auch extralinguistische Entitäten als Zeugen der Ereignisse, um so die Glaubwürdigkeit ihrer Handlungen zu untermauern und Abstand von den konfliktgeladenen Vorgängen zu nehmen. In den Zeilen 27 und 28 kann dies beobachtet werden (*siete y media ochoña karqa jaqay | uj ladituman wasiy ukhumanta jawaman lluxsini* – ›es war schon halb acht,

---

[21] Dieses Negationsadverb wurde aus dem Spanischen entlehnt und hat sich in der hier analysierten Varietät des Quechua etabliert.

acht | und ich ging zur einen Seite meines Hauses heraus‹). Die Erzählerin wählt einen ganz bestimmten Ort (eine Seite des Hauses), an dem sie sich befand während der Zeit, in der sich die Ereignisse im Zentrum der Ortschaft zutrugen. Für die Sprecherin konstituiert sich dieser Ort als wichtiger Referent für die Entwicklung der Erzählung. Die Nennung eines spezifischen Ortes macht ihn in diesem Fall zum Zeugen, der die Wahrheit ihrer Erzählungen bestätigen kann.

2.3.4 Eine Fallstudie zum Andenspanisch

2.3.4.1 Ausschnitt 2 (Andenspanisch): Mord an einer Wirtin

Zur Markierung von Testimonialität im Andenspanisch existiert kein geschlossenes morphologisches Paradigma, das so kohärent angewandt wird wie im Quechua. Dennoch ist ein bemerkenswertes Niveau an Obligatorität zur Kennzeichnung dieser Information mittels verschiedener Marker erkennbar.
Die sprachlichen Ressourcen, die dem Andenspanischen zur Verfügung stehen, um auf die Informationsquelle Bezug zu nehmen, verteilen sich auf verschiedene Ebenen. Wie sich in den nachfolgenden Beispielen zeigen wird, können wir Elemente auf der morphosyntaktischen Ebene, auf der lexikalischen Ebene und auf der (diskurs-)pragmatischen Ebene feststellen. Fernerhin ist der kreative Gebrauch dieser Arten der Markierung mittels kontrastiven Referenzbeziehungen zwischen expliziter und indexikalischer Referenz zu beobachten.
Der hier vorliegende Ausschnitt handelt von der Geschichte eines Verbrechens, das sich in der Stadt Cochabamba (Bolivien) zu Lebzeiten des Urgroßvaters der Erzählerin zugetragen hat. Die Geschichte erzählt von einem Raub in einer Chicha-Kneipe *(Chichería)*,[22] bei dem die Besitzerin des Lokals und ihr Koch ermordet wurden. Der Mörder (Rosel) wurde dank eines mysteriösen Traumes, den der Urgroßvater der Erzählerin hatte, gefasst. In diesem Traum benennt die ermordete Frau selbst den Täter. Dieser Hinweis half der örtlichen Polizei auf die richtige Spur. Der Täter wurde verhaftet, zum Tode verurteilt und hingerichtet durch Erschießung.

---

[22] Chichería: Ort, an dem Chicha (typisch andines, alkoholisches Getränk, basierend auf der Vergärung von Mais) hergestellt und verkauft wird. Siehe: *Diccionario de la Lengua Española (DRAE)* online; Übersetzung: PD.

Durch die ganze Erzählung hindurch tritt das Bemühen der Erzählerin hervor, den Kontrast zwischen dem mythischen Charakter der Geschichte (der Traum des Urgroßvaters, in dem die ermordete Besitzerin der Chicha-Kneipe Zeugnis ablegt über das Verbrechen, wurde zum entscheidenden Hinweis zur Aufklärung der Tat) und ihrer Wahrheit zu betonen. Dies zeigt sich in der Analyse des hier gewählten Ausschnitts deutlich.

Dieser Ausschnitt besteht aus zwei Szenarien, die sich chronologisch nach dem Verbrechen und der Festnahme des Mörders abspielen. Er beginnt mit dem Verhör des Freundes und Gefährten des Mörders, der auch am Raub beteiligt war. Danach berichtet die Erzählerin von den Ereignissen am Tag der Hinrichtung, zu welcher der Verurteilte bei Sonnenaufgang geführt wird.

```
01   A:    el amigo había dicho YO NO toCAdo;
02         NO=he tocado de=SUSto de susto he estado así;
03         he visto como los ha degollado-
04         al HOmbre más; (-)
05         así\
06         entonces,
07         lo meten a la cárcel a rosel,
08         (apellidaba) rosel (el) señor\
09         lo meten a la cárcel dice/
10         las monjas dice que le mandaban TOda clase de DULces- (.)
11         POStres- °h
12         el ya NO comía; (.)
13         no comía YA,
14         porque se=ya estaba sentenciado a muerte\
15   H:    mhm\
16   A:    lo fusilARon pues a este:: rosel/
17         SIgue ese árbol en el::-
18         PRAdo/
19   M:    prado\
20   S:    mhm;
21   A:    ni nadie debe saber nada ya de=eso; (--)
22         nadie ya debe=saber- °h
23         es un árbol al fINAl del prado/ (-)
24         BIEN gruESO; (.) °h
25         YO HE conocido cuando era chica todavía- (.)
26         el árbol aquí,
27         y aquí alrededor había un aSIENto; (1,22)
28   S:    mhm;
29   A:    seguramente era de aDOBE qué sería pues=no/
30         la cos=que-
```

```
31          a las cuatro de la mañana lo habían estado llevando- (--)
32          a fusilarlo,
33          c:on tambores destemplados dice\
34    S:    si;
35    A:    llevaban (.) un sacerdote dice que (va/estaba) con ellos;
            (.)
36          y mi abuelo había=estado- (.)
37          e:n la misa;
```

Wie der Ausschnitt zeigt und wie es sich im weiteren Verlauf im Detail noch zeigen wird, ist es das Ziel der Erzählerin, die Ereignisse der Geschichte mit Hilfe von Indizien und überprüfbaren Quellen zu bestätigen. Um einen besseren Überblick über die Informationsquellen der Geschichte zu erhalten, versucht das folgende Schema die Informationszusammenhänge und Quellen der Geschichte zu visualisieren.

Schema 2: Informationszusammenhänge und Quellen der Geschichte ›Mord an einer Wirtin‹

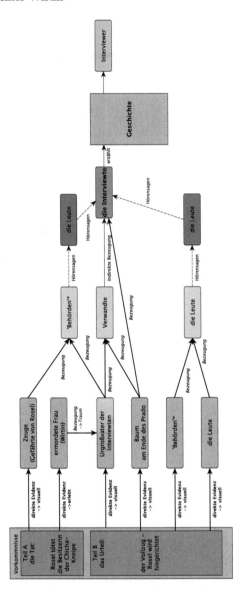

---

* Die zwei Nennungen der ›Behörden‹ (Polizei und Justiz) beziehen sich auf dieselbe Gruppe. Im Teil A sind diese die Rezipienten der Bezeugungen über das Verbrechen, in Teil B handelt es sich um die direkten Zeugen der Hinrichtung.

2.3.4.2 Analyse der Phänomene zur Markierung von (Nicht-)Testimonialität

Die beobachteten Phänomene lassen sich in fünf Typen klassifizieren. Die ersten zwei Typen sind auf der morphosyntaktischen Ebene anzusiedeln und können als Marker für Nichttestimonialität betrachtet werden. Die Typen 3 und 4 befinden sich auf lexikalischer Ebene, der Typ 5 auf einer textuellen Ebene.

(1) Die Konstruktion *había* + V*-ado*

Diese Konstruktion, die im Standardspanischen die Zeitform des Plusquamperfekts markiert, hat diese Funktion im Andenspanisch verloren und dafür die Funktion der Markierung einer nicht durch den Sprecher bezeugten, vergangenen Handlung erhalten (siehe Babel 2009: 495, Mendoza 2008: 222f., Pfänder et al. 2009: 229f.).[23] Viele Autoren interpretieren diesen Gebrauch als neue Opposition mit dem Perfekt, die dann eine Opposition aus Testimonialität (*ha* + V*-ado*) und Nichttestimonialität (*había* + V*-ado*) bilden und somit der Opposition aus den Suffixen *-rqa* und *-sqa* im Quechua entsprechen (siehe Escobar 1994, Pfänder et al. 2009, Sánchez 2004 u.a.).[24]

(2) Die Konstruktion *dice que/dice*

Der analysierte Ausschnitt enthält Vorkommen des *verbum dicendi* ›decir‹ in der 3. Pers. Sg.[25] in adverbialem Gebrauch, auf dem Weg der Grammatikalisierung zu einem Marker, der den Sprecher als Zeugen für die postulierte Aussage ausschließt.[26]

(3) Lexikalische Marker für Testimonialität

Weniger hervorstechend, aber häufig im Gebrauch sind die Marker auf lexikalischer Ebene. Es handelt sich dabei um Perzeptionsverben und Bezeugungen, die von der *origo* der 1. Pers. Sg. oder der Erzählerin selbst ausgehen. Die Sprecherin nutzt diese Ressourcen als verschiedene Möglichkeiten zur Bezeugung, um die erzählten Vorkommnisse zu bestätigen.

---

[23] Babel (2009) und Pfänder et al. (2009) erwähnen, dass die Bedeutung dieser Konstruktion variieren kann (sie kann beispielsweise auch eine plötzliche Feststellung ausdrücken). Häufig trägt diese Konstruktion zusätzlich eine pragmatische Bedeutung. Daraus resultiert, dass sich in der Forschungsliteratur verschiedene Ansichten über dieses Phänomen finden lassen (siehe dazu Adelaar & Muysken 2004, Faller 2004, Feke 2004, Granda 2001).

[24] Cerrón-Palomino 2008: 139ff.

[25] Der Marker kommt im Ausschnitt in zwei Formen vor: entweder steht er zu Beginn eines Syntagmas in der Form *dice que* (fusioniert mit dem Komplementierer *que*), oder er steht satzfinal in der Form *dice,* wenn der Sprecher die nichttestimoniale Markierung postum vornimmt.

[26] Die Existenz dicses Phänomens wird mehr oder weniger ausführlich auch von anderen Autoren beschrieben (siehe Babel 2009, Calvo Pérez 2000, 2008, Escobar 1994, 2000, Godenzzi 2007, Granda 2001, 2002, Mendoza 2008, Olbertz 2005, Pfänder et al. 2009).

(4) Modaladverbien
Ebenso auf der Ebene der lexikalischen Strategien lässt sich die Markierung von Inferenzen durch Modaladverbien wie *seguramente* beobachten.
(5) Textuelle Referenzen und extralinguistische Indizien
Es lässt sich beobachten, wie die Erzählerin im analysierten Ausschnitt auf Objekte und außersprachliche Situationen referiert, die als Indizien zur Bezeugung der Wahrheit der Geschichte fungieren. Diese Verweise erlauben es, durch ihr Erscheinen die kommunizierte Information mindestens als indirekte Erfahrung zu markieren. Im hier vorliegenden Ausschnitt kann aber auch die Möglichkeit nicht ausgeschlossen werden, dass diese Objekte als animierte Entitäten wahrgenommen werden und dass sie somit als direkte Zeugen für die mitgeteilte Information gelten können.

Typ (1): die Konstruktionen mit había + V–ado
Die Formen, denen an dieser Stelle das Hauptinteresse gilt, gehören zum Typ (1). Im analysierten Ausschnitt können davon drei Vorkommen gezählt werden. Das erste findet sich gleich in Zeile 01, das zweite in Zeile 31 und das dritte in Zeile 36. In der Zeile 01 steht das *verbum dicendi* als Partizip, eingeleitet vom Auxiliar *haber* in der 3. Pers. Sg., im *indefinido*. Diese Verbkonstruktion leitet eine Proposition in direkter Rede ein, die von der Sprecherin als nicht bezeugt eingestuft wird. Die Informationsquelle wird auch im Kontext nicht enthüllt und bleibt somit implizit.[27]
In diesem ersten Fall kann festgestellt werden, dass die Markierung der Nichttestimonialität, angezeigt durch *había* + V–*ado*, den Kontrast mit der Expressivität der direkten Rede und die darin platzierten lexikalischen Marker für Testimonialität nahezu auflöst. Eine tiefergreifende Analyse dieses Phänomens findet sich bei der Abhandlung zu lexikalischen Markern für Testimonialität weiter unten.
In Zeile 31 findet sich ebenfalls ein Marker des Typs (1). In diesem Fall lässt sich eine Verbalphrase im Progressiv beobachten, die in Zeile 32 endet. Eingeleitet wird diese Verbalphrase mit *había* und drückt somit nichttestimoniale Information aus. Die vorausgehende adverbiale Bestimmung befindet sich ebenso im Skopus des Markers, auch wenn sie durch ihre Fokalisierung und ihre Position vor der Verbalphrase die nichttestimoniale Markierung, die auf sie wirkt, abschwächt. Wie auch im vorherigen Beispiel ist es bei die-

---

[27] Die konkrete Quelle kann zu keinem Zeitpunkt dieser Erzählung identifiziert werden. Der Urgroßvater selbst scheint die Geschichte nicht an die Erzählerin weitergegeben zu haben. Es finden sich aber Hinweise darauf, dass die Erzählerin die Geschichte über die Vermittlung von Familienmitgliedern erfahren hat.

sem Vorkommen nicht möglich, den konkreten Ursprung der Information aufzudecken.

In der Zeile 36, in der sich der letzte beobachtete Marker des Typs (1) im hier gewählten Ausschnitt befindet, wird über die Konstruktion *había* + V*-ado (había estado)* angezeigt, dass die Sprecherin nicht bezeugen kann, ob ihr Urgroßvater tatsächlich in der Messe war.

Da auch in diesem Beispiel die Konstruktion mit *había* + V*-ado* nicht das Ziel hat, eine spezifische Informationsquelle preiszugeben, kann gefolgert werden, dass dieser Marker, auf der formalen Basis des spanischen Plusquamperfekts, in der Tat auf sehr ähnliche Weise operiert wie das Verbalsuffix *-sqa* im Quechua, das Nichttestimonialität anzeigt und mit dessen Hilfe sich der Sprecher von der Teilnahme am erzählten Ereignis distanziert.

Fernerhin kann ein weiterer paralleler Gebrauch festgestellt werden. Die Konstruktion *había* + V*-ado* modifiziert stets Aussagen, die für das Fortschreiten der Erzählhandlung entscheidend sind. Es hat also im Endeffekt die Funktion einer narrativen Vergangenheit, wie sie Cerrón-Palomino (2008: 142) dem Marker für Nichttestimonialität *-sqa* des Quechua zuschreibt.

Typ (2): Die Konstruktion dice que/dice

Im Folgenden werden die Formen des Typs (2) analysiert. Sie sind mit vier Vorkommen die häufigsten im hier vorgestellten Ausschnitt. Zwei der vier kommen in der einfachen Form *dice* vor (Zeilen 09 und 33), bei den beiden anderen Vorkommen in den Zeilen 10 und 35 ist *dice* mit dem Komplementierer *que* fusioniert *(dice que)*.

In der Zeile 09 ist die wiederholte Aussage aus Zeile 07 (die Rekapitulation der Ereignisse, hervorgehoben durch die Verwendung des historischen Präsens), die durch den Einschub des Namens des Mörders (Zeile 08) unterbrochen wird, mit *dice* in satzfinaler Position markiert. Die Aussage wird dadurch als eine Information klassifiziert, die nicht bezeugt ist und deren Ursprung nicht genannt wird.

In Zeile 10 zeigt sich ebenso ein solcher Marker des Typs (2) in der gleichen Funktion. Hier aber geht er dem modifizierten Syntagma voraus und wird in fusionierter Form mit dem Komplementierer *que* gebraucht *(dice que)*. In diesem Fall hat der Gebrauch der fusionierten Form den Effekt der Fokalisierung des Subjektes *(las monjas)* des Syntagmas.[28]

---

[28] Wichtig ist an dieser Stelle zu betonen, dass *las monjas* hier aber nicht als Subjekt für *dice* anzusehen ist.

In Zeile 33 wiederum lässt sich ein weiteres Beispiel der einfachen Form *dice* an finaler Position der Aussage beobachten. Und auch hier ist die modifizierte Aussage als Information anzusehen, deren Ursprung nicht genannt wird.

In Zeile 35 scheint der Unterschied zwischen der Markierung mit *dice* (wie in Zeile 33) und *dice que* ebenso darin zu liegen, dass in letzterem Fall das Subjekt des Syntagmas fokalisiert wird *(un sacerdote),* wie auch schon der Unterschied in Zeilen 09 und 10 zeigt.

Der Gebrauch der Formen der Kategorie (2) erlaubt die folgenden generellen Beobachtungen:

Erstens scheinen sich die Modifikatoren *dice/dice que* vorzugsweise in Kontexten zu situieren, in denen die Aussagen der Erzählhandlung spezifiziert und ausgebaut werden und der Kontext der Erzählung erweitert wird. Jedoch werden sie offenbar kaum an den Schlüsselstellen benutzt, die für die Struktur der Erzählung entscheidend sind. Dies ist den Formen des Typs (1) vorbehalten.

Zweitens: während die Nichttestimonialität, die über die Konstruktion mit *había* + V*-ado* ausgedrückt wird, weder den Ursprung der Information offenzulegen scheint, noch die Notwendigkeit der Präsenz einer Quelle impliziert, verhält es sich bei den Formen *dice/dice que* so, dass diese zwar genauso wenig den konkreten Ursprung der mitgeteilten Information offenlegen, aber gleichzeitig die Präsenz einer, wenn auch unspezifischen Autorität anzeigen. Da sich diese aber nicht auf ein spezifisches Subjekt festlegen lässt, weist der Gebrauch von *dice/dice que* der modifizierten Aussage eine HÖRENSAGEN-Lesart zu.[29]

Typ (3): Lexikalische Marker für Testimonialität
Die im Folgenden analysierten Formen stehen aufgrund ihrer lexikalischen Bedeutung in Verbindung mit dem Testimonialitätsstatus einer Information. Es handelt sich im vorliegenden Ausschnitt um zwei Vorkommen in den Zeilen 01-03 und 25.

In den Zeilen 01-03 fallen die perzeptiven Verben *tocar* und *ver* auf, mit deren Hilfe in der Erzählung direkt bezeugt wird, dass Rosel die Besitzerin der Chicha-Kneipe ermordet hat. Wie schon im Abschnitt zu den Markern des Typs (1) erwähnt wurde, besteht in den Zeilen 01-03 die Situation, dass der Marker für Nichttestimonialität *había* + V*-ado* in einer auffälligen dis-

---

[29] Während *había* + V*-ado* also einzig auf den Quellenstatus (direkt, indirekt) verweist, verweist *dice/dice que* zusätzlich auf die Art der Quelle. Beide verweisen aber nicht auf den konkreten Ursprung der Quelle.

kursiven Strukturierung einen starken Kontrast zur direkten Rede, der er vorausgeht, aufbaut. Mit dieser direkten Rede erreicht die Erzählerin die Verschiebung des deiktischen Zentrums und kreiert dadurch eine neue Situation der Testimonialitätsreferenz für die folgenden Aussagen (bis Zeile 04). Innerhalb dieser neuen Ebene kennzeichnet das neue deiktische Zentrum seine Bezeugungen durch die schon erwähnten Perzeptionsverben *ver* und *tocar*.

Daraus resultieren zwei Folgerungen, eine für die erzählte Geschichte, eine für die hier vorliegende Analyse.

Der Effekt dieser narrativen Strategie ist der, dass sich die Expressivität des Inhaltes der direkten Rede über den nichttestimonialen Status der direkten Rede als Ganzes legt und diesen Status in den Hintergrund verlegt. Die direkte Bezeugung des Verbrechens wird fokalisiert und rückt in den Vordergrund.[30] Durch dieses Spiel mit den Perspektiven, schafft es die Erzählerin die Aussagen des Zeugen als direkte Informationsquelle zu situieren und sie somit als Beweis für die Wahrheit der Geschichte anzuführen, obwohl diese Quelle nicht direkt mit der Erzählwelt[31] selbst verbunden ist, sondern in der Figurenwelt[32] der Geschichte liegt.

Dies bedeutet für die hier vorliegende Analyse nicht nur, dass die Markierung von (Nicht-)Testimonialität auf allen Ebenen und Dimensionen der Erzählstruktur einer Geschichte möglich ist, sondern auch, dass diese Markierungen immer von der Perspektive und somit vom deiktischen Zentrum, auf das sie sich beziehen, abhängig sind.

In Zeile 25 kennzeichnet eine Markierung auf lexikalischer Ebene *(yo he conocido)* die Sprecherin selbst als Zeugin und direkte Quelle für die Existenz des Baumes und somit des Ortes, an dem die Erschießung des Mörders stattfand. Eine detaillierte Analyse dieses Zusammenhangs findet sich im weiteren Verlauf unter ›Typ (5): Textuelle Referenz auf extralinguistische Indizien‹.

---

[30] Die direkte Rede wird im gesprochenen Diskurs häufig als Mittel der Fokalisierung eingesetzt. Eine Analyse einer solchen und anderer Anwendungen der direkten Rede in der Interaktion findet sich für das Deutsche u.a. bei Günthner (1997). Siehe außerdem Bergmann 1998: 121 zur Funktion von direkter Rede als Marker für Authentizität.
[31] Die Erzählwelt stellt den Kontext der momentanen Interaktionssituation dar, in der sich die Erzählerin befindet. Siehe zum Terminus der Erzählwelt Günthner 1997: 229.
[32] Die Figurenwelt referiert auf den Interaktionskontext, aus dem heraus die zitierte Äußerung reaktiviert wird. Siehe ebd.

Typ (4): Modaladverben
Für diesen Typ findet sich im Ausschnitt nur ein Beispiel, dennoch kann festgehalten werden, dass in der kompletten Erzählung der Sprecherin mehrere Vorkommen dieses Phänomens attestiert werden können. Es ist also nicht so marginalisiert zu betrachten, wie es in dieser Analyse vielleicht erscheinen mag.
In Zeile 29 verwendet die Sprecherin das Adverb *seguramente*, um für die nachfolgende Information darauf zu verweisen, dass die Sitzgelegenheit, die um den Baum aufgestellt war, logischerweise aus Adobe sein musste. Es handelt sich in dem Fall um die Kennzeichnung einer inferierten Information. Diese Inferenz basiert auf dem allgemeingültigen Wissen, dass solche Sitzgelegenheiten zu der Zeit prototypischerweise aus Adobe gefertigt waren.

Typ (5): Textuelle Referenz auf extralinguistische Indizien
Es folgt eine detaillierte Analyse des Ausschnittes von Zeilen 16-29 anhand derer sich beobachten lässt, wie die Sprecherin mit den verschiedenen Dimensionen der Geschichte spielt, um eine hohe Glaubwürdigkeit bei den Zuhörern zu erreichen. Dazu benutzt sie gezielt textuelle Verweise auf außersprachliche Indizien, wie besonders die Zeilen 17-24 zeigen. Dies führt zu einer Verkettung von Bezeugungen, die in der folgenden Analyse dieser Zeilen aufgezeigt werden sollen. Eine Illustration dieser Verkettung zeigt das hier folgende Schema:

Schema 3: Beispiel für die Verkettung von Bezeugungen im Ausschnitt ›Mord an einer Wirtin‹

Auf den Testimonialitätsstatus der Aussage in Zeile 16 (die Erschießung von Rosel), der in der Erzählwelt situiert ist, wird in den Zeilen 17 und 18 mittels der Einfügung eines außersprachlichen Objektes (der Baum als Marker der Kategorie (5)) verwiesen. Der Baum existiert nicht nur in der Erzählwelt, sondern ebenso in der Figurenwelt und im *hic et nunc* des Aktes der Erzählung selbst (in der realen, aktuellen Umwelt). Er dient als eindeutig bestimmte Quelle für die in Zeile 16 kommunizierte Information. Die

Erschießung Rosels ist nicht direkt von der Erzählerin bezeugt, sondern indirekt durch den Baum und durch seine Funktion als Konstante in allen für die Geschichte wichtigen Welten.[33]
Der Baum kann aber erst dann als Zeuge/Indiz auftreten, wenn seine Existenz auch erwiesen ist. Dies geschieht in Zeile 25 über einen Marker des Typs (3), also auf lexikalischer Ebene *(yo he conocido)* in der Erzählwelt. Dieser drückt direkte Evidentialität aus.
Die kommunizierte Information in den Zeilen 17 und 18 dient somit als Modifikator der Aussage in Zeile 16 und gleichzeitig als Aussage, die von der lexikalischen Markierung in Zeile 25 selbst modifiziert wird. Auf diese Weise formen die drei analysierten Teile Kettenglieder der schon erwähnten Verkettung von Bezeugungen.

2.3.5 Diskussion: Konvergenz und Divergenz der untersuchten Phänomene

In beiden Erzählungen ist es möglich zu beobachten, wie in beiden Sprachen gemeinsame konzeptuelle Elemente zur Referenz auf geschehene Ereignisse verwendet werden und wie die beiden Interviewten entweder direkt darüber berichten oder die verschiedenen Quellen weitergeben, über die sie die erzählte Information erhalten haben.
In einer Erzählsituation, wie sie in den hier analysierten Ausschnitten vorliegt, wird dafür am häufigsten und auffälligsten die Konstruktion V–*sqa* des Quechua verwendet. In dieser Sprache ist der Gebrauch von –*sqa* obligatorisch für jeden Fall, in dem ein Geschehen nicht direkt bezeugt werden kann oder nicht vom Sprecher selbst erlebt wurde.
Diese Form kontrastiert mit einer anderen Form, die zur Kennzeichnung vergangener Ereignisse benutzt wird und vor allem dem Sprecher erlaubt, auf die direkte Bezeugung eines Ereignisses zu verweisen *(–rqa)*. Dieses Suffix kommt im analysierten Ausschnitt zum Quechua nur ein Mal vor und wird von der Sprecherin verwendet, um explizit ihre Zeugenschaft in Bezug auf ein Ereignis zu konstatieren.

---

[33] Die Interpretation dieses Ausschnitts kann noch konsequenter erfolgen. Es ist keineswegs abwegig, den Baum als personifiziertes Objekt zu betrachten, das nicht nur die Funktion hat, ein Indiz zu sein, sondern selbst als Zeuge für die Hinrichtung gelten kann. In der andinen Kultur ist es nicht unüblich (ähnlich wie in Teilen der europäischen Kultur auch), Objekten menschliche Eigenschaften zuzuschreiben. Auf diese Weise markiert also der Baum als Zeuge den Testimonialitätsstatus der Aussage in Zeile 16, wie auch in Schema 2 in Kapitel 2.3.4.1 veranschaulicht wird.

Eine dritte Tempusform, die eine Rolle spielt, ist das am Verb markierte Non-Futur, das zusammen mit den beiden anderen Formen vorkommt oder mit ihnen alterniert. Diese Ressource erlaubt es dem Sprecher, über Geschehnisse in der Vergangenheit zu berichten, ohne eine direkte Aussage über ihre (Nicht-)Testimonialität zu machen. In solchen Fällen bedient sich der Sprecher jedoch alternativer Strategien, um das Stattfinden dieser besagten Ereignisse zu bestätigen. Dies kann zum Beispiel durch spezifische lexikalische Elemente mit testimonialer Bedeutung als Teil einer Aussage geschehen oder durch die Äußerung emotionaler Zustände.

Dieselben (nicht-)testimonialen Bedeutungen können im spanischen Ausschnitt im Gebrauch der Vergangenheitstempora nachgewiesen werden. Die verbale Konstruktion, mit der in der normativen Grammatik des Spanischen das Plusquamperfekt ausgedrückt wird, sticht dabei als Marker für Nichttestimonialität hervor. Sie präsentiert sich als funktionales Äquivalent zur V–*sqa*-Konstruktion des Quechua. Zusätzlich scheint diese Konstruktion eine wichtige Rolle in der Organisation der Testimonialitätsrelationen im strukturellen Schema von Erzählformaten zu spielen. Diese Rolle entspricht der, die Cerrón-Palomino (2008) der äquivalenten Quechua-Konstruktion zuschreibt.

In beiden Sprachen beschränken sich die Formen (V–*sqa* für das Quechua und *había* + V–*ado* für das Spanische) darauf, die Nichttestimonialität auszudrücken, ohne dabei auf eine spezifische Quelle oder eine spezifische Art der Quelle für die berichteten Ereignisse zu referieren.[34] Abgesehen von der

---

[34] Zur Ausweitung des peninsulären Plusquamperfekts zum Marker für Nichttestimonialität im Andenspanisch existieren mehrere Forschungsarbeiten, die diese Entwicklung erwähnen und sie dem Kontakt mit dem Quechua zuschreiben (u.a. Avellana 2013, Coronel-Molina 2011, Escobar 1994, Godenzzi 2005, Kany 1976, Klee 1996, Klee & Ocampo 1995, Lee 1997, Pfänder et al. 2009, Sánchez 2004). Unter den verschiedenen möglichen Erklärungen scheinen die hier vorliegenden Beispiele eine weitere Erklärung für diese Übertragung liefern zu können. Kern dieser Erklärung ist die Annahme einer wahrgenommenen Ähnlichkeit im Sinne von Jarvis & Pavlenko (2008) als Brücke zwischen den typologisch so unterschiedlichen Sprachen Quechua und Spanisch. Diese wahrgenommene Ähnlichkeit basiert auf dem Gebrauch des Partizips, das in beiden Sprachen bei der Bildung der Konstruktionen zum Ausdruck von Nichttestimonialität zu intervenieren scheint. Dahinter steckt folgende Überlegung: das Plusquamperfekt im Spanischen wird mit einem Auxiliar im Imperfekt *(haber)* und einer Verbwurzel gebildet, an die das Suffix *–ado/–ido* zur Bildung des Partizips angeschlossen wird. Auf Seiten des Quechua wird das Partizip gebildet, indem das Suffix *–sqa* an finaler Position an die Verbkonstruktion angebunden wird (siehe z.B. Zeile 06 des Quechua-Ausschnitts). Dieses Suffix koinzidiert formal und phonologisch mit dem Marker für Nichttestimonialität, in den entsprechenden Verbkonstruktionen, die mit einer Wurzel und dem Suffix *–sqa* gefolgt von weiteren Verbalsuffixen gebildet wird. Das Suffix *–sqa* kann im Quechua außerdem

fehlenden Offenlegung der Quelle der Information erlauben es diese Konstruktionen dem Rezipienten jedoch, einen singulären Ursprung in einem gemeinsamen und konstanten Subjekt zu generieren. Diese Ausblendung der spezifischen Quelle ist unter Umständen der Notwendigkeit geschuldet, die explizite Markierung des Erzählers selbst als Informationsquelle zu vermeiden.

Weiterhin ist auch der Gebrauch der Perfektformen im Ausschnitt zum Andenspanisch sehr auffällig. Diese werden immer dann gewählt, wenn ein Sprecher in der Erzählung etwas bezeugen will und sie stehen meist in der 1. Pers. Es bleibt dennoch festzuhalten, dass häufig lexikalische Formen (z.B. *yo*) und Perzeptionsverben wie *ver* und *tocar*, die als Marker für Testimonialität fungieren können, mit dem Gebrauch des Perfekts konkurrieren. Somit kann also präzisiert werden, dass der Gebrauch der Perfektform zur Markierung von Testimonialität Teil einer Gruppe von Strategien ist, die es erlaubt, direkte Evidentialität auszudrücken.[35] Diese Markierung scheint keine exklusive Eigenschaft der Perfektformen im Andenspanisch zu sein, was auch der Tatsache geschuldet sein kann, dass die dominierende Funktion nach wie vor der Ausdruck der durch die Norm festgelegten temporalen Relationen ist.

In Bezug auf das Non-Futur kann nicht ohne Weiteres von einem funktionalen Zusammenfallen des Non-Futur im Quechua mit dem Präsens im Andenspanischen, welches im analysierten Ausschnitt wiederholt mit Bezug auf vergangene Ereignisse gebraucht wird, gesprochen werden. Der abwechselnde, nicht immer systematisch motivierte Gebrauch verschiedener Vergangenheitsformen im hier vorliegenden Ausschnitt zum Andenspanisch spricht gegen eine klare Konvergenz beider Kategorien. Jedoch ist festzuhalten, dass beide Verbformen zumindest im hier vorliegenden narrativen Kontext ähnliche Bereiche der Tempusmarkierung sowohl in der

---

sowohl Teil einer verbalen als auch einer nominalen Konstruktion sein, genau wie das Suffix *-ado/-ido* im Spanischen. Somit ist es denkbar, dass diese Übereinstimmungen dem Sprecher ausreichen, um eine Ähnlichkeit beider Einheiten, für diesen Fall die Kombination von Verbwurzel und Suffix, wahrzunehmen. Der einzige wahrnehmbare Unterschied in diesem Fall findet sich in der Vorausstellung der anderen am Verb zu markierenden Kategorien im Spanischen und in der Nachstellung dieser Kategorien im Quechua. Die Abtrennung und Vorausstellung dieser grammatischen Information kann aber als Model gesehen werden, das der Quechua-Sprecher aus dem Spanischen als systematisch bei der Konstruktion von Verben generalisieren kann, da diese analytischen Konstruktionen für verschiedene Kategorien angewandt werden. Diese Ähnlichkeit kann als ein Grund dafür angesehen werden, warum die Sprecher im südlichen Andenraum das spanische Plusquamperfekt als Zielstruktur zum Ausdruck von Nichttestimonialität gewählt haben.

[35] Dieser Aspekt wurde auch von Pfänder et al. (2009: 224-239) beobachtet.

Vergangenheit als auch im Präsens abdecken, was für eine Entwicklung hin zu verstärkter Konvergenz sprechen kann.

Eine weitere wiederholt vorkommende Konstruktion in beiden Ausschnitten ist das Formativ auf der Basis von SAGEN in der 3. Pers. Sg. mit den Realisierungen *nin* im Quechua und *dice/dice que* im Spanischen.

Diese Form tritt im Quechua gemeinsam mit nicht bezeugten Aussagen auf und markiert diese als Information aus zweiter Hand, deren Ursprung eine ambige Quelle ist, die sich diffus zusammensetzt. Im Quechua ist dieser Marker in der Regel satzfinal positioniert und funktioniert retroaktiv. Fernerhin charakterisiert dieser Marker den informativen Gehalt der Aussagen, die er markiert, als ergänzende Aussagen, als Einheiten, die Ausweitungen und Details zur Vervollständigung der zentralen Handlungsstränge der Erzählung beisteuern. Diese Eigenschaften lassen sich auch für *dice/dice que* im Ausschnitt zum Andenspanischen feststellen. *Dice/dice que* ist ebenfalls in der 3. Pers. Sg. lexikalisiert, mit dem Unterschied, dass es in einigen Fällen auch zu Beginn oder inmitten einer Proposition stehen kann und in diesem Fall das ihm vorausgehende Element fokalisiert. In diesen Fällen steht dann die mit dem Komplementierer *que* fusionierte Form *dice que*. Für diese strukturelle Variante findet sich kein Modell im Quechua, da die Sprache diese Art von Konjunktionen nicht ausgebildet hat.

Eine andere Komponente der Informationsquellenmarkierung im Quechua, für die sich ein Äquivalent im Andenspanisch finden lässt, ist der Inferenzmarker *–cha*, auch wenn sich dafür im Andenspanisch nur eine lexikalische und keine morphosyntaktische Ausprägung findet. Konkret äußert sich die Funktion des Quechua-Morphems im Spanischen in der Verwendung des Adverbs *seguramente*,[36] das einen vergleichbaren funktionalen Wert trägt wie *–cha* im Quechua. Schwerpunkt der spanischen Form ist dabei der Ausdruck der logischen Inferenz in Kombination mit dem Kontext, in dem sie auftritt. In Bezug auf das Morphem *–mi*, das in der Regel als direkter Informationsquellenmarker und Affirmativsuffix zitiert wird (z.B. Choque Villca 1991, Pfänder et al. 2009) oder auch als Reportativ aus erster Hand (z.B. Cerrón-Palomino 2008) bezeichnet wird, ist in den hier verwendeten Ausschnitten keine kongruente Einheit auf morphosyntaktischer Ebene im Andenspanisch feststellbar. Es können aber lexikalische Elemente gefunden werden, die in der Lage sind, ähnliche Bedeutungen auszudrücken. Es erscheint jedoch naheliegender, diesen eher eine Nähe zu den verbalen Te-

---

[36] Es scheint kein Zufall zu sein, dass die Übersetzungen von *–cha* ins Spanische in den Quechua-Grammatiken in der Regel mit diesem Adverb vorgenommen werden. So zum Beispiel bei Choque Villca (1991: 35).

stimonialitäsmarkern zuzuschreiben, wie weiter oben bereits argumentiert wurde. Fernerhin ist der Gebrauch von –*mi* im Quechua dieser Region tendenziell auf interrogativ-reflexive Kontexte restringiert, die eine zeitliche Situation denotieren, in der sich der Sprecher an etwas nicht erinnert, das er bereits vorher wusste. Ein vergleichbarer Gebrauch eines Elementes im andenspanischen Ausschnitt konnte nicht registriert werden, genauso wenig ist der Gebrauch eines morphosyntaktischen Elementes in dieser Funktion fürs Andenspanisch bekannt.[37]

Ein weiteres Beispiel für die Konvergenz zwischen beiden Sprachen findet sich in den Passagen der Verwendung von expliziten Testimonialitätsreferenzen als Ressource,[38] in der deiktischen Referenz auf extralinguistische Entitäten als Mittel zur Darstellung von Testimonialitätsrelationen und zur persönlichen Bezeugung der Wahrheit der berichteten Vorkommnisse. Dazu ist zum Beispiel der Verweis auf den Baum im Ausschnitt zum Andenspanisch zu nennen.[39] Dieser konstituiert sich als eine Art Zeuge für die Ereignisse und funktioniert wie ein einzig unangreifbarer Beweis für die erzählten Erlebnisse. Auf der anderen Seite findet sich im Ausschnitt zum Quechua der Verweis auf die ganz bestimmte Hausecke, die die Erzählerin erwähnt und als Ressource gebraucht, um die Wahrheit ihrer Darstellungen zu unterstreichen.[40]

2.3.6 Konklusion

Das Hauptziel dieses Kapitels war es, durch die Analyse zweier miteinander vergleichbarer[41] Texte aus dem Quechua und dem Andenspanisch aus der gleichen Region, also aus zwei miteinander in Kontakt stehenden Sprachen, herauszufinden, ob trotz der typologischen Distanz zwischen beiden Sprachen systematische Konvergenzen feststellbar sind und ob diese Methode

---

[37] Eine lexikalisch-kompositionelle Strategie lässt sich hingegen denken: ¿*Qué era su nombre, otra vez?*
[38] Siehe zum Beispiel im ersten Ausschnitt (Quechua; Kapitel 2.3.3.1) die Zeilen 14 und 15, die sich auf die vorherigen Sequenzen beziehen (Zeilen 1-13), und im zweiten Ausschnitt (Andenspanisch; Kapitel 2.3.4.1) die Zeile 25, die auf die testimoniale Funktion des Baumes verweist.
[39] Siehe z.B. Ausschnitt 2 zum Andenspanisch (Kapitel 2.3.4.1), Zeilen 17-29.
[40] Siehe Ausschnitt 1 zum Quechua (Kapitel 2.3.3.1), Zeilen 27-28.
[41] Vergleichbar in Bezug auf die kommunikative Situation (Interview), den Texttyp (Erzählung), die Generation der Informantinnen und das Kommunikationsziel (das Bezeugen von tatsächlichen Vorkommen).

sich dazu eignet, Gebrauchsmuster einer sprachlichen Kategorie über die Grenze von grammatischen Markern hinaus zu vergleichen.

Das Resultat der Analyse erlaubt folgende Beobachtungen: folgt man in Bezug auf die Möglichkeit von selektiven Kopien dem Kontaktmodell von Johanson (1992, 2002, 2008, 2010), in dem eine Kopie auch nur eine sprachliche Ebene betreffen kann (bei Johanson Semantik, Kombinatorik, Material und Frequenz), und sucht man nicht ausschließlich in spezifischen Strukturen nach Ähnlichkeiten, sondern in der Versprachlichung von Kommunikationszielen an sich, unabhängig von ihrer materiellen Realisierung, ist es möglich, in beiden Sprachen Ähnlichkeiten in den Strategien und in den Elementen, die gewählt werden, um das Kommunikationsziel zu erreichen, zu konstatieren.

Die Beobachtung vergleichbarer Kommunikationsziele ist hierbei also der entscheidende Punkt. Dabei zeigt sich, dass die Sprecher beider Sprachen die selben kognitiven Konzepte wählen, um ihre Aussagen dem jeweiligen Ziel entsprechend zu gestalten, obwohl die spezifischen strukturellen Realisierungen, die sie dazu verwenden, dies an der Oberfläche auf den ersten Blick nicht ohne Weiteres vermuten lassen.

Im Speziellen konnte für beide Fälle folgendes festgestellt werden:
- Testimonialitätsmarkierung ist ein rekurrentes Phänomen in beiden Textausschnitten. Der häufige Gebrauch von Testimonialitätsmarkern im Quechua scheint in direkter Verbindung zu stehen mit dem häufigen Gebrauch von vergleichbaren Markern im Andenspanisch.
- Die auffälligsten Konvergenzen zeigen sich im Gebrauch von Markern auf morphosyntaktischer Ebene (V–*sqa* und *había* + V–*ado*; für V–*rqa* und das *pretérito perfecto* kann zumindest teilweise ein Parallelismus festgestellt werden), in der Reanalyse von *verba dicendi* mit der Bedeutung SAGEN in der 3. Pers. Sg. als Marker für Information aus zweiter Hand (Andenspanisch: *decir*, Quechua: *niy*) und im Gebrauch außersprachlicher Verweise zum expliziten Verweis auf eine direkte Bezeugung.
- Auffällige Divergenzen lassen sich im Gebrauch von lexikalischen Ressourcen im Andenspanisch erkennen, die im Quechua ausschließlich auf morphologischer Ebene markiert werden (im hier vorliegenden Fall: das Suffix –*cha* versus *seguramente* und das Suffix –*mi,* für das kein systematisch verwendeter, äquivalenter Ausdruck im Andenspanisch gefunden wurde[42]).

---

[42] Unter Umständen wäre aber *otra vez* denkbar. Siehe Fußnote 44 in Kapitel 2.

Diese Divergenzen manifestieren sich somit in erster Linie auf der strukturellen Oberfläche, aber nicht in den Konzepten selbst. Zusammenfassend kann also festgehalten werden, dass die detaillierte Analyse der beiden Textausschnitte zur Herausfilterung von Strukturen, deren Wahl auf dem gleichen Kommunikationsziel beruht, für die Kontaktsituation beider Sprachen eine starke kulturell-kognitive Notwendigkeit der Sprecher aufdeckt, um kommunizierte Aussagen in eine Testimonialitätsrelation zu stellen. Außerdem lässt sich die Konvergenz verschiedener Testimonialitätskategorien auf verschiedenen Analyseebenen feststellen. Die für dieses Kapitel gewählte onomasiologische Herangehensweise hat sich als geeignet dafür erwiesen, die starke Kontaktbeziehung zwischen beiden Sprachen über typologische Grenzen hinweg zu beleuchten und zeigt die Dynamik im Austausch von Kategorien auf allen sprachlichen Ebenen.

In Bezug auf das Konvergenzmodell von Kriegel et al. (erscheint) bestätigen der hier beobachtete Austausch auf allen Ebenen und die hohe Variationsbreite von Elementen, dass auch die Konvergenz der Evidentialitätssysteme des Quechua und des Andenspanischen als eine Entwicklung betrachtet werden muss, in der jedes *feature* einen individuellen Annäherungsprozess durchläuft, der, den unterschiedlichen Phänomenen und Ähnlichkeiten entsprechend, unterschiedlich schnell zur Auslösung von grammatischen Wandelprozessen führt. Der Reorganisationsprozess hin zu strukturell kongruenten Evidentialitätssystemen in beiden Sprachen geht dementsprechend langsam voran.

Die kommunikativen Strategien der Sprecher zeigen aber, dass die kognitiven Konzepte für die verschiedenen Nuancen des Ausdrucks von Evidentialität im Quechua und im Andenspanisch die gleichen sind. Durch die Notwendigkeit zum Ausdruck dieser Kategorie, die die Sprecher in der alltäglichen Interaktion verspüren, befeuern sie den Annäherungsprozess durch die Suche nach passenden kommunikativen Strategien, die sich nach und nach als stabile Ressourcen sedimentieren.

Darüber hinaus kann festgehalten werden, dass diese sedimentierten Ressourcen im hier untersuchten andenspanischen Beispiel systematisch eingesetzt werden. Diese Systematizität erfüllt nicht die rigiden Kriterien, wie sie z.B. Aikhenvald (2004: 3-11) fordert, um von grammatischer Evidentialität sprechen zu können. Dennoch erscheint es gerechtfertigt hier von einem inzipienten Evidentialitätssystem im Andenspanischen zu sprechen, das erst durch die Öffnung des typologischen Evidentialitätsbegriffs über die sprachlichen Ebenen hinweg sichtbar wird.

3 Daten und Analyseparameter

3.1 Die Datengrundlage

Um auf eine entsprechend breite Datengrundlage für die Analysen, die für diese Arbeit durchgeführt wurden, zurückgreifen zu können, wurde an der Erfassung und Zugänglichmachung gänzlich neuer Daten zum Spanischen im Andenraum gearbeitet. Dadurch gestaltet sich die Datengrundlage folgendermaßen: Im Bereich der gesprochensprachlichen Korpora kann auf ca. 120 Stunden Interviews, Tischgespräche, Erzählungen und Radiosendungen aus Bolivien zurückgegriffen werden; diese Datengrundlage wurde am Lehrstuhl von Prof. Dr. Stefan Pfänder über die Jahre 1999-2011 von ihm und seinen Mitarbeitern aufgebaut. Der Analyseschwerpunkt liegt dabei auf ca. 45 Stunden Aufnahmen (hauptsächlich Interviews, Tischgespräche und Erzählungen) aus der Stadt Cochabamba, die von Steve Pagel, Mario Soto, Robin Oldenzeel, Heiner Scheel und mir selbst in den Jahren 2004 und 2011 aufgenommen wurden[1] und aus denen eine Auswahl editiert und im Herbst 2012 publiziert wurde (Dankel & Pagel 2012). Ebenso Teil des Korpus und aus der Region Cochabamba stammend sind die Aufnahmen des *Corpus del Castellano Cochabambino*, die im Rahmen des Habilitationsprojektes von Stefan Pfänder erhoben wurden (ca. 20 Stunden). Hinzu kommen ca. 56 Stunden aus den Regionen La Paz, Sucre und Cochabamba (in erster Linie Radioaufnahmen rund um den Fußball).

Eine vergleichbare Datengrundlage für Ecuador bildet das von Pieter Muysken zur Verfügung gestellte und in Freiburg editierte *Corpus de Salcedo*[2] aus dem Jahre 1972 mit einer Größe von ca. 32 Stunden Aufnahmen. Als Vergleichskorpora aus Peru dienen ein von Carola Mick 2011 publiziertes gesprochensprachliches Korpus zum peruanischen Spanisch (ca. 3 Stunden) und noch unveröffentlichte Aufnahmen (ca. 4 Stunden) aus einem Drittmittelprojekt von Ana Isabel García Tesoro mit der Bezeichnung *Grant*

---

[1] Es sei an dieser Stelle mit großer Dankbarkeit auf die Mithilfe insbesondere von Patricia Porcel Rivera, España Villegas, Carlos Coello und seiner ganzen Familie verwiesen. Fernerhin gilt allen Interviewpartnern ein großes Dankeschön für ihre Bereitschaft, dieses Forschungsvorhaben zu unterstützen.

[2] Das *Corpus de Salcedo* von Pieter Muysken befindet sich in der Phase der Endredaktion der Editierung (Jan. 2013). Es wird von Hella Olbertz und Stefan Pfänder unter Mitarbeit von Philipp Dankel, Johanna Gutowski, Adriana Orjuela und Mario Soto in Freiburg editiert. Vielen Dank an Pieter Muysken für das Zur-Verfügung-Stellen des Korpus.

in *Aid for Young Scientists (B) n° 24720182, Japanese Society for the Promotion of Science*, die sie mir im Rahmen der gemeinsamen Arbeit im Forschernetzwerk *españoldelosandes.org* zum Aufbau gemeinsam nutzbarer Ressourcen zur Verfügung gestellt hat.[3]

Alle drei Hauptkorpora sind gesprochensprachlich. Dies erlaubt die Berücksichtigung phonetischer und prosodischer Faktoren bei der Analyse des bei *dizque* beobachteten Wandelprozesses.

Zusätzlich wird insbesondere für die Überlegungen in Kapitel 8, aber auch für vereinzelte Beispiele, auf das *Corpus del Español* [CDE] von Mark Davies mit 100 Mio. Wörtern und auf die Korpora der Real Academia Española zurückgegriffen (das *Corpus Diacrónico del Español* [CORDE] mit 250 Mio. Wörtern, zusammengesetzt aus den ersten bekannten mittelalterlichen Texten bis 1975, und das *Corpus del Español Actual* [CREA] mit 160 Mio. Wörtern aus Texten von 1975-2004 und gesprochensprachlichen Daten, davon ca. 5 Mio. Wörter für Gesamt-Lateinamerika).

Weitere Beispiele, die über die gesprochensprachlichen Korpora hinausgehen, stammen aus dem schriftlichen RomWeb-Korpus, das mir zur Verfügung steht. Dieses Korpus besteht aus Internet-Foreneinträgen und wurde im Rahmen des Projektes *DFG Pf699/4-RomWeb Spanisch in den Anden und Französisch in Westafrika als Kontaktvarietäten unter den Bedingungen globalisierter und computergestützter Kommunikation* am Lehrstuhl von Prof. Pfänder (in Zusammenarbeit mit Prof. Dr. Christian Mair und seinem Team) kompiliert.[4] Ich bin assoziiertes Mitglied in dieser Projektgruppe. Für den Andenraum stehen darin ca. 2 Mio. Wörter zum Spanischen in Ecuador, 24,3 Mio. Wörter der peruanischen Varietät des Spanischen und 2,1 Mio. Wörter der bolivianischen Varietät zur Verfügung.[5]

---

[3] An dieser Stelle will ich mich bei Ana Isabel García Tesoro für die Bereitstellung des Korpus bedanken. Fernerhin will ich diese Gelegenheit nutzen, um mich bei allen Mitgliedern des Forschungsnetzwerkes *españoldelosandes.org* zu bedanken, deren stets harmonische und produktive Zusammenarbeit nicht nur in einer ersten gemeinsamen Publikation resultierte (Dankel et al. 2012), sondern diesen Austausch und die gemeinsame Nutzung von Ressourcen und Korpusdaten erst ermöglicht hat.

[4] Zugang zu diesen Daten liefert die Plattform NCAT (Net Corpora Administration Tool), die von Daniel Alcón entwickelt wurde. Sie ist für die Analyse und Visualisierung von großen Mengen an Sprachdaten aus der *computer-mediated commnuication* (CMC) konzipiert. Daniel Alcón gilt an dieser Stelle mein herzlicher Dank.

[5] Diese Forendaten zeigen eine Weiterentwicklung des univerbierten Markers *dizque*, die auf eine Verschmelzung mit epistemisch modalen Lesarten hindeutet. Dies geschieht aber erst in einem zweiten Schritt, der fürs Bolivianische und Peruanische, mit Abstrichen auch für das Ecuadorianische, nur in Internetforen dokumentiert ist und in diesem Fall eher eine neue, unabhängige Entwicklung zu sein scheint, die an spezifische Genres der Internetsprache gebunden ist. Die Analyse dieser Entwicklung wurde in den Rahmen dieser

Fernerhin wurde im Rahmen von Kapitel 8 und im Anhang auf ein sechsstündiges gesprochensprachliches Korpus des bolivianischen Quechua zurückgegriffen, das mir von meinem Lehrstuhlkollegen Mario Soto zur Verfügung gestellt wurde und das in stetigem Austausch mit ihm für die Ausführungen in beiden Teilen verwendet wurde.

3.2 Die Grammatikalisierung des Evidentialitätsmarkers *dizque* im Andenspanisch: Parameter und Kriterien der Korpusanalyse

In den folgenden drei Kapiteln wird je ein Korpus mit mündlichen Daten für drei Varietäten des Andenspanischen (Ecuador, Bolivien, Peru) nach verschiedenen Varianten der Evidentialitätsmarkierung durchsucht, die sich aus den Formen des Verbs *decir* entwickelt haben. In allen drei Varietäten durchlaufen diese Strukturen Wandelprozesse hin zu einer grammatischen Verwendung als Marker für Information aus zweiter Hand.

Das unterschiedliche Vorkommen und die differenzierte Verwendung von *dizque,* das als Analyseergebnis für die hier untersuchten Korpora festgehalten werden kann, zeigt ein Bild, das man häufig in frühen Stadien von Grammatikalisierungsprozessen beobachten kann. Die möglichen verschiedenen Typen dieses Prozesses sind in den synchronen Daten nebeneinander sichtbar (z.B. Hopper & Traugott 2003: 49, Traugott 1999: 178, insb. Hopper 1991). Das heißt, dass bei Grammatikalisierungsprozessen die lexikalische Ausgangsbasis einer Entwicklung zwar verloren gehen kann, meist jedoch bleibt sie erhalten und existiert neben den stärker grammatikalisierten Formen weiter. So wird zum Beispiel *voy a* im Spanischen häufig als analytisches Futur gebraucht, wird aber genauso in der ursprünglichen Lesart ›ich gehe nach‹ verwendet. Gleiches gilt für den *string dice que/dizque*: er kann sowohl in der Lesart ›er sagt, dass‹ als auch in der Lesart eines *secondhand*-Markers verwendet werden, sowie in einer Reihe von Zwischenstufen. Hopper (1991: 22f.) prägt dafür den Terminus *layering*.

Arbeit nicht mehr integriert. Sie verdient als unabhängiges Phänomen und auch aufgrund der großen Datenmenge aus den drei hier untersuchten Varietäten, die im Projekt von Stefan Pfänder und Kollegen zur Verfügung stehen, eine ausführliche Betrachtung, die in der nötigen Ausführlichkeit den Rahmen dieser Arbeit zu stark ausdehnen würde. Dem kann im Rahmen mehrerer Folgepublikationen, die Teil des Romweb-Projektes sein können, am besten Rechnung getragen werden.

Diese verschiedenen Typen werden im Folgenden exemplarisch für jede Varietät gezeigt. Dabei wird für jedes Beispiel nach graduellen Veränderungen in Bezug auf fünf Parameter Ausschau gehalten, die anhand verschiedener Kriterien jeweils mehr oder weniger Affinität zu *decir* als *verbum dicendi* aufweisen und mehr oder weniger stark als strukturelle Ressource oder gar grammatischer Marker fungieren. Im Mittelpunkt steht dabei der *string dice que* der in seiner Variation zwischen *dice que* als *verbum dicendi* + Konjunktion und *dizque* als adverbiale Partikel und Evidentialitätsmarker schwankt.

Tabelle 3: Analyseparameter

Parameter:	Kriterien:
Verlust der SAGEN-**Bedeutung**:	⇨ Perspektivierung und Deixis ⇨ Überlappung mit *verbum sentiendi* – Semantik ⇨ Metonymie ⇨ HÖRENSAGEN-Lesart ⇨ voller *second-hand*-Marker ⇨ (epistemisch-modale Lesart)
Pragmatisierung:[6] Verwendung von *dice que* zur starken oder schwachen Distanzierung des Sprechers von der kommunizierten Proposition und damit erzielbare interaktionale Effekte	⇨ intersubjektiv motivierte, intendierte Übernahme oder Ablehnung der Verantwortung für eine kommunizierte Proposition ⇨ Unterstützung der kommunizierten Proposition durch außenstehende Autoritäten

---

[6] Mit Pragmatisierung ist die Verwendung von *decir* als pragmatische Ressource gemeint, die vom Sprecher bei Bedarf abgerufen und strategisch zur Erreichung seines Kommunikationsziels verwendet wird. Solche Herausbildungen pragmatischer Ressourcen sind häufig der Ausgangspunkt von Grammatikalisierungen (siehe Jacob 2003a, b).

Morphosyntaktisches Verhalten: eher als *V+Konj.* oder eher als *adv. Partikel*	⇨ Vorkommen mit Objektpronomen oder mit Reflexivpronomen ⇨ Realisierung der vollen Valenz des Verbs ⇨ Tempuskonkordanz ⇨ Numeruskonkordanz ⇨ syntaktisches Subjekt ⇨ Skopusstellung und Diskursstrukturierung ⇨ Vorkommen mit Temporal- und Lokaladverbien ⇨ Wegfall des morphologischen Subjekts ⇨ Skopusreduktion ⇨ Fixierung
Starke oder schwache **phonetische Reduktion** und Fusionierung der Lautketten beider Elemente	⇨ Verschleifungen und Latching ⇨ Destabilisierung oder Wegfall von Vokalen (Intensität und Frequenz im Spektrogramm) ⇨ Sprechgeschwindigkeit
Prosodische Integration der Lautketten als zwei unabhängige oder eine einzelne Einheit	⇨ Ausdehnung der Elemente über zwei *TCUs* ⇨ prosodisches Verhalten innerhalb einer *TCU*

4 Varianten von *dizque* im ecuadorianischen Spanisch

In Ecuador ist fusioniertes *dizque* früher nachweisbar als in den Varietäten des peruanischen und bolivianischen Spanisch. Dies beruht zunächst auf der Datengrundlage: das *Corpus de Salcedo* von Pieter Muysken wurde bereits im Jahr 1972 kompiliert. Für die anderen beiden Varietäten liegen mir keine gesprochensprachlichen Daten aus diesem Zeitraum vor. Umgekehrt steht zu diesem Zeitpunkt auch kein vergleichbares Korpus mit aktuellen Daten zur Verfügung. Die Analyse der Korpusdaten aus Bolivien und Peru wird dennoch zeigen, dass die Fusion und Reduktion sowie der Gebrauch von *dizque* in Ecuador in ihrer Entwicklung hin zum grammatischen Marker deutlich weiter fortgeschritten sind als in den beiden anderen Varietäten.

Die Form *dizque* wird in der hier vorliegenden ecuadorianischen Varietät des Spanischen als Kollokation mit *dice (dizque dice)* auch als Quotativ verwendet. Insbesondere *dizque dice* erfährt eine stark formelhafte Verwendung in der Narration.

4.1 Beispiele Typ 1: Verb + Konjunktion

4.1.1 Beispiel ›Sauber‹

Der Beispieltyp 1 zeichnet sich durch eine prototypische *verbum dicendi*-Verwendung aus. Eine solche kann für das folgende Beispiel festgestellt werden.

> Im folgenden Gesprächsausschnitt erzählt der Sprecher von einer Person, die sich in die Dienste eines Großgrundbesitzers begibt und als ersten Auftrag ein Maisfeld vom Unkraut befreien soll.

```
    528    FrPB:    BUEno patrón
➜   529             verá usted me dice que deje limpio (--)
    530             he dejar limpio SÍ: (-)
    531             BIEN limpiecito
    532             SIN una mala hierba
    533             bien desherbado
```

Besonders das zur Fokalisierung realisierte Personalpronomen *usted* und das darauf folgende Objektpronomen *me*, die sich beide syntagmatisch konform zu *dice* verhalten, weisen eindeutig auf eine syntaktische Einbettung

81

als *verbum dicendi* hin. Zusammen mit dem durch *que* eingeleiteten Komplementsatz *que deje limpio* wird die volle Valenz des Verbs realisiert. Auch die Einbindung von *dice que* als Protasis einer Konditionalstruktur widerspricht eindeutig einer evidentialen Lesart. Hinzu kommt, dass Prosodie und phonetische Realisierung auf keinerlei Abweichung von einer prototypischen Verwendung hindeuten.

Auffällig ist jedoch die Lesart von *decir* als auftragen/befehlen, die durch die in Zeile 530 folgende Obligativkonstruktion *(he dejar)* hervorgerufen wird. Somit ist in diesem Beispiel ein klares Positionierungsverhalten feststellbar. Das Wort des Angesprochenen (die Aufforderung, sauber zu machen) hat soziales Gewicht. Diese Positionierung hängt zwar stark an der Obligativkonstruktion und nicht am *verbum dicendi*, jedoch ist dabei entscheidend, dass die Verwendung von *dice que* mit dem obligativen *he dejar* die semantische Extension von *decir* für den Gebrauch in autoritätszuweisenden Kontexten ausbaut.

In der Übertragung der hier betrachteten Parameter auf eine Visualisierung lässt sich folgendes Bild für das hier vorliegende Beispiel festhalten. Bei der prototypischen *verbum dicendi*-Verwendung des Typs 1 rasten die Regler ganz links auf der Seite des lexikalischen Gebrauchs ein. Eine Tendenz in Richtung Grammatik deutet sich hier noch nicht an. Einzig für die Pragmatisierung von Konstruktionen mit *decir* deuten sich im Rahmen des Positionierungsverhaltens des Sprechers erste Anzeichen an.

Schema 4: Beispiel ›Sauber‹

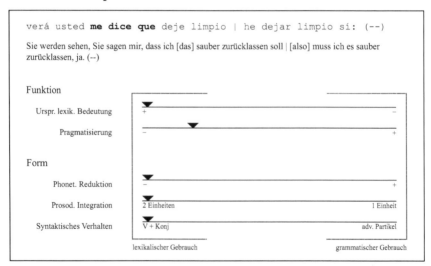

An den verbleibenden drei Ebenen (phonet. Reduktion, prosod. Integration, syntakt. Verhalten) sind jedoch noch keine Änderungen vorzunehmen. Erste Veränderungen ergeben sich erst bei den Vorkommen des Typs 2.

4.1.2 Beispiel ›Vitamine‹

Bei dem folgenden Beispiel bietet sich die prototypische *verbum dicendi*-Verwendung an, die mögliche mehrfache Subjektkonkordanz der *verba dicendi*-Konstruktionen kann aber auch als Weiterentwicklung in Richtung Typ 3 gesehen werden.

Der Erzähler berichtet, dass er in den kommenden Monaten Vitamine zu sich nehmen muss, um seine Gesundheit zu stabilisieren. Kürzlich hat er seinen Sohn besucht und erlitt auf dem Weg dahin einen Schwächeanfall. Er kollabierte kurz vor dem Ziel. Daraufhin hat ihm der Sohn Vitamintabletten geschickt.

```
    1190   FrPB     entonces me pa:sa (-)
    1191            me PAsa me p..
    1192            pongo sano y bueno
    1193   PiM      cierto/
    1194            pero entonces ya m...
    1195            [ya come...] comenzó a botar: hm (1,19)
    1196   PiM      [((hustet))]
    1197   FrPB     ya con fuerza todos me dijeron hay que a... (.)
    1198            hay que: di...
 →  1199            eso dijo mi hijo véngase pronto yo he de hacer chequear
    1200            (-)
    1201   PiM      sí mejor no/
    1201            (---)
    1202   FrPB     ahí me mandó unos vitaMInas (-)
    1203            unos jaRAbes
    1204   PiM      sí/
    1205            (-)
    1206   FrPB     a: ahí vengo estando tres días y:
    1207            me mandó unas dos: (--)
    1208            ampollas que me ponga aquí eso hice poner (--)
    1209            estoy poniendo:
    1210            tomando des... desde hoy día comencé a tomar (-)
    1211            de estas cáusulas (.)
    1212            perdón
    1213            (-)
    1214   PiM      sí/
                    [...17s...]
    1225   PiM:     y cuánto tiene que tomar de estos el día
```

83

```
           1226           (-)
           1227  FrPB:    de esto: tengo que tomar un MES
           1228           recién ayer comienzo (-)
        →  1229           y esto: dice que me tome (--)
           1230  com.:    ((im Hintergrund kräht ein Hahn))
           1231  FrPB:    EN el café
           1232           (---)
           1233  PM:      a yah
        →  1234           ESto me dice que tome una cucharada (---)
           1235           antes (.)
           1236           una media hora antes
           1237           del almuerzo
           1238           (-)
           1239  PM:      ah ya
           1240           (-)
           1241  FrPB:    tengo que tomarme
           1242           OTra cucharada (---)
           1243           vuelta esto después del almuerzo
```

Auch die Verwendung von *dice que* in diesem Ausschnitt deutet in beiden Fällen (in Zeile 1229 und besonders in Zeile 1234) auf eine prototypische Lesart als *verbum dicendi* hin. Besonders deutlich wird dies darin, dass nur die syntaktische Analysierbarkeit als Verb plus Komplementierer ein Verb im Subjunktiv im Nebensatz fordern kann (*me tome,* Zeile 1229) und *dice* in Zeile 1234 auch nur in seiner Funktion als Verb ein Objektpronomen *(me)* mit sich führen kann und somit alle Valenzstellen vollständig ausfüllt. Die Verwendung der *verbum dicendi*-Konstruktion wirkt an dieser Stelle jedoch stark markiert. *FrPB* scheint ganz bewusst auf ein sagendes Subjekt zu verweisen, das ihn über die Dosierung der Vitamine instruiert, die er in den kommenden Monaten nehmen soll. Er verweist also auf eine Instanz mit höherer Autorität, nach der er sich richtet.

Auffällig ist jedoch die mögliche mehrfache Subjektkonkordanz der *verba dicendi*-Konstruktionen. Lokal besteht syntaktische Subjektkonkordanz sowohl zum Demonstrativpronomen *esto* als auch zu einem möglichen Nullsubjekt. Diese kann auf den Sohn von *FrPB* referieren, über den er in Zeile 1199 spricht.[1] Die Annahme, dass das Nullsubjekt die unspezifizierte Lesart *man sagt* hervorruft, ist unwahrscheinlich. Es bestehen also mindestens zwei

---

[1] Der Sohn, der als Schneider beim Militär über die Armee krankenversichert ist, ist für die medizinische Betreuung seines Vater zuständig und somit auch die Autorität in Bezug auf die medizinische Versorgung des Vaters.

Lesarten: erstens die Lesart mit dem Sohn als latentem Subjekt, zweitens die Lesart mit *esto* als Subjekt (siehe dazu Beispiel 4.3.1). Aus diesen Möglichkeiten heraus, dass sowohl lokal-syntaktisch ein Subjektkandidat vorhanden ist, als auch kontextuell-semantisch ein mögliches Subjekt zur Verfügung steht, bei dem sich aber die Frage stellt, inwiefern es latent eine Rolle spielen kann, entsteht Ambiguität, die zu anderen Lesarten als der lexikalisch-semantischen führen kann. Eine dieser Lesarten könnte mit einer metonymischen Erweiterung einhergehen, wie am selben Beispiel unter 4.3.1 veranschaulicht wird.

In der Visualisierung ist dieses Beispiel also zunächst als prototypische *verbum dicendi*-Verwendung dargestellt, die mögliche mehrfache Subjektkonkordanz der *verba dicendi*-Konstruktionen sorgt aber für Ambiguität, was als erstes Anzeichen einer Loslösung von der rein lexikalischen Semantik interpretiert werden kann. Weiterhin wurde eine markierte Verwendung zur Positionierung beobachtet.

Im Vergleich mit dem vorherigen Beispiel des Typs 1 kann somit ein Fortschreiten der Kriterienregler auf der Parameterskala ›Pragmatisierung‹ und eine Verschiebung des Reglers auf der Ebene der lexikalischen Bedeutung festgestellt werden.

Schema 5: Beispiel ›Vitamine‹

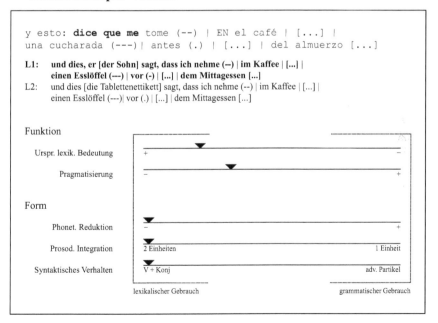

Auch hier sind für die verbleibenden drei Ebenen (phonet. Reduktion, prosod. Integration, syntakt. Verhalten) keine Änderungen zu konstatieren. Erst für Typ 2 deuten sich erste Auffälligkeiten in der syntaktischen Einbettung an.

4.2 Beispiele Typ 2: Perspektivierung und Deixis

4.2.1 Beispiel ›Quichua sprechen‹

Im Beispieltyp 2 kann nicht mehr von einer prototypischen *verbum dicendi*-Verwendung gesprochen werden. Beobachtet wird in diesem Beispiel die Erweiterung der SAGEN-Semantik in den Bereich des Fühlens und Denkens und wie die Sprecherin Perspektivierung und Deixis zur Distanzierung von ihrem eigenen Sprechakt gebraucht.

> Der Interviewer erwähnt im Vorlauf dieses Ausschnitts, dass er nach Quichua-Sprechern sucht. Eine Frau *(SraTr)* erzählt ihm, wer in Frage kommt, unter anderem eine anwesende Frau *(SraDesc)*, die aber nicht zugeben will, dass sie der Sprache wirklich mächtig ist – schließlich ist der Gebrauch stigmatisiert.

```
     1548   SraTr:  la señora que está tras suyo (tan ; también) sabe
                    hablar en quichua
     1549           (-)
     1550   PiM:    no: no [sabe]
     1551   SraTr:         [sí: ] sí:
     1552           (-)
     1553   PiM:    y usted también aprendió el quechua (.)
     1554           no:
→    1555   SraTr:  sí (es) por no decirle nomás dice
     1556   PiM:    si: (es) cierto
→    1557   SraTr:  mana yaCHAni dice
     1558   PiM:    eh je hm
     1559           mana yachani(chu)
     1560   SraTr:  ((lacht))
     1561   SraDesc:         SOlamente eso
     1562           (1,07)
     1563   PiM:    sí
     1564           (1,24)
     1565   SraTr:  ((lacht))
     1566           (dígale lavadora) Sí SAbe
     1567           (1,55)
     1568           si no es que es eh (.)
→    1569           dice que no le paga una cola o un agua por eso no
                    le dice
```

```
1570         (--)
1571 PiM:    ah cierto entonces le invito a un traguito
             [para que hable más en quechua/]
```

Die Sprecherin, *SraTr*, nimmt in diesem Beispiel die Rolle einer ›auktorialen‹ Erzählerin ein. Sie weiß Bescheid über den Status der Quichua-Kenntnisse der Frau, die sie aufgefordert hat, ihre Sprachkenntnisse preiszugeben, und berichtet darüber. Auch den Grund dafür, dass sich *SraDesc* ziert und nicht eingestehen will, dass sie Quichua gelernt hat, kennt *SraTr*. Sie gibt den Grund aber nicht in der Rolle der auktorialen Erzählerin preis, sondern wechselt in Zeile 1569 mit der Verwendung von *dice que* die Perspektive hin zur Akteurin, über die sie erzählt, und legt ihr den Wunsch in den Mund, auf ein Getränk eingeladen zu werden im Austausch für ein Gespräch auf Quichua. Dabei wird die untersuchte Wortverbindung um die Funktion einer Personaldeixis erweitert. Dies wird *SraTr* durch die fehlende Reaktion von *SraDesc* auf den direktiven Sprechakt in Zeile 1566 ermöglicht, in dem die Angesprochene aufgefordert wird, etwas zu sagen. Die Reaktion ist ein Zögern, das *SraTr* als interpretationsobligat versteht und somit glaubt, die schüchtern-höfliche Art der Angesprochenen für den Interviewer ›übersetzen‹ zu müssen: »Sie ist der Meinung, Sie zahlen ihr weder eine Cola noch ein Wasser, deshalb sagt sie es Ihnen nicht.«

Die Annahme, dass *SraTr SraDesc* aus einem vorherigen Gespräch der beiden Frauen zitiert (und *dice que* in Zeile 1569 somit als vollsemantisch gebrauchte Einleitung zur indirekten Rede betrachtet werden muss), kann zwar nicht vollständig ausgeschlossen werden, gerade im gesprochenen andinen Spanisch (und auch im Quichua) gilt aber der Einbau anderer Stimmen in den eigenen Diskurs als sehr häufig verwendetes Stilmittel, um die eigenen Ansichten mit der Stimme eines anderen zu verschleiern.

> Al crear un »diálogo polifónico« el entrevistado se esquiva de la jerarquía implícita en la entrevista uno a uno. Se desarrolla así un diálogo donde la voz de la persona entrevistada participa con otras voces, […] La estrategia también puede considerarse como una forma en que el hablante descarga su responsabilidad como autor de cualquier opinión expresada. Mediante el estilo directo, se atribuye dicha opinión a la voz ajena (Howard 2007: 76).

Beobachtungen in den hier vorliegenden andinen Korpora, aber auch in Dokumenten wie z.B. in Inca Garcilaso de la Vegas *Comentarios Reales* deuten außerdem auf eine sehr generische Verwendung von SAGEN im andinen Kulturraum hin, die bis in die Verwendung von *decir* als *verbum sentiendi* reicht.

Das heißt, es wird auch mit DENKEN und FÜHLEN übersetzt. Dies kommt in diesem und weiteren Bespielen besonders zum Tragen.[2]

Die Interpretation dieses Beispiels als polyphonem Diskurs im Sinne Bakhtins[3] erweist sich also für den hier vorliegenden Kontext als stichhaltig, und es wird an ihr festgehalten.

Im Visualisierungsschema schlägt sich das wie folgt nieder:
Die enge lexikalische Bedeutung wird aufgebrochen, die SAGEN-Semantik ist in den Bereich des Denkens und Fühlens ausgeweitet und dem Sprechen im polyphonen Diskurs ist eine stärkere Absicht zur Positionierung inhärent. Im Vergleich mit den Beispielen des Typs 1 können somit ein weiteres Fortschreiten der Kriterienregler auf der Parameterskala ›Pragmatisierung‹ und eine weitere Verschiebung des Reglers auf der Ebene der lexikalischen Bedeutung festgestellt werden.

An der phonetischen und prosodischen Ebene sind jedoch noch keine Änderungen vorzunehmen, *dice que* folgt dem erwarteten, prototypischen Verhalten.

In der syntaktischen Einbettung spiegelt sich die Weiterentwicklung nur geringfügig darin wieder, dass kein Objektpronomen realisert wird.[4]

Schema 6: Beispiel ›Quichua sprechen‹

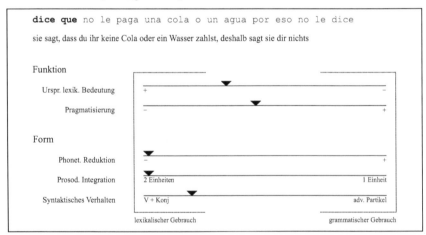

---

[2] Bestätigt werden diese Annahme und ebenso die hier vorliegende Analyse durch Mario Soto (Quechua/ Spanisch – Muttersprachler) in persönlicher Mitteilung.
[3] Siehe Bakhtin 1981.
[4] Im Falle, dass die Sprecherin hier die Rolle der Vermittlerin aufgrund von Verständnisproblemen oder Schüchternheit auf Seiten von *SraDesc* einnehmen wollte, wäre ein Objektpronomen durchaus zu erwarten *(me dice que/le dice que)*.

Im nächsten Beispiel verhält sich dies sehr ähnlich. In den dann folgenden Beispielen zum Typ 3 rückt die lexikalische Bedeutung durch metonymische Erweiterung weiter in den Hintergrund und die Zuordnung zu einem syntaktischen Subjekt gestaltet sich ambig.

4.2.2 Beispiel ›Unter Drogen‹

Beispiel 4.2.2 ist ambig in Bezug auf eine *verbum dicendi*-Verwendung. Es kann ebenso für eine ausgeprägte *secondhand*-Lesart argumentiert werden. Gibt man jedoch der SAGEN-Semantik mehr argumentatives Gewicht, so kann hier dennoch von Perspektivierung und Deixis zur Distanzierung vom eigenen Sprechakt gesprochen werden.

> Die Präsidentschaftswahlen stehen kurz bevor. Die interviewten Frauen sympathisieren mit Abdón Calderón Muñoz. Die Motive für diese Sympathie sind jedoch nur oberflächlich politischen Ursprungs. Außerdem versucht sie ein Bekannter sehr ernsthaft vom Gegenkandidaten zu überzeugen und würde zu diesem Zweck angeblich sogar unlautere Mittel anwenden. Außerdem ist er davon überzeugt, dass die Frauen gar nicht die Fähigkeit zu wählen besitzen, da sie angeblich Analphabetinnen seien.

```
01      PiM:    [entonces]
02      EsC:    [aquí es ]
03              [que no quiere votar    ]
04      PiM:    [aqui todas las mujeres] de la casa para Abdón
05      EsC:    para Abdón
06              (.)
07      PiM:    [sí:      ]
08      FaA:    [aquí nue][stro contrario]
09      PiM:             [es guapo o no/]
10              es [guapo  ]
11      EsC:       [aQUÍ no]más es: nuestro contrario
12      PiM:    <<hustend> ahah>
13              (.)
14      EsC:    ahah
→ 15            dice que nos va drogar dice para que votemos
                por el otro
16              (-)
17      PiM:    [(es ma)   ]
18      FaA:    [pero no nos] [convence      ]
19      EsC:                  [pero NO nos] convence
20              (-)
21              YO voto por él
```

```
22            (--)
23    PiM:    ah ya/
24            (.)
25    EsC:    mhmh
26            (-)
27            por el PObrecito me da pena
28            no tiene parTIdo
29            (1,12)
30            y: bueno
31    coment:((Motorengeräuch eines LKWs im Hintergrund))
32    FaA:    que si yo (fuera así) [(xxx)] me haría ((lacht))
33    EsC:                          [(xxx)]
34    Ca:     CREE que van votar ellas
35            (.)
36            no PUE:den si son analfabetas pu[es    ]
37    EsC:                                    [men]tira
              mentira no cr[ea  ]
38    PiM:                 [ o:] usted sí ha de saber como leer no
39    EsC:    sí
```

Im Gespräch mit dem Interviewer *(PiM)* untermauern die Hauptsprecherin *(EsC)* und ihre Freundin *(FaA)* ihr Vorhaben, für Abdón Calderón zu stimmen, indem sie den ebenfalls anwesenden *Ca* als ihren ernstzunehmenden politischen Gegner (Zeilen 8 und 11) positionieren.[5]

In Zeile 8 verweist *FaA* auf den anwesenden *Ca* als Gegenspieler. *EsC* nimmt diesen Verweis in Zeile 11 auf, indem sie ihn wiederholt. Nach einem fragend-zweifelnden Rezeptionssignal durch den Interviewer (Zeile 12) bestätigt *EsC* mit der durch *dice que* eingeleiteten Assertion in Zeile 15 zum einen die Ernsthaftigkeit der politischen Gegnerschaft. Zum anderen unterstreicht sie (in Kombination mit der folgenden, durch *pero* eingeleiteten Adversa-

---

[5] Unter Positionierung versteht man allgemein diskursive und interaktive Verfahren, in denen in Gesprächen innerhalb einer Gruppe Identität konstruiert wird (Lucius-Hoene & Deppermann 2005: 168). Dies geschieht stets als Prozess im aktuellen Interaktionskontext durch die Akte der Selbst- und Fremdpositionierung, die sich meist gegenseitig hervorrufen und somit eng verbunden sind. Solche Positionierungen erfolgen zum Beispiel durch animierte Äußerungen, wie sie Ehmer (2011: 360-371) untersucht. Ein solches ›in den Mund legen‹ von antizipierten oder fiktionalen Äußerungen und die damit verbundene Distanzierung durch den Sprecher wird in den hier vorliegenden Beispielen über Strategien mit *dice que* erreicht. Im weiteren Verlauf der Beispielanalysen zielt die Positionierungsarbeit der Sprecher mit Hilfe von Evidentialitätsmarkern verstärkt auf Distanzierungsstrategien oder die Inanspruchnahme der Autorität einer entsprechenden Informationsquelle. Einen weiteren Schwerpunkt bildet die Positionierung zur Verantwortlichkeit gegenüber erzählten Handlungen. Für weitere Auftretensarten von Positionierungen in Gespräch und Erzählung siehe insb. Bamberg 1997, 2005, 2008.

tivstruktur in den Zeilen 18-25) die Sympathien beider Frauen für ihren Favoriten gegen alle Widerstände.

Die von *EsC* in Zeile 15 geäußerte Behauptung, *Ca* würde die beiden Frauen unter Drogen setzen wollen, damit diese für einen anderen Kandidaten stimmen, ist ein schwerwiegender Vorwurf, besonders im Beisein des Betroffenen, und würde direkt geäußert wohl negative Konsequenzen für die Sprecherin nach sich ziehen. Durch die Verwendung des *verbum dicendi* in Zeile 15 verschiebt *EsC* die *origo* der Aussage hin zu *Ca* selbst. Damit nimmt sie sich selbst aus der Regresspflicht für die Assertion.

Wie schon im vorhergehenden Beispiel operationalisieren die Sprecher auch in diesem Ausschnitt das pragmatische Potential der SAGEN-Semantik und bereichern *dice que* um die Funktion einer Personaldeixis. *Ca* lässt sich für beide Vorkommen von *dice* als deren Subjekt bestimmen. Eine phonetisch-prosodische Verschmelzung von Verb und Konjunktion ist nicht zu beobachten. Und das syntaktische Verhalten ebenso wie die Satzsemantik[6] deuten auf die prototypische ›er sagt, dass‹-Lesart hin.[7] Die Analyse von *dice que* als Beispiel des Typs 2 mit einer Personaldeixis als pragmatischer Erweiterung wird an dieser Stelle als die plausibelste (Mario Soto, persönliche Mitteilung), wenn auch nicht einzig mögliche Interpretation dieses Gesprächsausschnittes geführt. Es bleibt zu beachten, dass zwei alternative Interpretationen möglich sind.

Zum einen ist es wahrscheinlich, dass *Ca* die Aussage in Zeile 15 tatsächlich getätigt hat. Dies kann in mehreren, dem analysierten Gespräch vorhergehenden Situationen stattgefunden haben, an denen der Interviewer nicht teilgenommen hat. Es ist aber auch denkbar, dass der Interviewer aufgrund seines Hustens in Zeile 12 und seiner gleichzeitigen räumlichen Distanz zu

---

[6] *EsC* und *FaA* führen ihre gemeinsamen syntaktischen Projekte in Zeile 18f. fort mit der Aussage, dass sie *Ca* nicht überzeugen kann. Die Verbsemantik des dort verwendeten *convencer* fordert dabei nicht nur ein direktes, belebtes Objekt, sondern fordert gleichzeitig in der Regel auch eine dem Überzeugungsprozess im Individuum vorausgehende (Sprech-)Handlung, die zu diesem führt. In diesem Sinne sprechen also auch die satzsemantischen Indizien dafür, dass *dice que* in dem hier gewählten Ausschnitt in verbaler Funktion verwendet wird und nicht in der Lesart einer adverbialen Partikel.

[7] Es sei nochmal die Beobachtung erwähnt, dass bei den Vorkommen des Typs 2 das Kommunikationsziel nicht die Informationsquellenmarkierung, sondern die Selbst- und Fremdpositionierung ist. Erreicht wird das durch eine Proposition, für die sich der Sprecher als nicht regresspflichtig positioniert. Auffällig ist, dass es bei diesem Typen nicht darum geht, welche Art von Evidentialität der Sprecher für die Aussage hat (es gibt keinen Hinweis darauf, dass das Gesagte direkt an die Ohren des Sprechers gelangt ist oder über Dritte (Hörensagen, Indizien,...)). Es geht einzig darum, gezielt auf die Quelle zu verweisen (Deixis) und sich selbst aus der Regresspflicht zu nehmen *(yo creo que... pero no lo digo yo).*

Ca dessen Aussage nicht hören konnte. Demzufolge würde *EsC* mit der Verwendung von *dice que* eine indirekte Rede einleiten, um zu wiederholen, was *PiM* nicht hören konnte (die Micropause in Zeile 13 kann als weiteres Indiz für diese Möglichkeit gesehen werden). In diesem Fall entspräche das Beispiel ›Unter Drogen‹ eher den Beispielen des Typs 1. Dagegen spricht jedoch, dass in einem solchen Fall von *PiM* ein Feedbacksignal erwartbar wäre, das auf eine unverstandene Aussage hinweist. Fernerhin könnte von *Ca* in diesem Falle eine Bestätigung der von *EsC* zitierten Aussage erwartet werden oder ein direktes Anknüpfen daran in seinem Gesprächsbeitrag in Zeile 34. Er greift aber in Zeile 34 einen ganz anderen Grund dafür auf, dass die beiden Frauen ihren Favoriten nicht wählen werden, nämlich dass sie Analphabeten seien und deshalb gar nicht wählen können. Auffällig sind außerdem die Passagen kollaborativen Sprechens in den Zeilen 8 und 11 sowie 18 und 19. Diese deuten eher auf das gemeinsame Erzählen der Geschichte vom gemeinsamen politischen Gegner *(Ca)* hin, der *FaA* und *EsC* aber nicht überzeugt. Die Konstruktion mit *dice que* in Zeile 15 dient dabei zur Illustration der Geschichte.

Dies deckt sich mit dem prosodischen Verlauf und der Stimmqualität in den Zeilen 8-19. Beides zeigt eher illustrative Qualität denn die Eigenschaften einer spontanen Überbrückung von Verständnisschwierigkeiten.

Andererseits kann dafür argumentiert werden, dass das Beispiel bereits voll die Funktion einer adverbialen Partikel erfüllt, obwohl keine prosodische Integration und phonetische Verschmelzung von *dice* und *que* in Zeile 15 vorliegt und sowohl syntaktisch als auch semantisch zumindest scheinbar eine Subjektkonkordanz besteht.

Die Verwendung von *dice que* als *secondhand*-Marker in diesem Ausschnitt kann auch textpragmatisch überzeugen, da die Logik es dem Handelnden gebietet, sein Vorhaben, jemanden unter Drogen zu setzen, dem Betroffen nicht vorab mitzuteilen, um das Vorhaben nicht zu erschweren oder zu gefährden. Ein *secondhand*-Wissen über das Vorhaben von *Ca,* beide Frauen vor deren Stimmabgabe unter Drogen setzen zu wollen, erscheint also plausibel.

Folgt man dieser Auffassung, erscheint auch die dichte Folge des zweiten *dice* in Zeile 15 nicht als ungewöhnlich markiert, sondern als motiviert im Sinne einer für die gesprochene Syntax typischen Rahmensetzung,[8] die den Teil

---

[8] Ein solches Verfahren entspricht dem Sequentialitätscharakter gesprochener Syntax, wie er von Auer (2000, 2007, 2009) im Rahmen des theoretischen Konzepts der *On-line* Syntax beschrieben wird. Sprachliche Versatzstücke werden demnach linear in der Zeit produziert und sind einmal ausgesprochen nur noch durch Folgesequenzen im Dialog modifi-

der folgenden Proposition markiert, der vom Hörer als *secondhand*-Information erkannt werden soll. Der eigentlich sehr weit reichende Skopus des ersten *dice que* wird dadurch vorzeitig unterbrochen. Der zweite Teil der *TCU* ist dadurch in dem Sinne keine Proposition mehr, deren Quelle angegeben werden muss, sondern die Erklärung für die geplante Handlung, die in der Proposition kodifiziert wird.

Jedoch scheint zunächst plausibler, dass die SAGEN-Semantik noch deutlich die HÖRENSAGEN-Interpretation überlagert, gerade in Kombination mit den starken satzsemantischen Indizien für eine prototypische Verwendung von *dice* als *verbum dicendi* (siehe Fußnote 6, dieses Kapitel) und der unmittelbaren sprachlichen und physischen Präsenz eines Subjektes.

Das Visualisierungsschema aus dem vorhergehenden Beispiel kann also auch für diesen Ausschnitt (für Lesart 1) mit leichter Veränderung (die Ambiguität in Bezug auf die ursprüngliche, lexikalische Bedeutung nimmt zu) verwendet werden.

An der phonetischen und prosodischen Ebene sind nach wie vor keine Änderungen vorzunehmen, *dice que* folgt dem erwarteten, prototypischen Verhalten.

Die syntaktische Einbettung entspricht für Lesart 1 dem vorausgehenden Beispiel. Räumt man jedoch den Ausführungen zur syntaktischen Rahmensetzung in Fußnote 8 (dieses Kapitel) Priorität ein, so müsste auch der Regler für das syntaktische Verhalten in Richtung stärkerer Grammatikalisierung verschoben werden (siehe weißer Regler in der Visualisierung). Im nächsten Beispiel verhält sich dies sehr ähnlich.

---

zierbar, präzisierbar und aushandelbar. Bei der hier vorliegenden Rahmensetzung kann dies beobachtet werden. Der Abschluss der Klammer durch *dice* ist gleichzeitig der Anschluss des folgenden Komplementsatzes. *Dice* verweist also gleichzeitig vor und zurück und wird in seinem Vorverweis wieder vollsemantischer gebraucht. Die Sprecherin und ihre Freundin sind dabei einmal ›Patientes‹ (sie werden unter Drogen gesetzt) im Rückverweis und einmal ›Agentes‹ (sie sollen den anderen Kandidaten wählen) im Vorverweis. *Dice* fungiert also durch seine Stellung als Scharnierstück in der *on-line* Konstruktion dieses *turns* als semantisch offene Form, die noch nicht verfestigt ist.

Schema 7: Beispiel ›Unter Drogen‹

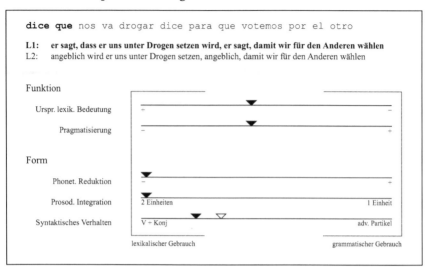

In den folgenden Beispielen zum Typ 3 rückt die lexikalische Bedeutung durch metonymische Erweiterung weiter in den Hintergrund und die Zuordnung zu einem syntaktischen Subjekt gestaltet sich ambig.

4.3 Beispiele Typ 3: Metonymie

4.3.1 Beispiel ›Vitamine‹ (= Kapitel 4.1.2)[9]

Das folgende Beispiel bietet aufgrund einer mehrfachen Subjektkonkordanz auch die Möglichkeit einer metonymischen Lesart des Subjekts *esto*. Eine solche Erweiterung schiebt die ursprüngliche, lexikalische Semantik des Verbs weiter in den Hintergrund.

---

[9] Diese Einstufung in Typ 3 ist nicht unstrittig; Mario Soto widerspricht dieser Einschätzung des Beispiels und geht von einem *verbum dicendi* aus. Eine mögliche metonymische Erweiterung mit *esto* als Subjekt sieht er nicht. Dennoch kommt mir diese Möglichkeit plausibel vor, da eine solche metonymische Ausdehnung aufgrund der Semantik von *dice* im Andenraum (verwendet u.a. auch für ›nennen, benennen, erklären‹) nicht ungewöhnlich erscheint. Auch die Animierung unbelebter Subjekte ist für den gesprochenen Diskurs in dieser Region keine Seltenheit, wie z.B. auch das nächste Beispiel zeigt. Es wird deshalb hier an der Möglichkeit, dieses Beispiel als Typ 3 zu analysieren, festgehalten.

Der Erzähler berichtet, dass er in den kommenden Monaten Vitamine zu sich nehmen muss, um seine Gesundheit zu stabilisieren. Vor kurzem hat er seinen Sohn besucht und erlitt auf dem Weg dahin ohne Vorwarnung einen Schwächeanfall, der ihn kurz vor dem Ziel kollabieren ließ. Daraufhin hat ihm der Sohn Vitamintabletten geschickt. Aus Platzgründen werden hier nur die Schlüsselstellen des Ausschnittes ein weiteres Mal aufgeführt.

```
[...]
1197    FrPB     ya con fuerza todos me dijeron hay que a...
1198             hay que di...
1199             eso dijo mi hijo véngase pronto yo he de hacer
                 chequear
[...]
1206    FrPB     a: ahí vengo estando tres días y:
1207             me mandó unas dos: (--)
1208             ampollas que me ponga aquí eso hice poner (--)

[...]
1225    PiM:     y cuánto tiene que tomar de estos el día
1226    (-)
1227    FrPB:    de esto: tengo que tomar un MES
1228             recién ayer comienzo (-)
→ 1229           y esto: dice que me tome (--)
1230    com.:    ((im Hintergrund kräht ein Hahn))
1231    FrPB:    EN el café
1232             (---)
1233    PM:      a yah
→ 1234           ESto me dice que tome una cucharada (---)
1235             antes (.)
1236             una media hora antes
1237             del almuerzo
[...]
```

In diesem Beispiel besteht die mehrfache Möglichkeit einer Subjektkonkordanz für die beiden Vorkommen von *dice que* in den Zeilen 1229 und 1234. Es entsteht potentiell eine ambige Situation, in der mindestens zwei Lesarten angenommen werden können – erstens eine lexikalisch-semantische Lesart, mit dem Sohn als latentem Subjekt, zweitens eine metonymische Lesart, ausgelöst durch die dem Objekt in seiner Funktion als Medikament inhärenten höheren Autorität. In letzterem Falle, der zur hier angestrebten Analyse angenommen werden soll, würde jeweils das Demonstrativum *esto* das Subjekt bilden, das *verbum dicendi* würde also auf die Vitamine referieren, die *FrPB* einnehmen muss, also ein weder animiertes noch agentivisches Subjekt, das aber agentivisch verwendet wird. Eine solche Autorität des Gegenstandes kann sowohl durch den Text zu Gebrauchshinweisen auf der Ampulle erzeugt werden (dazu reicht bereits die domänenspezifische Charakterisierung der Sprache durch Fachausdrücke usw.) oder durch eine Anwendungserläuterung durch einen Arzt, der erklärt, wie das Medikament die angestrebte Wirkung erzeugt (eine solche Erklärung würde den Sprecher in diesem Falle mindestens aus dritter Hand vom Arzt über den Sohn erreichen). Folgt man dieser Interpretation, so kann man von einer metonymischen Erweiterung der SAGEN-Semantik sprechen.

Diese Argumentationslinie führt zu einer weiteren Veränderung im Visualisierungsschema (dargestellt durch die schwarzen Keile; die weißen Keile zeigen dagegen noch einmal die Visualisierung an, die in Kapitel 4.1.2 verwendet wurde).

Im Vergleich mit den vorherigen Beispielen des Typs 2 tritt der pragmatische Einsatz von *dice que* durch den Sprecher zur Autoritätssetzung noch deutlicher hervor. Die metonymische Lesart sorgt für eine weitere Verschiebung des Reglers auf der Ebene der lexikalischen Bedeutung.

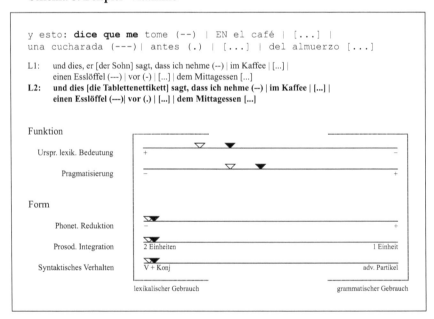

Schema 8: Beispiel ›Vitamine‹

In folgendem Beispiel zeigt sich der hier vorgestellte Gebrauch von *dice que* mit metonymischer Erweiterung noch deutlicher. Die Einbettung der Wortfolge im Kontext eines nicht-agentivischen Subjekts in Kombination mit einer ambigen syntaktischen Umgebung führt dazu, dass das Subjekt zur Kongruenzherstellung metonymisch angeschlossen werden muss.

4.3.2 Beispiel ›Racumin‹

Dieses Beispiel lässt entweder die Interpretation als eine metonymische SA-GEN-Lesart mit unbelebtem, agentivisch gebrauchten Subjekt zu oder eine HÖRENSAGEN-Lesart mit rein syntaktischer Subjektkonkordanz an der Oberfläche.

Dieser Gesprächsausschnitt handelt von den Eigenschaften des Rattengiftes *Racumin*, das die Erzählerin zur Bekämpfung von ›Ungetier‹ in ihrem Anwesen eingesetzt hat.

```
427            y ahí dentro pusimos ya veneno
428            (.)
429    P:      aha
430            (.)
431    AdF:    el: (-)
432            racumín (.)
→  433         que dice que no: les
434            pudre a los animales sino les SEca
435            (-)
436    P:      °h ay eso sí [sí he oí]do de eso
437    AdF:                 [ya      ]
438            (--)
439            entonces (.) Eso hicimos
```

Dieses Beispiel lässt mindestens zwei Interpretationen für die Verwendung von *dice que* zu.
Eine erste Interpretation (L1) sieht auch in diesem Beispiel die Verwendung der untersuchten Wortverbindung nahe an ihrer Ausgangsform. Die Bestandteile des *strings* sind getrennt voneinander analysierbar, es ist keine phonetische Reduktion festzustellen, genauso wenig eine Realisierung als ein prosodisches Projekt. Die SAGEN-Semantik ist deutlich vorhanden. Ein kongruentes Subjekt befindet sich syntaktisch in unmittelbarer Nähe, auch wenn es sich hierbei um ein unbelebtes Subjekt in agentivischer Verwendung handelt, obwohl die Verbsemantik eigentlich ein animiertes Subjekt fordert. Dies kann jedoch mit einer metonymischen Lesart[10] der SAGEN-Se-

---

[10] Im Sinne von: ›Der Text der Verwendungsanleitung auf der Packung sagt, dass…‹

mantik kompensiert werden. Im Visualisierungsschema wird diese Lesart durch die schwarzen Keile dargestellt.

In einer zweiten Interpretation (L2) kann dieses Beispiel aber auch so aufgefasst werden, dass nur eine syntaktische Subjektkonkordanz an der Oberfläche vorliegt, diese also nur scheinbar vorhanden ist und das *verbum dicendi* hier pragmatisch als HÖRENSAGEN-Marker[11] gebraucht wird. Auch diese zweite Interpretation ist im folgenden Schema verdeutlicht (weiße Keile).

Für die Visualisierung gilt also:

Hier liegt mindestens eine metonymische Lesart vor (L1), die klarer hervortritt als im vorhergehenden Beispiel. Eine weitere Verschiebung des Reglers auf der Ebene der lexikalischen Bedeutung ist die Folge. Die Pragmatisierung von *dice que* zur Autoritätssetzung der Aussage verhält sich dem vorherigen Beispiel entsprechend.

An der phonetischen und prosodischen Ebene sind jedoch noch keine Änderungen vorzunehmen, *dice que* folgt dem erwarteten, prototypischen Verhalten.

In der syntaktischen Einbettung spiegelt sich die Weiterentwicklung für L1 nur geringfügig wider (vgl. vorherige Beispiele).

Im Vergleich mit den Beispielen des Typs 2 ist insbesondere die Lesart 2 von Bedeutung. Verwirft man die Interpretation des unbelebten Elementes *Racumin* als Subjekt, so muss ein Verlust der SAGEN-Bedeutung konstatiert werden. Dies hat auch zur Folge, dass *dice que* nur an der syntaktischen Oberfläche als Verb + Komplementierer funktioniert und sich somit auch der Regler für die syntaktische Einbettung ein Stück weit in Richtung adverbiale Partikel bewegt.

---

[11] Im Sinne von: ›Man sagt, dass Racumin die Tiere nicht dahinrafft, sondern sie austrocknet.‹

Schema 9: Beispiel ›Racumin‹

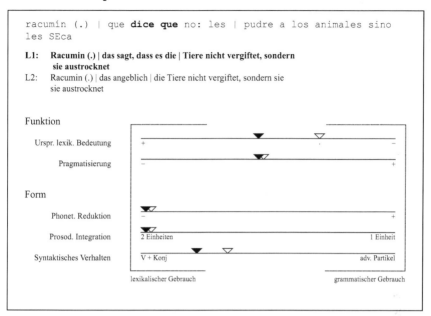

Für die folgenden Beispiele des Typs 4 ist der Verlust des pragmatischen Subjektes die Regel.
Die syntaktische Oberfläche bleibt aber erhalten. Als neue Funktion für *dice que* kommt die Diskursstrukturierung hinzu.

4.4 Beispiele Typ 4: Syntaktische Konkordanz und Diskursstrukturierung

4.4.1 Beispiel ›Neid auf Salcedo‹

Im Beispieltyp 4 kann kein pragmatisches Subjekt mehr für den *string dice que* ausgemacht werden. Damit gewinnt die Interpretation als HÖRENSAGEN-Marker an Gewicht. An der syntaktischen Oberfläche bleibt aber eine Subjektkonkordanz erhalten.

> Die Kandidaten für die bevorstehenden Präsidentschaftswahlen sind das Thema des folgenden Ausschnitts. Der eine Kandidat (Jaime Roldós), so wurde den Interviewern bereits berichtet, würde im Falle eines Wahlsieges angeblich die Straße von Salcedo nach Napo fertig stellen und Schulen bauen. Der andere Kandidat (Sixto

99

Durán Ballén) hingegen hat sich bereits in seiner Amtszeit als Bürgermeister von Quito angeblich viel mehr für das benachbarte Latacunga eingesetzt als für Salcedo.

```
    01   JuJ:    [hm hm]
    02   Pa:     [bueno]
    03           (--)
    04   Nñ017A:ESO es lo que ESO más es lo
    05           lo que tienen envidia (.)
    06   PiM:    ((hustet))
    07   Nñ017A:a Salce:do
    08   PiM:    ((hustet))
    09           (-)
    10   Nñ017A:por eso no NAdies no quieren [(xxx) ]
→   11   JuJ:                                [porque] Sixto dice que
                 c[uando ha esta]do de: alcalde en Quito/ (--)
    12   PiM:    [si            ]
→   13   JuJ:    dice que(.) ha: trabajado (.)
    14   PiM:    <<flüstert> (sí)>
    15   JuJ:    ahí en Latacunga pero [MEnos] aquí en Salcedo
    16   PiM:    `          <<flüstert>  [sí  ]>
    17           (---)
    19   PiM:    <<flüstert> (sí)>
    20   JuJ:    mhmh
    21           (--)
    22   PiM:    <<flüstert> (xx [x])>
    24   Pa:                    [y:] por la costa hay mucha
                 propa[ganda de Bo]rja y de Roldós (tam[bién])
    25   PiM:    <<flüstert> [(xxx)      ]>
    26   JuJ:                                          [SÍ  ]
```

In den Beispielen zum Typ 4 ist der Grammatikalisierungsstatus von *dice que* nicht eindeutig aus dem Transkriptausschnitt heraus zu erkennen. Erschwerend kommt hinzu, dass auch die prosodischen und phonetischen Eigenschaften der Beispiele in Zeilen 11 und 13 keine eindeutigen Schlüsse zulassen. Dass es sich aber in diesem Ausschnitt mit größerer Wahrscheinlichkeit um einen HÖRENSAGEN-Marker handelt und somit auch ›Sixto‹ in Zeile 11 nur scheinbar das konkordante Subjekt zu *dice que* bildet, erschließt sich aus dem Gesprächskontext. Aus Neid auf Salcedo, das vom Kandidaten Jaime Roldós die Fertigstellung der Straße nach Napo im Falle eines Wahlsieges versprochen bekommen hat, halten die Nachbarstädte eher zu Sixto Durán Ballén, der sich, so sagt man, schon früher mehr für das benachbarte Latacunga stark gemacht hat und kaum für Salcedo. Im Falle einer prototypischen ›er sagt, dass‹-Lesart würde dies bedeuten, dass Sixto Durán Ballén selbst eine solche Aussage explizit für die eine Stadt und gegen die andere tätigen würde. Dies ist unwahrscheinlich, da ihn dies unnötig Stimmen kosten würde, es handelt sich schließlich um eine Präsidentschaftswahl, die also das ganze Land betrifft.[12] Eine Loslösung aus der syntaktischen Einbettung als Verb + Komplementierer zeigt sich trotz der noch vorhandenen syntaktischen Subjektkonkordanz am diskursstrukturierenden Gebrauch von *dice que* insbesondere in Zeile 13. Das eigentliche Kommunikationsanliegen, das in Zeile 11 beginnt, wird nach *dice que* unterbrochen, um ein weiteres Anliegen (die Verortung in Raum und Zeit: *cuando ha estado...*) zu etablieren. Nach dessen Abschluss setzt die Sprecherin in Zeile 13 *dice que* dann als Ankereinheit, um das eigentliche Anliegen wieder aufzunehmen und abzuschließen.

Im Vergleich mit den Beispielen des Typs 3 sind schematisch also folgende Änderungen vorzunehmen. Der Regler, der den Verlust der ursprünglichen lexikalischen Semantik anzeigt, rückt weiter vor, da nun der Kontext nicht mehr ambig ist, sondern die HÖRENSAGEN-Lesart präferiert. Auch der Regler für das syntaktische Verhalten verschiebt sich durch die beobachtete Verwendung zur Diskursstrukturierung in Richtung adverbialer Einheit. Nach wie vor sind keine Änderungen auf der phonetischen und prosodischen Ebene zu beobachten.

---

[12] Die hier vorgenommene Interpretation als HÖRENSAGEN-Marker wurde auf Nachfrage auch so von Muttersprachler Mario Soto bestätigt.

Schema 10: Beispiel ›Neid auf Salcedo‹

Im nachfolgenden Beispiel tritt die Divergenz aus fehlendem pragmatischem Subjekt und syntaktischer Subjektkonkordanz an der Oberfläche noch deutlicher hervor, auch wenn diese bereits geschwächt ist und evtl. als verloren gelten kann durch die mangelnde Tempuskonkordanz. Auf prosodischer Ebene finden sich erste Anzeichen für eine Univerbierung.

4.4.2 Beispiel ›Der Chimborazo‹

Dieses Beispiel zeigt erstmals ein Vorkommen von *dice que* mit Anzeichen für Veränderungen in der prosodischen Integration. Auch die syntaktische Oberfläche zeigt Veränderungen an. Die Subjektkonkordanz wird geschwächt und evtl. durch die mangelnde Tempuskonkordanz ganz aufgehoben. Die Lesart als *secondhand*-Marker tritt deutlich in den Vordergrund. Das Beispiel enthält vier Variationen von *dice que* und wird deshalb in zwei Abschnitten besprochen. Abschnitt a) enthält die Analyse des Beispiels des Typs 4 (Zeile 13), das mit einem lexikalischen Vorkommen interagiert (Zeile 16), und wird mit der entsprechenden Visualisierung abgeschlossen. Die Analyse der beiden übrigen Variationen in Abschnitt b) schließt daran an und wird als Ergänzung vorgenommen.

Eine alte Geschichte erzählt von einem armen Hutmacher, der von seiner Frau verlassen wurde, weil er sie und sein Kind nicht gut genug versorgen konnte. Mit seinen letzten zwölf Hüten macht er sich auf den Weg nach Guaranda, um sie dort zu einem guten Preis zu verkaufen. Dieser Weg führt ihn über den Vulkan Chimborazo, wo er einen Mann trifft, der ihm alle seine Hüte abkauft und mit einem Sack voller Silber bezahlt. Mit diesem neu erworbenen Vermögen und ein bisschen Glück wird der Hutmacher zum Besitzer einer Hacienda. Als seine Frau davon hört, will sie zu ihm zurück, er lehnt aber ab. Sie darf von da an nur noch als Bedienstete bei ihm arbeiten.

Abschnitt a)

```
01   CrTC: entonces se ha casado con una paTROna entonces (--)
02         y la mujer propia de antes
03         eh: fue (.)
04         fue de cociNEra (1,02)
05         eh se hizo:
06         se hizo de lavanDEra
07         se sirvió para (--)
08         para él: vestir
09         y para él a coMER/ (.)
10         pero en cambio (-)
11         el marido ya tuvo otra muJER (-)
12         entonces se hizo el dueño de la hacienda (---)
→ 13       entonces así: dice que el Chimborazo antes daba (-)
14         daba suerte a los po:bres (---)
15         entonces no sé hasta ahora le dará
→ 16       pero muchos dicen que el Chimborazo tiene una ventana (--)
17         para mirar la ciudad de GuayaQUIL (-)
18   Pa:   ah:a
```

Abschnitt b)

```
19   CrTC: entonces por eso que lo: los costeños son (.)
→ 20       son RIcos dice (---)
→ 21       que los costeños son ricos
22         más que de la capital (-)
→ 23       porque el Chimborazo siempre dizque mira por una
           ventana a la ciudad de Guayaquil
```

In dem hier vorliegenden Ausschnitt einer alten Legende über den Vulkan Chimborazo im ecuadorianischen Hochland kommt das untersuchte *dice que* in vier Variationen vor. Der Übersicht halber werden sie deshalb in zwei Abschnitten analysiert.

Die Vorkommen in Zeile 13 (als *string* in dem beide Komponenten als phonetisch voll realisiert erkennbar sind) und in Zeile 16 (in lexikalischer Verwendung in der 3. Pers. Pl.) werden unter Abschnitt a) betrachtet.
Die Formen in Zeilen 20-21 (als das Scharnier einer inkrementell-syntaktischen Konstruktion im Sinne von Auer 2000) und in Zeile 23 (als deutlich hörbar reduzierte, univerbierte Form) werden unter Abschnitt b) analysiert.

Abschnitt a)
Der Fokus der Analyse soll auf *dice que* in Zeile 13 liegen, das als Beispiel für den Typ 4 klassifiziert werden kann.
Die lexikalische Semantik ist noch transparent, aber aus dem kontextuellen Verlauf zeigt sich deutlich eine Verwendung als HÖRENSAGEN-Marker. Der Sprecher erzählt eine Legende. Er hat die Ereignisse selbst nicht erlebt, kennt die beteiligten Personen nicht, kann also auch nicht mit ihnen gesprochen haben. Auch das Zitieren der Hauptfigur durch den Sprecher ist in diesem Falle unwahrscheinlich, da im Verlauf der Geschichte sämtliche Rede der Figuren immer mit dem Quotativmarker *dizque dice*[13] markiert ist. Es ist also in diesem Fall davon auszugehen, dass der Sprecher die Rolle eines auktorialen Erzählers innehat, wodurch einer möglichen ›sagt dass‹ Interpretation das Subjekt entzogen wird.
An der syntaktischen Oberfläche kann eine Subjektkonkordanz zu *el marido* in Zeile 11 in Frage kommen, diese wird aber durch den fehlenden pragmatischen Zusammenhang stark geschwächt. Durch die mangelnde Tempuskonkordanz von *dice que* (Präsens) in Zeile 13 zu den Verben im Kontext *(Indefinido)* kann aber auch vom Verlorengehen der Konkordanz zum syntaktischen Subjekt gesprochen werden.
Von phonetischer Reduktion kann für das Beispiel in Zeile 13 kaum die Rede sein. Als Anzeichen prosodischer Integration kann aber gewertet werden, dass die Betonung der Intonationsphrase auf *así* liegt. Dies ist deutlich zu hören an der Dehnung des Silbennukleus. Sie liegt nicht, wie bei einer verbalen Verwendung zu erwarten wäre, auf *dice*, das somit aus dem Zentrum der Intonationsphrase rückt, und ist durchgehend bis zu *daba*, das somit das Verb des Matrixsatzes ist, prosodisch gebunden.
Eine Pragmatisierung im Sinne einer Positionierung durch den Einsatz des HÖRENSAGEN-Markers, ähnlich wie es in den Beispielen der Typen 2, 3 oder 5 zu beobachten ist, lässt sich in diesem Beispiel kaum feststellen. Beach-

---

[13] Zu Vorkommen und Verwendung von *dizque dice* siehe Olbertz 2005.

tenswert ist allerdings die Interaktion zwischen dem HÖRENSAGEN-Marker in Zeile 13 und dem lexikalisch verwendeten *dicen que* in Zeile 16.
Dies wird in direktem Gegensatz zum Beispiel in Zeile 13 verwendet. Bei letzterem spielt das Vergangene, das Hörensagen, die zentrale Rolle, ohne dass ein konkreter Urheber der kommunizierten Proposition ausgemacht werden kann oder soll. Zentral ist dabei allein die Information HÖRENSAGEN. In Zeile 16 hingegen referiert der Sprecher auf die Gegenwart und kann in dieser zwar nicht spezifisch, aber immerhin konkret auf Subjekte Bezug nehmen, die ihm die Proposition kommuniziert haben. Damit wird nun durchaus eine pragmatische Wirkung erzielt, die als Positionierung gelten kann. Durch die lexikalische Verwendung und die daraus folgende Schaffung von konkreten Subjekten wird die vorher als reines Hörensagen markierte Proposition in Zeilen 13-14 (der Chimborazo bringt den Armen Glück) in modifizierter Weise in Zeilen 16-17 (der Chimborazo bringt Guayaquil Glück; lit.: ...hat ein Fenster nach Guayaquil) erstens ins *hic et nunc* gezogen und erhält zweitens im *hic et nunc* ihre Legitimierung durch den Verweis auf die zwar nicht spezifischen, aber konkreten Subjekte, die als Autoritäten herangezogen werden. Dadurch wird auch die vorausgehende Geschichte legitimiert.
Im Visualisierungsschema wird das Beispiel in Zeile 13 als Vertreter des Typs 4 dargestellt. Im Vergleich zum vorhergehenden Beispiel ist vor allem die weitere Verschiebung des Reglers zum syntaktischen Verhalten in Richtung adverbiale Partikel zu nennen. Auch für die prosodische Integration ist eine erste Verschiebung des Reglers nach rechts nötig. Auf der Ebene der Pragmatisierung wird der Regler wieder ein Stück nach links versetzt, da *dice que* in Zeile 13 weniger pragmatische Aufladung zeigt als bei den Beispielen vorher.[14]

---

[14] Erst in Kombination mit dem lexikalisch verwendeten *dicen que* in Zeile 16 findet eine starke Pragmatisierung statt.

Schema 11: Beispiel ›Der Chimborazo‹

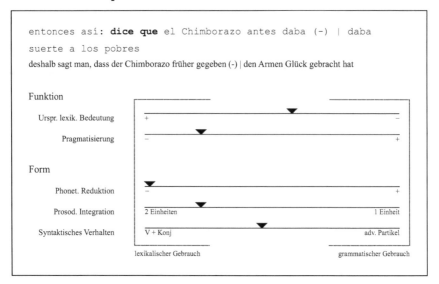

Später, im Beispiel des Typs 5, das auf den Abschnitt b) dieser Analyse folgt, ruht das Hauptaugenmerk auf der Pragmatisierung des Markers *dizque*. Aber auch auf den anderen Ebenen ist eine Weiterentwicklung hin zum grammatischen Marker zu beobachten, insbesondere auf den Ebenen der prosodischen Integration und der phonetischen Reduktion ist der Verlust des pragmatischen Subjektes die Regel.

Abschnitt b)
Mögliche Hinweise auf die Entstehung des *strings dice que* aus einer emergenten Konstruktion (Auer & Pfänder 2011) liefert das Beispiel in den Zeilen 20-21. Hier zeigt sich der Sequentialitätscharakter der gesprochenen Syntax, wie er von Auer (2000, 2007, 2009) im Rahmen des theoretischen Konzepts der *On-line* Syntax beschrieben wird. Sprachliche Versatzstücke werden demnach linear in der Zeit produziert. Sie sind, einmal ausgesprochen, nur noch durch Folgesequenzen im Dialog modifizierbar, präzisierbar und aushandelbar.

Im hier vorliegenden Fall versucht der Sprecher, die Proposition aus den Zeilen 19 und 20 (Die Küstenbewohner sind reich.) im Nachhinein als *secondhand*-Information zu kennzeichnen. Nach einer Pause entschließt er sich, diese Propositon durch einen Vergleich (Zeilen 21-22) zu präzisieren (Die Küstenbewohner sind reicher als die Bewohner der Hauptstadt). Auch diese Proposition will er aber als *secondhand*-Information eingeordnet wissen. Dies gelingt durch das Anfügen des vorverweisenden Komplementierers *que*. Damit wird die postponierte Evidentialitätspartikel *dice* im Nachhinein (zumindest an der Oberfläche) zum Verb umgewertet. *Dice* verweist also gleichzeitig zurück und ist Anknüpfungspunkt für das vorverweisende *que*, durch dessen Setzung *dice* seine syntaktische Rolle ändert. Es fungiert also durch seine Stellung als Scharnierstück in der *on-line* Konstruktion dieses *turns* als offene Form, die syntaktisch noch nicht verfestigt ist.

Das Beispiel in Zeile 23 fällt in den Rahmen des Typs 6, kann als voll reduziertes *dizque* klassifiziert werden und wird als HÖRENSAGEN-Marker gebraucht, seine Analyse fällt somit ähnlich wie die dort vorgestellten Beispiele aus.

4.5 Beispiele Typ 5: Pragmatisierung

4.5.1 Beispiel ›Betrunken‹

Das Beispiel zeigt zwei Arten der Pragmatisierung des Markers *dizque* durch Positionierung auf. Zum einen (Zeile 12) kann damit Arbeit am *face* der beteiligten Personen betrieben werden, zum anderen (Zeile 29) kann sich die Sprecherin von spezifischen Handlungen distanzieren. Auch auf der Ebene der Prosodie, der phonetischen Reduktion und des syntaktischen Verhaltens ist ein Sprung hin zur Grammatik zu konstatieren.

SraTr sagt von sich, dass sie keinen Alkohol trinkt. Vor allem Schnaps zu trinken, lehne sie grundsätzlich ab. Dies hatten die Interviewer bereits vorher erfahren, als die Sprecherin eine Einladung auf ein alkoholisches Getränk ablehnte. Die Interviewerin fragt nach den Gründen für diese standhafte Abneigung, die im Laufe des Gesprächs dann auch zu Tage treten.

```
    01     Pa:       por qué no le gusta el trago
    02               (--)
    03     SraTr:    porque NO::
    04               <<sich an Pa richtend> bonita> (-)
    05               eso hace hablar ca:mBIAdo
    06               (---)
    07               hace chumar:/
    08               hace: hablar cosas que no (los ; les) interesa (--)
    09               estar eCHA:do ahí
 →  10     FaA:      pero sí dizque ha chumado (ps ; pues)
```

```
   11              (---)
   12     Vec06B: cuándo (vecin[a])
   13     FaA:           [a]llá en: bautizo/
   14              (-)
   15              en el traslado/
   16              (-)
   17     SraTr: en el trasLAdo del (1,93)
   18              en el trasLAdo del Antonio (ps ; pues)
   19              (--)
   20              ahí porque hicieron picarDÍAS (-)
   21              en un: vaso de un: (--)
   22              dieron COla después allá no sabía qué pasó
   23              (-)
➔  24              (dizqu(h)ejeje) (-)
   25              (xx) (quedado) sentada así (-)
   26     FaA:    [cómo estaría (la acción)]
   27     SraTr: [         (x x x xxx) NO] ya me habían hecho dormir
   28     PiM:    <<im Hintergrund> (xxx)>
   29              (--)
   30     SraTr: ya vuelta me habían venido trayendo a las dos
                   de la mañana así É:l/
```

Dizque in Zeile 10 kann hier als deutlich weiter grammatikalisiert betrachtet werden als in den Beispielen des vorherigen Typs. Auf phonetischer und prosodischer Ebene wird sogar der nächste Typ bereits vorweggenommen. Das Beispiel ist klar als univerbierte Einheit zu hören. Im syntaktischen Kontext ist aber dennoch weiterhin eine Lesart in der SAGEN-Semantik möglich. In dem Falle könnte auch *SraTr* als Subjekt für eine solche Lesart rekonstruiert werden. Es erscheint aber ungewöhnlich, von einer solchen Lesart auszugehen, da bei der Klassifizierung der Form als Verb plus Konjunktion sowohl das Tempus als auch die Person in Bezug auf den Kontext in Frage gestellt werden müssen.

Davon und von der bereits weit fortgeschrittenen Reduktion der Form ausgehend ist also eine Interpretation als Evidentialitätsmarker stark anzunehmen. Gestützt wird diese Interpretation besonders aus der Pragmatisierung von *dizque*, die für den Typ 5 charakteristisch ist. Dabei wird der Marker zur Positionierung der Proposition gegenüber den Interaktanten und der Interaktionssituation gebraucht. Dies gilt auch für das zweite Vorkommen von *dizque* in Zeile 24.

Auf die Aussage von *SraTr*, sie würde nicht trinken, wirft FaA in Zeile 10 ein, dass jene sehr wohl schon getrunken hat. Dieser Einwurf ist nicht ohne Risiko für das *face* beider Sprecherinnen. Die eine kann unter Umständen als Lügnerin, die andere als Verräterin unangenehmer Erlebnisse Schaden nehmen. Die Verwendung des *secondhand*-Markers erlaubt es FaA deshalb, sich von der Urheberschaft dieser Aussage zu distanzieren. Sie positioniert sich außerhalb der Informationsquelle und kann dadurch nicht voll zur Verantwortung für die Aussage gezogen werden. Gleichzeitig lässt die Verschiebung ins Hörensagen auch der angesprochenen *SraTr* die Möglichkeit, die Aussage abzustreiten oder abzuwandeln. Sie erhält also die Möglichkeit, ihr *face* zu sichern.

In Zeile 24 lässt sich ein für Evidentialitätsstrukturen im andinen Spanisch und besonders auch für *dizque* schon häufiger konstatierter Gebrauch (z.B. bei Babel 2009) feststellen. Hier wird der Marker dazu verwendet, um Ereignisse darzustellen, die man in betrunkenem Zustand erlebt hat. Indem man also die Ereignisse im betrunkenen Zustand ins Hörensagen verbannt, erreicht man das Kommunikationsziel, zwischen dem betrunkenen Selbst und dem nüchternen Selbst zu trennen und sich somit aus der Verantwortung für das als Betrunkener Erlebte zu nehmen.

Dizque wird in diesem Sinne also verstärkt dazu benutzt, gegenüber der Proposition, die man tätigt, Stellung zu beziehen und die kommunikative Regresspflicht[15] dafür zu verhandeln. In der Visualisierung verschiebt sich somit der Regler für die Ebene ›Pragmatisierung‹ nach rechts. Außerdem sind Verschiebungen insbesondere im Bereich phonetischer Reduktion und prosodischer Integration vonnöten, wo nun deutliche Veränderungen sichtbar sind.

---

[15] Die Anwendung des Konzeptes der Übernahme der Regresspflicht auf die Sprachwissenschaft ist Klaus Heger zuzuschreiben (Heger 1976: 275-279). Es wurde dann von Wolfgang Raible (1980, 1983) aufgenommen und später von Ralph Ludwig (1988) für das gesprochene Französisch operationalisiert.

Schema 12: Beispiel ›Betrunken‹

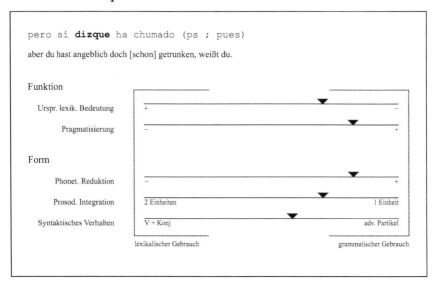

In den folgenden Beispielen des Typs 6 verstärkt sich das syntaktische Verhalten als adverbiales Element weiter und die Univerbierung tritt nun voll zu Tage. Dies spiegelt sich wider in einer starken phonetischen Reduktion und der prosodischen Einbindung als ein Element. Die ursprüngliche lexikalische Bedeutung geht nahezu vollständig verloren.

4.6 Beispiele Typ 6: Reduktion

4.6.1 Beispiel ›Mehr verdienen‹

Im Beispieltyp 6 ist deutlich die phonetische Reduzierung des *string dice que* zum univerbierten *dizque* zu beobachten. Die prosodische Gewichtung der *TCU* in Zeile 723 deutet die enge Anbindung an die folgende Verbalphrase an. Der Marker verliert auch in der syntaktischen Einbettung als mögliches Matrixverb an Boden. Dieser Schritt führt *dizque* so weit Richtung obligatorischer, grammatischer Marker, dass die stärker pragmatisch aufgeladenen Funktionen aus Typ 5 verloren gehen.

In einem Gesprächsausschnitt über die Arbeits- und Verdienstmöglichkeiten in Salcedo und den umliegenden Dörfern und Städten erzählt der Interviewte von einem

Ort in der Region, in dem die ›Rohstoffernte‹ deutlich ergiebiger ausfällt als in seinem eigenen Ort.

```
   721    FPB:    hm
   722    PM:     ahí sí gana
➜  723    FPB:    A:HÍ sí pues ahí dizque cogen hasta cuaRENta
   724            cinCUENta (--)
   725            ha:sta seSENta oCHENTA KIlos
   726            (--)
   727    PM:     sí/
```

Im Beispiel ›mehr verdienen‹ präsentiert sich *dizque* endgültig als univerbierte Einheit. Besonders auf phonetisch-prosodischer Ebene ist dies nun eindeutig zu erkennen. Der *string* ist klar phonetisch reduziert. Auch die prosodische Gewichtung des Satzes weist auf eine univerbierte, nicht auftrennbare sprachliche Einheit hin, nicht mehr auf eine Wortfolge. Reste der ursprünglichen lexikalischen Semantik des *strings* sind noch latent vorhanden. Es dominiert jedoch der Evidentialitätstypus ›indirekte Information aus zweiter Hand‹. Sonstige pragmatische Erweiterungen sind nicht vorhanden. Der Sprecher verwendet die *secondhand*-Markierung also nicht zur gezielten Distanzierung vom Informationsgehalt wie im vorhergehenden Beispiel, sondern weil dies grammatisch angebracht zu sein scheint. Auch auf syntaktischer Ebene lassen sich Veränderungen feststellen. Zwar bleibt die ursprüngliche Konstituentenstruktur hintergründig transparent in dem Sinne, dass sich die unmittelbare syntaktische Umgebung, in die *dizque* eingefügt werden kann, nicht geändert hat. Jedoch besteht kein Konkordanzverhältnis zu irgendeinem möglichen Subjekt für *dizque*. Die univerbierte Form verhält sich syntaktisch fernerhin als Adverbial und modifiziert das Verb *coger*. Dieses Verhalten ist kein Zufall, wie Olbertz (2005) zeigt. *Dizque* zeigt im Ecuadorianischen Tendenzen zur syntaktischen Fixierung als Verbalkomplex (Olbertz 2005: 93).

In diesem Beispiel kann *dizque* also eindeutig als neue, sich von der ursprünglichen Wortfolge in Form und Funktion klar unterscheidende sprachliche Einheit klassifiziert werden. Im Schema wirkt sich dies so aus, dass die Regler auf jeder Ebene noch einmal nach rechts verschoben werden. Ausnahme ist der Regler zur Pragmatisierung, der zurück nach links wandert, da mit der zunehmenden obligatorischen Verwendung von *dizque* als *secondhand*-Marker seine pragmatische Aufladung verloren geht.

Schema 13: Beispiel ›Mehr verdienen‹

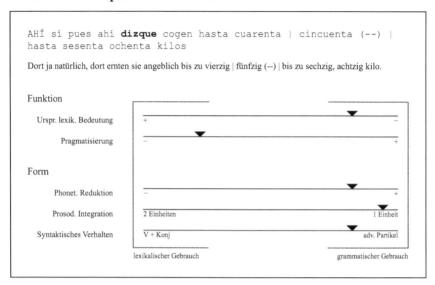

Das nächste Beispiel des Typs 6 verhält sich nahezu identisch, zeigt aber, indem die bereits univerbierte Struktur wieder aufgebrochen wird, dass die kognitiven Routinen der beiden ursprünglichen Elemente *dice* und *que* noch vorhanden sind und auch in Verbindung zur neuen univerbierten Form stehen. Die neue syntaktische Einbettung als adverbiale Partikel ist also noch nicht abgeschlossen.

4.6.2 Beispiel ›Arbeit in Quito‹

Dieses Beispiel zeigt wie das vorherige, dass *dizque* nun auf allen strukturellen Ebenen als neue, univerbierte Einheit gebraucht wird (Zeile 559). Gleichzeitig ist aber durch das Aufbrechen der bereits univerbierten Form (Zeile 561) deutlich, dass der Weg hin zum vollen Gebrauch als adverbiale Partikel noch nicht abgeschlossen ist und die Verknüpfung zum ursprünglichen *string* noch nicht abhanden gekommen ist.

> Der Erzähler berichtet im vorliegenden Gesprächsausschnitt von seinen Erfahrungen als Arbeiter in Quito. Arbeit, so berichtet er, gab es genug, aber man musste sich die Unterkunft leisten können. Und das war nicht billig bei dem damals geringen Lohn. Heutzutage aber, so die Frau des Erzählers, sind die Löhne etwas gestiegen.

```
            547    EuTU:   cincuenta SUcres me pagaba
            548            (---)
            549    PiM:    así
            550    EuTU:   cincuenta sucres (aquí) en Quito ganaba cuaRENta
            551            (-)
            552            me pagaban diez sucres más ya
            553            (1,01)
            554            y la coMIda
            555            (-)
            556    PiM:    la comida también
            557    EuTU:   la comida (tam ; también) me daban
            558            (-)
    → 559    ErTU:   y ahora dizque ganan (--)
            560            ciento ochenta (xx xx x [x)   ]
    → 561    EuTU:                        [cien]to treinta dice ahorita que
                            [ganan]
            562    PiM:    [bueno] (según no)
```

Auch in diesem Ausschnitt lässt sich zunächst (Zeile 559) eine univerbierte Einheit diagnostizieren, *dizque* ist klar phonetisch reduziert und prosodisch als ein Element in den Satz eingebunden. Die ursprüngliche *verbum dicendi*-Semantik ist nur noch latent vorhanden, zugunsten der Markierung von indirekter Information aus zweiter Hand. Genau wie im vorherigen Beispiel ist in der syntaktischen Umgebung kein kongruentes Subjekt auszumachen und *dizque* fungiert als Adverbial, welches das folgende Verb modifiziert, anstatt wie bei der ursprünglichen Wortfolge einen Komplementsatz einzuleiten.

Dass die ursprüngliche Konstituentenstruktur, wie im Beispiel ›Mehr verdienen‹ vermutet, weiterhin transparent im Hintergrund vorhanden ist, scheint sich in diesem Beispiel zu bestätigen. In Zeile 561 ergreift *EuTU* wieder das Wort, um seine Frau zu korrigieren. Dabei bricht er das schon univerbierte *dizque* zu *dice que* auf und füllt den *slot* zwischen beiden Elementen mit einem Temporaladverb. Dies hat jedoch nur auf der syntaktischen Oberfläche Konsequenzen. An der Funktion von *dice que* als Adverbial und Evidentialitätsmarker ändert sich nichts. Dieses Aufbrechen der bereits univerbierten Struktur und der Einschub eines Temporaladverbs kann als typisches Phänomen und somit starkes Indiz für spätere Typen einer beginnenden Grammatikalisierung betrachtet werden.

Im Vergleich zum vorhergehenden Beispiel verhalten sich die Regler hier nahezu identisch. Nur der Regler für das syntaktische Verhalten wird um eine Stufe nach links zurückversetzt, als Resultat des beobachteten Aufbrechens des bereits univerbierten *dizque*.

Schema 14: Beispiel ›Arbeit in Quito‹

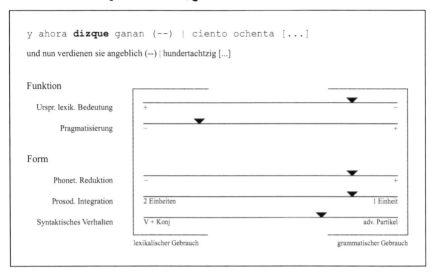

Die Vorkommen im bolivianischen Spanisch können ebenfalls in die etablierten Typen unterteilt werden, auch wenn die Vorkommen individuell stets leicht variieren. Die Vorkommen von Typ 6 sind selten. Auffallend für die nun folgende Varietät sind die Fälle von *dice que* als emergenter Konstruktion, die aus der (Sprechstimmen-)Situation heraus entstehen.

5 Varianten von *dizque* im bolivianischen Spanisch

Für die bolivianischen Daten werden im Vergleich zum ecuadorianischen Korpus nur vereinzelte Vorkommen von univerbiertem *decir* + *que (dizque)* festgestellt. Als *string* wird *dice que* häufig als eine Form-Funktionseinheit verwendet, die Information aus zweiter Hand markiert. Auffällig im Bolivianischen ist die Verwendung zur Diskursstrukturierung, Distanzierung oder Autoritätssetzung, eine stärkere Pragmatisierung der Einheit also. Außerdem stechen die Vorkommen in ambigen Kontexten, z.B. mit zwar syntaktisch möglichen, aber pragmatisch nicht in Frage kommenden Subjekten hervor. Die Emergenz des Markers *dice que* aus solchen Kontexten heraus zeigt sich daran besonders deutlich. Die strukturellen Grenzen des Spanischen werden dadurch unauffällig ausgeweitet, und die Form verschiebt sich nach und nach von einer Kategorie in die nächste.

Fernerhin operiert das bolivianische Spanisch mit alleinstehendem *dice* als Evidentialitätsmarker, wenn es rechtsversetzt oder postponiert in retroaktiver Funktion benutzt wird (siehe Kapitel 2.3.4.2). In einigen Fällen werden *dice que* und *dice* als Rahmentechnik für die *secondhand*-Markierung kombiniert *(dice que ... dice)*. Die Bildung eines Quotativmarkers *(dice diciendo)* ist im hier verwendeten Korpus nicht beobachtet worden, dies wird aber in anderen Arbeiten beschrieben (u.a. bei Pfänder et al. 2009).

In der nun folgenden Beispielanalyse steht, wie auch im vorherigen Kapitel, der *string dice que*, der in seiner Variation zwischen *dice que* als *verbum dicendi* + Konjunktion und *dizque* als adverbiale Partikel und Evidentialitätsmarker schwankt, im Mittelpunkt.

5.1 Beispiele Typ 1: Verb + Konjunktion

5.1.1 Beispiel ›Englische Interessen‹

Der Beispieltyp 1 ist auch für das Bolivianische konstatierbar. Allerdings wird für dieses Beispiel des Typs 1 auf den bolivianischen Teil des CREA-Korpus zurückgegriffen. Für das folgende Beispiel kann also eine prototypische *verbum dicendi*-Verwendung festgestellt werden.

Situationaler Kontext: Zwei Sprecher diskutieren über den Einfluss wirtschaftspolitischer Interessen von Drittstaaten auf die letzten bewaffneten Konflikte mit bolivianischer Beteiligung. Sprecher B verweist dabei auf den Vortrag eines Wissenschaftlers und dessen Meinung, die er als indirekte Rede mit *dice que* einleitet.

```
No sé yo conozco su opinión sobre la guerra del Pacífico
y precisamente él dice que había intereses ingleses.
```

Dieses Beispiel zeigt die prototypische Verwendung von *dice que* als *verbum dicendi* gefolgt von der nebensatzeinleitenden Konjuktion *que*. Es verhält sich eindeutig der lexikalischen Ausgangssemantik des *strings dice que* folgend, ist pragmatisch nicht anderweitig aufgeladen und präsentiert sich auch syntaktisch als Verbalphrase (VP) im Matrixsatz mit kongruenter Subjekt-Nominalphrase (NP) plus nebensatzeinleitender Konjunktion, wie es die Ausgangsstruktur erwarten lässt.[1] In diesem Fall ist das Beispiel der Onlineversion des CREA-Korpus entnommen.[2] Es steht dazu kein Tondokument zur Verfügung. Sein phonetisches und prosodisches Verhalten kann somit nicht nachgeprüft werden. In diesem Fall reichen aber die Indizien aus den anderen drei Parametern aus, um davon ausgehen zu können, dass die phonetischen und prosodischen Eigenschaften von *dice que* hier nicht auf eine Univerbierung als Konsequenz einer evidentialen Lesart hindeuten.

Das nachfolgende Schema soll dies anhand der fünf eingeführten Analysekriterien veranschaulichen. Wie bereits erwähnt, liegt eine Audioversion des Beispiels nicht vor. Somit können über die prosodische und phonetische Ebene keinerlei Aussagen gemacht werden. Deshalb sind diese Ebenen in der Visualisierung als gespränkelte Linien dargestellt und die Regler (ebenfalls gespränkelt umrandet) in weißer Farbe gestaltet. Anzunehmen ist jedoch, dass keinerlei phonetische Reduktion vorliegt und auch prosodisch von zwei Einheiten ausgegangen werden kann. Alle Regler stehen deshalb am linken Rand der Visualisierung.

---

[1] Auffällig ist aber, dass das Personalpronomen vor *dice que* zwar vorhanden ist, aber kein trivalenter Gebrauch für das Verb zu konstatieren ist. *Decir* hat keinen spezifischen Adressaten. Der Gebrauch mit reduzierter Transitivität kann also als erster Schritt in Richtung semantischer Ausweitung betrachtet werden.

[2] Es handelt sich um ein informelles Gespräch mit einem 25-jährigen bolivianischen Studenten: http://corpus.rae.es/cgi-bin/crpsrvEx.dll?visualizar?tipo1=5&tipo2=0&iniItem=0&ordenar1=0&ordenar2=0&FID=160111\014\C000O16012011144521831.948.944&desc={B}+{I}+precisamente+%E9l+dice+que+hab%EDa+{|I},+en+todos+los+medios,+en+{I}CREA+{|I}+{|B}{BR}&tamVen=1&marcas=0#acierto0

Schema 15: Beispiel ›Englische Interessen‹

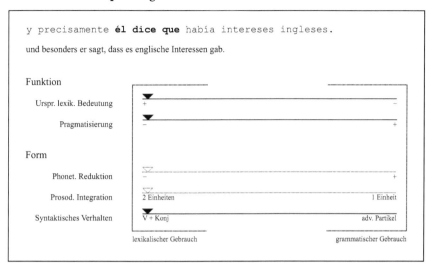

Im nächsten Beispiel ist zu beobachten, dass die ursprüngliche lexikalische Bedeutung durch eine deiktische Funktion im Diskurs erweitert wird. Diese Perspektivierung erlaubt in diesem Fall eine Distanzierung von der folgenden Proposition. Die Verwendung von *dice que* weist dadurch erste Tendenzen eines Ausbaus hin zum *secondhand*-Marker auf.

5.2 Beispiele Typ 2: Perspektivierung und Deixis

5.2.1 Beispiel ›Alte Spielkameraden‹

Strukturell sind an diesem Beispiel keine Aspekte zu beobachten, die gegen seinen Gebrauch in der ursprünglichen lexikalischen Lesart von *verbum dicendi* + Komplementierer sprechen. Diskurspragmatisch verhält sich *dice que* hier aber auffällig. Sein Einsatz zur Perspektivierung erfolgt bewusst und steht im Kontrast zur bis dahin praktizierten Erzählweise der Sprecherin.

> Thema des vorliegenden Gesprächsausschnitts ist die Dreistigkeit der Einbrecher in der bolivianischen Stadt Cochabamba, die bei ihren Raubzügen anscheinend nicht einmal ihre ehemalige Spielkameradin verschonen. Die Erzählerin berichtet von einer Freundin, bei der eingebrochen wurde. Diese erkannte jedoch die fliehenden Einbrecher. Es handelte sich dabei angeblich um Spielkameraden aus der Kindheit.

```
    1    Ga:    habían=entrado y se=han llevado=equipos de:
                de sonido no?
    2    St:    mhm
    3    Ga:    le han roBAdo (---)
    4           entonces
    5           Ella (.)
    6           los había visto a los rateros (-)
    7           los coNOce (---)
→   8           porque: <<all> dice que> jugaban desde chicos
    9           (.)
   10    St:    mh
```

Hier zeigt sich eine nahezu prototypische Verwendung des beobachteten *strings*.[3] Er verhält sich in seiner pragmatischen Verwendung aber auffällig. *Dice que* folgt nach wie vor eindeutig der SAGEN-Semantik der Ausgangsform mit unterordnender Konjunktion. Die Wortfolge ist phonetisch-prosodisch nicht als Einheit realisiert, wird jedoch schneller gesprochen als der Rest der Proposition. Sie steht in kombinatorisch-syntaktisch realisierbarer Relation zueinander und ist als VP mit Nullsubjekt plus Konjunktion in einen Nebensatz eingebettet.

Auffällig ist, dass *dice que* in diesem Beispiel an einer Stelle im Gespräch realisiert wird, an der es diskurspragmatisch keine Notwendigkeit für die Einsetzung eines *verbum dicendi* gibt, da bisher ein auktorialer Erzähler das Handlungsgeschehen geschildert hat.

Durch die Verwendung von *dice que* wird somit ein Perspektivenwechsel in der Erzählung vom auktorialen Erzähler hin zum Akteur eingeleitet. Die Wortverbindung wird dadurch um die Funktion einer Personaldeixis erweitert. Auch die beschleunigte phonetische Realisierung des *strings* kann als ein weiteres Zeichen für eine Fixierung als eine Einheit gelten.

Auf dem Schema sind deshalb folgende Regler nach rechts zu verschieben: die ursprüngliche lexikalische Bedeutung wird erweitert. Durch die Perspektivierung nimmt ebenso die Pragmatisierung des *strings* zu und auch auf der Ebene der prosodischen Integration wandert der Regler etwas nach rechts, um die beschleunigte Realisierung des *strings* zu berücksichtigen.

---

[3] Auffällig ist aber auch hier wiederum, dass SAGEN generisch ohne spezifischen Adressaten verwendet wird.

Schema 16: Beispiel ›Alte Spielkameraden‹

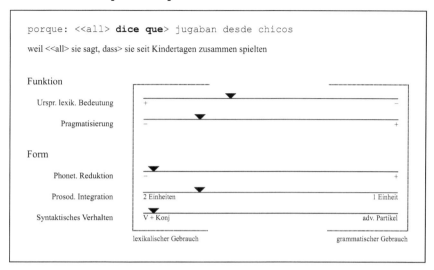

Das folgende Beispiel erlaubt ähnliche Beobachtungen in Bezug auf eine Erweiterung durch Perspektivierung. Es fungiert bereits eher als HÖRENSAGEN-Marker, wird aber diskursstrategisch zunächst stärker mit einer perspektivierenden Erweiterung gebraucht.

5.2.2 Beispiel ›Zwerge im Haus‹

Auch in diesem Beispiel deutet die syntaktische Einbettung stark auf einen kombinatorisch-lexikalischen Gebrauch von *dice que* hin, das zur Perspektivierung eingesetzt wird, um den Effekt größerer Glaubwürdigkeit zu erzielen. Mit fortschreitendem Kontext wird jedoch eine Neubewertung als HÖRENSAGEN-Marker notwendig. Das Element wird in diesem Fall diskursstrategisch ambig gehalten, bis zum eindeutigen Quellenverweis, der erst im ›Abspann‹ der Erzählung erfolgt.

> Die Apothekerin *E.* hat in ihrem Leben schon vieles gehört und erlebt – besonders in der Gasse, in der sie wohnt, der *Pasaje del Diablo* (Teufelsgasse). Vor vielen Jahren zum Beispiel hat es eine Mieterin kaum einen Monat im Haus ausgehalten; sie wurde angeblich von Zwergen heimgesucht.

```
           01    E:      en la casa donde yo vivo que ahora ya está todo
                         refaccionada (---)
           02            teníamos UN higüero
           03            enorme (-)
           04            y vino (.)
           05            una inquiLIna (---)
           06            que no duró ni un MÉS (.)
           07            mientras nosotros (hagamos ; sacamos) mi mamá hagan
                         los papels de la casa
           08            no duró ni un més (-)
        ➔  09            ella **dice que** se senTÓ en el patio y empezaba lavar
                         la:
           10            los platos porque no había lavandería (-)
           11            de años atrás (-)
           12            entonces le echaban con agua por la (-)
           13            esPALda (-)
           14            o le tiraban PIEdras(-)
           15            y pensaba que era el maRIDO que le hacía (.)
           16            JORge deja de molestar (.)
           17            pero yo estoy aquí:
                         [...]
           37            la señora
           38            falleció (1,4)
        ➔ **39**         y el marido/
          **40**         después nos contó/
           41            él era sastre
```

Den Rahmen dieses Beispiels bilden die unglaublichen Vorgänge in der berüchtigten Teufelsgasse, in der nicht nur jener höchst selbst sein Unwesen treibt, sondern auch andere mythische Gestalten – Zwerge zum Beispiel, berichtet *E*. Die Geschichte der Mieterin, die bereits nach einem Monat wieder auszog, soll dies glaubwürdig untermauern.

In einer ersten Interpretationsmöglichkeit kann argumentiert werden, dass *E* in die Perspektive der Mieterin wechselt und jene die Ereignisse (Zwerge schütten Wasser über ihren Rücken und werfen Steine auf sie, während sie im Innenhof Geschirr wäscht) in indirekter Rede schildern lässt (Zeile 09). In Zeilen 16-17 steigert *E* den Effekt der Perspektivierung als Zeugenaussage, indem sie die Mieterin in animierter Rede einen Dialog mit ihrem Mann führen lässt. Im Fall einer solchen Interpretation wäre der Ausschnitt als Beispiel für den Typ 2 zu klassifizieren.

Der *string* weist alle Eigenschaften eines *verbum dicendi* auf, er ist syntaktisch analysierbar, kann mit *ella*, das *dice que* unmittelbar vorhergeht, einem Sub-

jekt zugewiesen werden und ist trotz fehlender Tempuskonkordanz[4] zwischen den Verben in Zeilen 08 und 09 in seiner lexikalischen Semantik lesbar, da einer solchen Einordnung auch im vorhergehenden Kontext nichts entgegen spricht. Eine phonetische Reduktion ist ebenso nicht feststellbar. Folgendes Szenario lässt sich danach zunächst ableiten:
E inszeniert die Nachbarin als Zeugin. Durch den damit verbundenen Wechsel der Perspektive durch die Verwendung von *dice que* fungiert der *string* als deiktischer Verweis auf die Informationsquelle, ist also pragmatisch aufgeladen und geht somit den ersten Schritt in Richtung Evidentialitätsmarker.

Eine auffällige Beobachtung ergibt sich dabei aus dem Kommunikationsziel von *E*, die Existenz von Zwergen in ihrem Innenhof glaubwürdig zu inszenieren. Die Verwendung von *dice que*[5] ist dabei die erste Phase dieser Strategie. Der dadurch eingeleitete Wechsel auf die Perspektive der Mieterin bindet sämtliche Aussagen der folgenden Zeilen an diese als Quelle der Information. In einem zweiten Schritt lässt *E* die Mieterin und ihren Mann in animierter Rede zu Wort kommen und bekräftigt durch dieses ›Zitat‹ ihre eigene Glaubwürdigkeit als Zeugin der Aussage, die sie der Mieterin vorher in den Mund gelegt hat. Es wird also ein direktes Zeugenverhältnis für die berichtete Geschichte über indirekte Evidentialität hergestellt.[6]

---

[4] Auffälligkeiten und Unregelmäßigkeiten in der Tempuskonkordanz sind für diese Varietät nicht ungewöhnlich, wie Pfänder et al. (2009) feststellt, da das bolivianische Spanisch als Aspektsprache klassifiziert werden kann – dies ist eine für Kontaktvarietäten häufig gemachte Beobachtung.

[5] In den für dieses Kapitel analysierten Beispielen kodiert *dice que* als Evidentialitätsmarker folgende Punkte: (1) den Kanal (Hörensagen), (2) die Nicht-Urheberschaft des Sprechers, (3) eine breite, unspezifische Quellenlage und damit (4) eine große Distanz zur Urheberschaft und somit zur Testimonialitätskraft der Proposition.
In den Vorstufen jedoch, so wie hier, wird *dice que* dafür eingesetzt die Urheberschaft zu kennzeichnen. Dies ist häufig im Kontext damit verbunden, dass im Zuge der Kennzeichnung der Urheberschaft auch die Testimonialitätskraft der Aussage bestimmt wird. Die Informationsquellenmarkierung mit *dizque/dice que* dient aber nicht direkt der Beweisführung. Sie ist jedoch mitunter ein gutes Mittel, ein solches Kommunikationsziel zu erreichen. Dies gilt auch für ihre Vorstufen. Diese sind häufig sehr eng mit dem Kommunikationsziel der Beweisführung verknüpft und werden deshalb häufig damit gleichgesetzt.

[6] Es gilt hierbei ein Paradoxon aufzulösen: Eine Aussage kann nicht gleichzeitig indirekt bezeugt sein und damit direkt bezeugt. In der Geschichte funktioniert dies aber, weil die Schaffung von Evidentialität nicht der einzige pragmatische Faktor ist, der hier eine Rolle spielt. Entscheidend dabei ist, dass hier das Verhältnis der Erzählerin zu den Akteuren in der Geschichte in einem Spannungsverhältnis steht zur Interaktionssituation der Erzählerin mit dem Hörer der Geschichte. In diesem Spannungsverhältnis der beiden Ebenen spielen das *facework* und Höflichkeit in der Interaktion mit dem Hörer eine entscheidende Rolle zur Etablierung der Faktizität der berichteten Geschichte (zu Höflichkeit und *face*-

In einer weiterreichenden, alternativen Interpretation kann dieses Beispiel auch unter Typ 4 klassifiziert werden. Hinweise darauf finden sich zunächst in der Prosodie. Die Sprecherin fährt ungewöhnlich schnell und stimmneutral über die Wortfolge hinweg. Die Betonung der Intonationsphrase liegt auf dem Verb *senTÓ*, nicht auf der Sprecherin *(ella dice)* wie es bei der Einleitung einer indirekten Rede eher zu erwarten wäre. Außerdem ist auffällig, dass die Inszenierung in den Zeilen 16-17 eben nicht mit einem *verbum dicendi* eigeleitet wird, obwohl immer noch die gleiche Szene inszeniert wird. Es ist also denkbar, dass in Zeile 09 die Geschichte situiert und mit *dice que* als nicht selbst bezeugte Information klassifiziert wird und die Inszenierung der Erzählung in diesem Fall erst in Zeile 16 beginnt.

Dieser ambige Status für den Hörer wird im weiteren Verlauf (Zeilen 37-41) aufgelöst: *E* und ihre Mutter haben diese Geschichte vom Ehemann der besagten Mieterin erfahren. Letztere verstarb bereits früh.

In diesem Sinne muss das oben entworfene Szenario der Herstellung eines direkten Zeugenverhältnisses durch die Markierung indirekter Evidentialität etwas abgeändert werden. Der Verweis auf den direkten Zeugen für die Geschichte rahmt die Erzählung. Mit *dice que* wird darauf verwiesen, dass es eine Quelle für die Geschichte gibt, diese wird aber erst enthüllt, nachdem der Spannungshöhepunkt der Geschichte bereits überschritten ist. Der hier analysierte *string* wird also diskursstrategisch so gebraucht, dass er bis zur Auflösung in Zeilen 39-40 ambig bleibt und auch in stärkerer lexikalischer Funktion interpretiert werden kann. Retrospektiv erhält der Hörer jedoch einen klaren Hinweis auf die Lesart als HÖRENSAGEN-Marker, der sich deutlich vom vorherigen Beispiel des Typs 2 unterscheidet und bereits dem Typ 4 nahe steht.

---

work auf sprachlicher Ebene siehe Penelope Brown & Levinson 1987, Kasper 1998, Watts 2003).

Der Hörer hat die Sprecherin als einzige Quelle. Er kann die Geschichte nur an den Aussagen der Erzählerin überprüfen. Es wäre aber ein *face-threatening act* für das *positive face* der Erzählerin, ihre Integrität in Bezug auf die von ihr selbst bezeugten Aussagen anzuzweifeln. Dadurch wird die Erzählerin selbst zur direkten Quelle auf der Ebene der aktuellen Interaktionssituation, obwohl sie auf der Ebene der Geschichte nur indirekte Evidenz für die Ereignisse hat. Man kann also von einem Inszenierungstrick sprechen – indem man sich selbst als direkte Quelle für Aussagen, für die man nur indirekte Evidenz besitzt, inszeniert, überlagert man diese indirekte Evidenz. Dabei findet ein Spiel zwischen Evidentialität und Faktizität statt. Denn es wird dabei nicht indirekte Evidentialität in direkte umgewandelt, aber der Widerspruch der Evidenzen führt dazu, dass für die aktuelle Interaktionsebene eine Faktizitätssituation entsteht, die am Zeugnis für die Geschichte keinen Zweifel lässt.

In der schematischen Darstellung sind beide Lesarten visualisiert. Für die stärker lexikalische Lesart kann in jedem Fall eine deiktische Erweiterung festgestellt werden, die zur Perspektivierung und Positionierung der Hauptfigur als Zeugin für die Geschichte eingesetzt wird. Die Regler für die ursprüngliche lexikalische Bedeutung und die Pragmatisierung werden also nahezu identisch mit dem vorherigen Beispiel nach rechts verschoben. Die schnelle und stimmneutrale phonetische Realisierung führt dazu, dass auch der Regler für die prosodische Integration nach rechts wandert. Die fehlende Tempuskonkordanz kann als erster Schritt für eine Veränderung des syntaktischen Verhaltens interpretiert werden, wie der Regler zeigt.

Die weißen Regler stellen die Lesart dar, die sich dem Typ 4 annähert. Für diesen Fall ist auf der semantischen Ebene ein starker Ausschlag nach rechts in Richtung *secondhand*-Markierung vorzunehmen. Außerdem kann durch die zweite Lesart die fehlende Tempuskonkordanz nun eindeutig einer syntaktischen Weiterentwicklung hin zur Partikel zugeschrieben werden. Dem wird durch den verstärkten Ausschlag des Reglers nach rechts Rechnung getragen.

Schema 17: Beispiel ›Zwerge im Haus‹

```
ella dice que se senTÓ en el patio y empezaba lavar la:
```
L1: Sie sagt, dass sie im Innenhof saß und anfing zu waschen, die...
L2: Sie saß angeblich im Innenhof und fing an zu waschen, die...

Funktion
- Urspr. lexik. Bedeutung: + / −
- Pragmatisierung: − / +

Form
- Phonet. Reduktion: − / +
- Prosod. Integration: 2 Einheiten / 1 Einheit
- Syntaktisches Verhalten: V + Konj / adv. Partikel

lexikalischer Gebrauch — grammatischer Gebrauch

Die Vorkommen des nächsten Beispieltyps zeichnen sich nicht wie bisher durch ihren Gebrauch zur Perspektivierung aus, sondern in erster Linie durch die metonymische Ausweitung der SAGEN-Semantik.

5.3 Beispiele Typ 3: Metonymie

5.3.1 Beispiel ›Wer gewinnt den *Clásico*‹

Vorkommen für den nächsten Beispieltyp (Typ 3) sind selten im bolivianischen Spanisch und konnten im mündlichen Korpus nicht festgestellt werden. Sie kommen aber vor und stellen einen wichtigen Schritt für die semantische Entwicklung von *dice que* dar. Deshalb wird auf ein Beispiel zurückgegriffen, das aus dem RomWeb-Korpus des gleichnamigen Projektes (DFG Pf699/4-RomWeb) von Stefan Pfänder entnommen wurde,[7] in dem Einträge aus andinen Webforen (in diesem Fall eines bolivianischen Forums) gesammelt und der Projektgruppe über das Analysetool NCAT[8] zugänglich gemacht wurden.

> In der bolivianischen Fußballliga steht der *Clásico* vor der Tür. *Bolivar* und *The Strongest*, die beiden prestigeträchtigsten Mannschaften aus La Paz, treffen aufeinander. Im Fußballforum werden daher mit Herzblut und Statistik alle zur Verfügung stehenden Argumente abgewogen und darüber diskutiert, wem diesmal die Favoritenrolle zufällt und ob *Bolivar* nach zwei Jahren ohne Niederlage gegen *The Strongest* diese Serie weiter ausbauen kann.
>
> **estas q son estadísticas q quedan ahí y están para la referencia, y pa ver quien es? el PAPA...... y quien el Hijo ...ja ja aja jaa................**
>
> **Pero como ?se puede? saber? el presente? siempre va ser distinto , y este proximo clasico no hay? faboritos... pue la historia <u>dice que</u> Bolivar es Faborito, pero? el buen buen plantel que armo? strongays en la actualidad <u>dice que</u> son faboritos..... ?.. pero? eso de nada sirve, ese faboritismo pa ambos.....?los gallos se ven en cancha, ----y espero? personalmente que la suerte, . la mistica de Campeon?? y??? el jugar con huevos nos den la victoria, ?no importa el marcador? la cosa es? ganar,. (pue? podes ganar? por 100 a 0 o? por 1 a 0) lo mismo da 3 `puntos, y esa satisfacción de? verse ganador..))**[9]

---

[7] Siehe Kapitel 3.1, insb. Fußnote 4 für mehr Information und entsprechende Verweise.

[8] NCAT (Net Corpora Administration Tool) wurde von Daniel Alcón entwickelt und ist als Plattform für die Analyse und Visualisierung von großen Mengen an Sprachdaten aus der *computer-mediated communication* (CMC) konzipiert.

[9] Quelle: hinchadasdebolivia.mforos.com, EL_CHIRIPIERU, 10/08/2007. Die Schriftart in fetter Darstellug wurde so auch im Originaleintrag verwendet und wurde beibehalten, da für *computer-mediated commnuication* (CMC) solche visuellen Effekte häufig entscheidend zur kommunikativen Bedeutung eines *posts* im Forum beitragen. Nicht beibehalten werden konnte die ursprüngliche Schriftfarbe in Weiß und die Texthervorhebung in Himmelblau, der Vereinsfarbe des Fußballvereins *Bolivar La Paz*. Die Hervorhebungen sind von mir, PD.

Beide Vorkommen von *dice que* werden auf der Ebene der lexikalischen Semantik durch ihre metonymische Verwendung erweitert, einmal zur Animierung der ›Geschichte‹, die somit sprechen kann, einmal zur Animierung der ›Mannschaft‹, deren Zusammensetzung ›spricht‹.

Auch Positionierung findet im ersten Beispiel im Sinne von ›hinzuziehen von Autorität‹ statt, im zweiten Beispiel positioniert sich der Sprecher als ›Kenner des Sportes‹.Über phonetische Reduktion und prosodische Integration kann hier keine Aussage getroffen werden.

Auch syntaktisch bestehen wenig Auffälligkeiten im Vergleich zur Ausgangsform. Am ehesten zu erwähnen wäre ein Verzicht des Sprechers auf die Verwendung von Pronomina, obwohl direkt andere Forenmitglieder angesprochen werden.

Für die Visualisierung wird also die Ausweitung der lexikalischen Bedeutung durch metonymische Erweiterung mit einer weiteren Rechtsversetzung des Reglers angezeigt. Die pragmatische Aufladung verhält sich ähnlich wie beim vorhergehenden Typ 2. Auf syntaktischer Ebene kann das erwähnte Fehlen von Objektpronomen berücksichtigt werden, indem auch auf dieser Ebene der Regler um eine Stufe nach rechts versetzt wird.

Schema 18: Beispiel ›Wer gewinnt den *Clásico*‹

pue la historia **dice que** Bolivar es Faborito, pero?		
also die Geschichte sagt, dass Bolivar Favorit ist, nicht war?		
Funktion		
Urspr. lexik. Bedeutung	+	−
Pragmatisierung	−	+
Form		
Phonet. Reduktion	−	+
Prosod. Integration	2 Einheiten	1 Einheit
Syntaktisches Verhalten	V + Konj	adv. Partikel
	lexikalischer Gebrauch	grammatischer Gebrauch

Das nächste Beispiel des Typs 4 zeigt klare Anzeichen für eine Lesart als *secondhand*-Marker. Jedoch sind diese nicht auf syntaktischer Ebene zu suchen, wo sich *dice que* absolut unauffällig verhält, sondern in den Anzeichen für phonetische Reduktion, der Analyse des Kontextes und der Gesprächssituation.

5.4 Beispiele Typ 4: Syntaktische Konkordanz und Diskursstrukturierung

5.4.1 Beispiel ›Scheibenschießen‹

In diesem Beispiel sprechen zwei Aspekte für eine Lesart von *dice que*, die deutlich über die SAGEN-Semantik hinausgeht. Zum einen sprechen die prosodische Gewichtung jeweils auf dem Verb, das dem *string* folgt, und die beobachtbaren Anzeichen für phonetische Reduktion für diese Lesart, zum anderen fungiert *dice que* hier auch textstrukturierend als Ankerpunkt zum Anschluss der rhematischen Information.

Der Sprecher (zum Zeitpunkt des Interviews knapp sechzig Jahre alt) war in seiner Jugend sportlich gesehen ein Tausendsassa. Vor allem war er ein ausgezeichneter Schwimmer und hatte sich dadurch in der Stadt einen Namen gemacht. Er versuchte sich aber auch in einigen anderen Sportarten, die er nach und nach aufzählt. Eine kurze Zeit lang betätigte er sich zum Beispiel als Sportschütze, wie er im folgenden Ausschnitt berichtet – eine Sportart, für die ihm das Talent schon in die Wiege gelegt wurde.

```
01      WiZ:    fui a practicar el
02              tiro al blanco (--)
03              una disciplina que nunca la: la hice
04              (.)
05      StP:    hmh
06              (--)
07      WiZ:    y: bueno siempre he tenido muy buena puntería (--)
→ 08            LA maMÁ de mi mamá dice que era bárbara para
                disparar (---)
→ 09            dice que (ponía) una tarjeta sobre una:
10              sobre una botella/
11              (.)
12      StP:    mhmh
13              (.)
14      WiZ:    se daba la vuelta sacaba su: su revólver (-)
15              y disparaba y hacía volar solamente la tarjeta y no
                le cogía a la: (-)
16              a la botella
17              (.)
```

```
18   StP:    ((lacht))
19   WiZ:    (es) impresionante (este)
20   StP:    sí:
21           (-)
22   WiZ:    entonces todos me decían TÚ has sacado la puntería
             de tu abuela
23           (.)
24   StP:    ((lacht))
25           (-)
26   WiZ:    tienes muy buena puntería y como QUE/
27           siempre he tenido buena puntería
28           (.)
29   StP:    sí
30           (.)
31   WiZ:    entonces
32           m:h (-)
33           porque tenía buena puntería me llevaron a hacer eh
34           tiro deportivo
```

Die Problematik bei der Feststellbarkeit und Messbarkeit von beginnenden Grammatikalisierungsprozessen in Korpora, insbesondere für gesprochensprachliche Phänomene, zeigt sich in dem hier vorliegenden Ausschnitt besonders deutlich. Seine Klassifizierung als Beispiel des Typs 4 muss in erster Linie auf die Prosodie der Intonationsphrase gestützt werden und wäre somit ohne die zur Verfügung stehenden Sprachaufnahmen nicht denkbar. Die Transkription allein liefert zunächst kaum Hinweise auf eine Weiterentwicklung des *string* weg vom *verbum dicendi* plus *que* hin zum Evidentialitätsmarker. Eine Subjektkonkordanz ist scheinbar eindeutig vorhanden, die prototypische ›er sagt, dass‹-Lesart verursacht im unmittelbaren Kontext keine Dissonanzen. Auch die logische Kohärenz der Erzählung über den hier abgedruckten Ausschnitt hinaus liefert wenige Anhaltspunkte, die gegen die prototypische Lesart sprechen. Als ältester Sohn einer sehr jungen Mutter ist anzunehmen, dass *WiZ* seine Großmutter noch kannte. Sie kann ihm also tatsächlich von ihren Kunstschüssen berichtet haben.

Ein Indiz, das allerdings gegen die *verbum dicendi*-Lesart spricht, ist der ungewöhnliche *topic shift* von Zeile 07 auf Zeile 08 in Kombination mit dem damit verbundenen Tempuswechsel.

Während *WiZ* in Zeilen 01-07 erzählt, dass er nach seiner Schwimmkarriere auch zum Sportschießen ging, wechselt er nach kurzem Innehalten (Pause am Ende von Zeile 07) zu den Schusskünsten seiner Großmutter. Ungewöhnlich erscheint dies besonders deshalb, da er dazu vom Perfekt (Zeile 07: *siempre **he tenido** buena puntería*) ins Präsens (Zeile 08: *la mamá de mi mamá*

***dice** que*) zu wechseln scheint. Ein solcher Wechsel wäre dadurch erklärbar, dass die Großmutter noch am Leben ist und immer wieder erzählt, dass sie eine hervorragende Schützin war[10], dies ist aber nicht der Fall, da die Großmutter bereits sehr jung verstorben ist.[11] Alternativ könnte es sich um ein historisches Präsens handeln. Ein solches müsste jedoch bereits durch den vorhergehenden Kontext (z.B. das Erzählen von weiteren Erlebnissen und Taten der Großmutter) oder durch typische Einleitungsstrategien animierter Redewiedergabe[12] eingeführt worden sein, was nicht der Fall ist. Liest man die beiden Vorkommen von *dice que* jedoch als HÖRENSAGEN-Marker,[13] was von einer auf formaler Seite zumindest ansatzweise vorhandenen phonetischen Reduktion unterstützt wird (in Zeile 09 stärker als in Zeile 08), lösen sich die Ungereimtheiten in der Tempusfolge und in der Textkohärenz auf.[14]

Stärkste Indizien für die Funktion von *dice que* als Evidentialitätsmarker in den Zeilen 08 und 09 sind die bereits erwähnte prosodische Gewichtung der Intonationsphrase und die phonetische Reduktion. Die Intonationsphrase wird deutlich stärker auf dem jeweils nachfolgenden Verb gewichtet (in Zeile 08 auf dem Hilfsverb *era*, in Zeile 09 auf dem folgenden Verb *ponía* und dem folgenden unbestimmten Artikel *una*), nicht wie eher zu erwarten auf dem *verbum dicendi*.

Die jeweiligen Intensitätskurven des entsprechenden Tonausschnitts veranschaulichen dies (schwarzer Graph). Die erste Grafik zeigt den Intensitätsverlauf der Zeile 08 mit dem markierten Ausschnitt *dice que*. Dabei kann man einen abfallenden Intensitätsverlauf bis hin zu *que* beobachten und einen anschließenden Anstieg beginnend mit dem Vokal, der gleich mit in den Anfangsvokal des Hilfsverbs *era* hineinverschleift wird. Die Verschleifung zeigt sich durch den leichten Intensitätsabfall am Schluss der Markierung. Es folgt ein starker Anstieg für *era* und ein noch stärkerer Intensitätsausschlag für den Fokusakzent auf *bárbara*.

---

[10] Damit würde ein weiteres Mal die Beobachtung, dass die bolivianische Varietät als Aspektsprache gelten kann (siehe Pfänder et al. 2009), zutreffen.

[11] Diese Information gibt die Mutter des Sprechers in einem anderen Interview. Nachzulesen ist dies in der Korpuspublikation Dankel & Pagel (2012: 29).

[12] Typische Einleitungsstrategien animierter Redewiedergabe sind nachzulesen in der Arbeit von Oliver Ehmer (2011: 78-84).

[13] Mit dem Hintergrundwissen ausgestattet, dass die Großmutter von *WiZ* bereits mit 28 Jahren verstorben ist, ist es sehr plausibel, dass *WiZ* die Kunstschüsse seiner Großmutter nur aus den Erzählungen seiner Eltern und Verwandten kennt, und nicht selbst erlebt hat (siehe Dankel & Pagel 2012: 29).

[14] Es handelt sich hierbei um eine vorgezogene Erklärung (Zeile 08 bis Zeile 21) für das herausragende Talent des Erzählers für das Schießen.

Schema 19: Spektrogramm und Intensitätsverlauf: »*dice que era bárbara*«

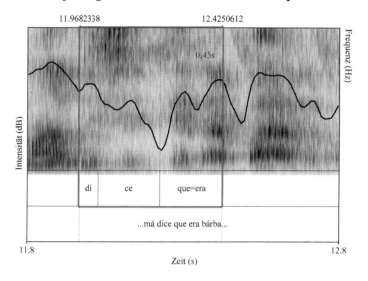

Die zweite Grafik zeigt den Intensitätsverlauf der Zeile 09 mit dem markierten Ausschnitt *dice que*. Auch hier ist ein deutlicher Anstieg mit der anschließenden Artikulation von *ponía una* zu beobachten.

Schema 20: Spektrogramm und Intensitätsverlauf: »*dice que (ponía= una)*«

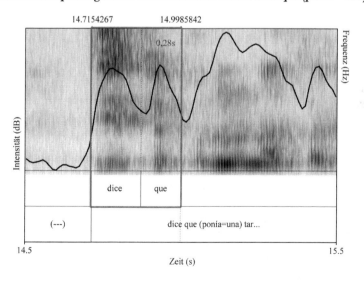

An den beiden graphisch dargestellten Intensitätsverläufen für die beiden Vorkommen von *dice que* in den Zeilen 08 und 09 lässt sich fernerhin phonetische Reduktion ablesen. Sichtbar ist dies an der Verschmelzung der beiden Silben in *dice* durch die verkürzte Aussprachezeit bei gleicher Sprechgeschwindigkeit und dem Verfall der Formanten, wie sie im Spektrogramm zu erkennen sind.

In der zweiten Grafik ist *dice que* (Zeile 09) deutlich kürzer artikuliert, zum anderen zeigen die markierten Ausschnitte (jeweils der Intensitätsverlauf von *dice que*), dass sich die Intensitätsausschläge bevorzugt auf die Artikulation der Vokale legen und in Zeile 09 nur noch zwei deutliche Ausschläge zu sehen sind, der für das *i* in *dice* und der für das *e* in *que*. Beide Beobachtungen werden vom Spektrogramm bestätigt, in dem die Formanten der beiden Vokale in *dice* zusammenfallen. In Zeile 08 hingegen lässt sich ein deutlicher Ausschlag auch auf dem *e* von *dice* erkennen. Dieses wurde also bei der Wiederholung in Zeile 09 reduziert.

Der textstrukturierende Gebrauch von *dice que* in diesem Ausschnitt als Ankerpunkt für den Anschluss der rhematischen Information[15] unterstützt die hier getätigte Analyse des *string* in Verwendung eines Markers. Dies ist insbesondere deshalb erwähnenswert, weil hier beide Elemente des *strings* gemeinsam den Ankerpunkt bilden (vgl. Beispiel 5.4.4).

Gerade weil sich *dice que* in diesem Ausschnitt syntaktisch absolut unauffällig verhält, dennoch klare Anzeichen von Reduktion vorhanden sind und durch die Analyse von Kontext und Gesprächssituation von einer klaren *secondhand*-Lesart ausgegangen werden kann, lässt sich in diesem Fall also gut das Emergieren der Form als Evidentialitätsmarker aus ambigen Kontexten heraus nachvollziehen.

Für das Visualisierungsschema hat dies zur Folge, dass der Regler auf der obersten Ebene nun weit nach rechts verschoben werden muss, da die *secondhand*-Lesart sowohl aus dem Kontext klar hervorgeht, als auch von der Prosodie und der phonetischen Realisierung unterstützt wird. Vor allem in Bezug auf die phonetische Reduktion macht der Regler einen Schritt nach rechts, wie die Analysen des Spektrogramms und der Intensität zeigen. Die Ankerfunktion von *dice que* zur Diskursstrukturierung führt bei der Ver-

---

[15] In Zeile 08 stellt *dice que* die zunächst generell gehaltene rhematische Information heraus, dass die Großmutter des Sprechers eine gute Schützin war. In Zeile 09 wird *dice que* wieder aufgenommen, um über den Skopus der Form ein weiteres Rhema anzuschließen, das in direktem Zusammenhang mit der oben gegebenen Information steht; es erläutert nämlich die oben getätigte generelle Aussage. Diese unmittelbare Verbindung wird durch die Einleitung mit demselben Marker vom Sprecher angezeigt.

schiebung des Reglers auf der Ebene der Syntax schon zu einem sehr weiten Vorrücken, obwohl sich *dice que* an der syntaktischen Oberfläche eher wie ein Verb + Konjunktion verhält. Die Verwendung beider Elemente des *strings* als Ankerpunkt, weist dennoch stark darauf hin, dass dieser als Einheit prozessiert wird.

Schema 21: ›Scheibenschießen‹

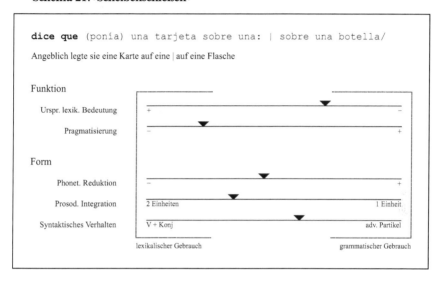

Während in diesem Beispiel die Lesart des *strings* als Typ 4 anhand phonetischer Reduktion und seinem diskursstrukturierenden Verhalten festgemacht werden konnte, wird diese Lesart im folgenden Beispiel vor allem über das auffällige syntaktische Verhalten deutlich. Zum einen fehlt ein syntaktisches Subjekt, zum anderen kann *dice que* im Rahmen einer Retraktion als eher nicht verbales syntaktisches Element identifiziert werden. Auf prosodischer und phonetischer Ebene ist aber keine Verschmelzung festzustellen.

5.4.2 Beispiel ›Das Spray‹

Auch dieses Beispiel enthält klare Hinweise auf den Gebrauch von *dice que* als HÖRENSAGEN-Marker, auch wenn in Bezug auf prosodische Integration und phonetische Reduktion die im vorherigen Beispiel gemachten Beobachtungen zur Verschmelzung der Elemente des *strings* zu einer Einheit hier nicht feststellbar sind. Die eindeutigen Signale für eine Lesart, die von der

SAGEN-Semantik abweicht, sind diesmal im syntaktischen Verhalten von *dice que* zu finden. Zum einen fehlt sowohl ein syntaktisches Subjekt, als auch ein Element im Kontext, das für das Nullsubjekt als Referent dienen könnte. Außerdem folgt auf die *TCU* mit *dice que* eine Retraktion, die syntaktische Muster der *TCU* beibehält, aber den *string* durch eine modal gebrauchte Präpositionalphrase ersetzt. Dies deutet auf eine Prozessierung von *dice que* als eine nicht verbal gebrauchte Einheit hin.

In diesem Gesprächsauszug erzählt *G* davon, dass ihr trotz der Tatsache, dass zwei aufmerksame Hunde ihr Haus bewachen, zwei Fahrräder gestohlen wurden. *M* erklärt, dass dies wohl deshalb möglich war, weil ein Betäubungsspray gegen die Hunde verwendet sein worden muss, von so einem Spray weiß sie nämlich zu berichten.

```
   01   GdlZ:   y los perros no han laDRADO;
   02           (-)
   03   StP:    hm
   04           (--)
   05   GdlZ:   y MIra que cuando tú=has entrado han=empezado a:::
   06           (-)
   07   StP:    cla::ro
   08   GdlZ:   n[o/ ]
   09   StP:       [los] PERRos son in[ocentes tambié]n [(no/) ]
   10   GdlZ:                         [a molest' no  ]
   11   MdlZ:                                         [no: lo] que
→             [pasa es] que ahora dice que hay (.) un esprAY/ (--)
   12   StP:    [claro. ]
   13   MdlZ:   buENO
→ 14           (que) con toda=(la)=seguridad que hay=el espray porque=en
                la cas' el
   15           en: la casa del Alfredo el Alfredo había comprADO.
   16   StP:    h[m:]
   17   MdlZ:    [es]e=esprAy
```

Fehlen im vorherigen Beispiel noch eindeutige syntaktische Hinweise für den Wandel von *dice que* von einer Wortverbindung hin zu einer eigenständigen sprachlichen Einheit, so mehren sich die Anzeichen für eine solche Entwicklung im hier vorliegenden Gesprächsausschnitt.

Es sind hier wieder zwei voneinander unabhängige prosodische Projekte und keine phonetische Reduktion festzustellen. Auch semantisch lässt sich nach wie vor auf das *verbum dicendi* plus Konjunktion schließen. Die Argumentation für einen Gebrauch in diesem Sinne fällt dennoch, besonders unter Berücksichtigung der syntaktischen Einbettung, schwer. Gegen eine ursprünglich-lexikalische Lesart spricht einerseits die fehlende Subjektkonkordanz, die in diesem Beispiel deutlich auffällt (sowohl syntaktisch als auch pragmatisch). Einen weiteren starken Hinweis auf die Dominanz einer HÖRENSAGEN-Semantik liefert der nachfolgende Kontext der Wortverbindung. Die Sprecherin scheint dort eine Opposition zwischen *dice que* und *con toda la seguridad que* zu eröffnen. Beide Konstruktionen scheinen in diesem Kontext geradezu reziprok zu funktionieren, dahingehend dass erstere auf ein Gerücht referiert, letztere hingegen die Bestätigung des Sachverhaltes einläutet. Dies zeigt sich auch im syntaktischen Projekt selbst, in dem *MdlZ* mit einer vollständigen Retraktion[16] operiert. Dies sei im Folgenden veranschaulicht:

Schema 22: *Dice que* als einzelner *slot* in einer Retraktionsschablone

lo] que				
	[pasa es] que	ahora	**dice que**	hay (.) un esprAY/
buENO				
	(que)		**con toda=(la)=seguridad que**	hay=el espray

MdlZ wählt für ihre Selbstkorrektur genau dasselbe, noch latente syntaktische Muster wie für die Aussage, die korrigiert werden soll. Sie retrahiert zurück zum Ankerpunkt – der Konjunktion *que*, die der projizierende Bestandteil der Prozessprojektionskonstruktion *lo que pasa es que* ist. Vom Ankerpunkt aus wird das syntaktische Muster an dem *slot* abgewandelt, der die fokussierte VP *(hay un espray)* modifiziert. Dadurch wird die gewünschte Korrektur der zu kommunizierenden Information von der Klassifizierung HÖRENSAGEN zur Klassifizierung BEZEUGT bewirkt. In diesem Fall wird also *dice que* durch eine Präpositionalphrase ersetzt. Somit besteht neben der fehlenden syntaktischen Subjektkonkordanz ein weiteres starkes Indiz dafür, dass es sich im vorliegenden Beispiel nicht um eine Verbalphrase plus Konjunktion handelt.

Ein zweiter Hinweis im Folgekontext schließt einen Zusammenhang dieser Opposition mit der SAGEN-Semantik endgültig aus. Die Sprecherin ist sich der Existenz des Sprays nicht deshalb sicher, weil es ihr Bruder (Alfredo) ihr gesagt hat, sondern weil er es gekauft hat.[17] Sie scheint es schon bei ihm gesehen zu haben, hat also visuelle Evidenz für die Existenz des Sprays. Darauf deutet auch die auffällig lange Pause am Ende des *turns* in Zeile 11 hin, die auf ein Reflektieren der Sprecherin über das soeben von ihr Gesagte hin-

---

[16] Zu Retraktionen als Ressource in gesprochener Syntax siehe z.B. Auer & Pfänder (2007).
[17] Es besteht im Folgekontext also keine Verbindung zu einer möglichen SAGEN-Konstruktion im Sinne von ›Man sagt,... nein ich bin mir sicher, weil Alfredo sagt, dass...‹.

weist, sowie die anschließende Selbstkorrektur, der eine ganz andere Stimmqualität wie in der vorhergehenden Aussage zugrunde liegt, so als würde die Sprecherin sich selbst mit der Stimme einer anderen Person antworten. Die Etablierung dieser konzessiven Struktur durch die Sprecherin deutet also darauf hin, dass *dice que* in diesem Beispiel die HÖRENSAGEN-Bedeutung bereits voll ausschöpft.

Für das Schema hat dies folgende Konsequenzen: die semantische Einordnung als HÖRENSAGEN-Marker führt zur selben Positionierung des Reglers wie im vorherigen Beispiel. Die Regler für die Pragmatisierung, die phonetische Reduktion und die prosodische Integration verharren mangels klarer Indizien für eine Weiterentwicklung auf der linken Seite. Das aus der Analyse ersichtliche syntaktische Verhalten ändert sich jedoch stark in Richtung einer Partikel, sodass eine weitere Verschiebung des Reglers dieser Ebene nach rechts erfolgt.

Schema 23: ›Das Spray‹

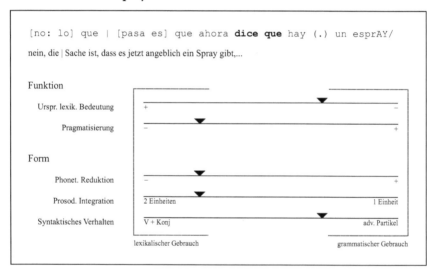

Im nächsten Beispiel fallen die Beobachtungen aus den beiden vorherigen Analysen in einem Beispiel zusammen. Zusätzlich zum Fehlen eines möglichen syntaktischen und pragmatischen Subjekts sind klare Anzeichen von phonetischer Reduktion zu erkennen.

5.4.3 Beispiel ›Rosel‹

Für das Beispiel ›Rosel‹ kann eine Entwicklung auf der Ebene des syntaktischen Verhaltens festgestellt werden. Mögliche syntaktische und pragmatische Subjekte können nicht festgestellt werden. Weitere eindeutige Signale wie im vorherigen Beispiel sind nicht vorhanden. Jedoch finden sich Anzeichen auf prosodischer und phonetischer Ebene. Insgesamt ergibt sich so ein sehr eindeutiges Bild als Vorkommen des Typs 4.

> Die Erzählerin berichtet von einem Mord, der zu Zeiten ihres Urgroßvaters im Viertel geschah. Sie schildert, wie die Polizei auf der Suche nach dem Mörder schließlich auf einem der Plätze der Stadt fündig wird.

```
   01    A:     lo cogieron a Rosel que había estado dando vueltas a=la
                plaza (.)
   02           en una retreta (-)
   03           en la retreta es=eh
   04           °h (con t') hay músicos tocan l' no/
   05           (más o [meno]s)
   06    S:            [sí  ]
   07    A:     (que da:) la vuelta paseando (-)
➔  08           (dice=que ; dizque) estaba con su bastón/
```

Während in Beispiel ›Das Spray‹ noch von zwei verschiedenen prosodischen Projekten die Rede ist und kaum phonetische Reduktion zu erkennen ist, mehren sich in Beispielen wie dem Ausschnitt ›Rosel‹ die Anzeichen für eine Entwicklung von *dice que* von einer Wortverbindung hin zu einer eigenständigen sprachlichen Einheit. Die Form entwickelt den Charakter eines eigenständigen prosodischen Projektes. Eine phonetische Reduktion ist im Ansatz deutlich festzustellen, auch wenn die ursprünglichen Komponenten noch hörbar sind. Auch hier sind Verluste in der lexikalischen Semantik erkennbar. Die SAGEN-Semantik ist zwar noch rekonstruierbar für den Sprecher, sie tritt aber zu Gunsten einer HÖRENSAGEN-Interpretation, die von der Pragmatik nun deutlich in die Semantik drängt, in den Hintergrund. Unterstützt wird die pragmatische Interpretation von der syntaktischen Einbettung. Zwar ist *dice* und *que* noch immer als Kopf der VP eines Matrixsatzes plus Komplement interpretierbar, die zueinander in syntaktischer Relation stehen, jedoch ist keine Konkordanzherstellung zu den im Kontext in Frage kommenden Subjekten möglich. Auffällig ist ebenso, dass die der Konjunktion folgende VP weder semantisch noch syntaktisch auf *dice que* angewiesen ist. Sie kann im Kontext auch alleine stehen. Dies kann als weiterer Hinweis auf eine Entwicklung von *dice que* hin zum eigenständigen Evidentialitäsmarker gesehen werden und unterstützt die semantische Interpretation des *strings* als HÖRENSAGEN-Markierung der folgenden VP. Für die schematische Darstellung ist also Folgendes festzuhalten: Auf der Ebene der lexikalischen Semantik entspricht die Position des Reglers der des vorhergehenden Beispiels. Von mehr Pragmatisierung kann auch nicht gesprochen werden. Auf den Ebenen von prosodischer Einbettung und phonetischer Reduktion jedoch sind deutliche Unterschiede erkennbar. Dies wird an den Reglerpositionen deutlich, die für dieses Beispiel noch ein Stück weiter nach rechts wandern als im ersten Beispiel des Typs 4 (Kapitel 5.4.1). Das syntaktische Verhalten von *dice que* in diesem Beispiel ist aufgrund der fehlenden syntaktischen und pragmatischen Subjektkonkordanz ähnlich einzuordnen wie im vorherigen Beispiel. Der Regler wird aber wieder eine Stufe zurückversetzt, da die Einbettung als Partikel statt als Verb aufgrund fehlender weiterer Indizien nicht so klar ausfällt, wie es im vorherigen Fall durch den zusätzlichen Faktor der Einbettung in die Retraktion zu Tage tritt.

Schema 24: ›Rosel‹

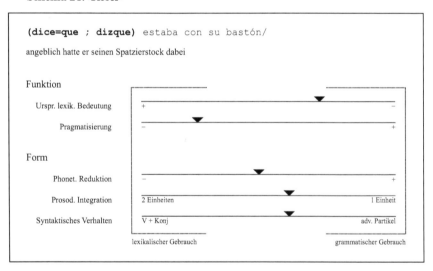

Im nächsten Beispiel sticht wieder verstärkt das syntaktische Verhalten von *dice que* hervor, das in dem Fall einerseits stärker in Richtung einer Partikel tendiert, aber im nächsten Augenblick mit der inkrementell fortschreitenden Entwicklung des syntaktischen Projektes wieder kombinatorisch aufgebrochen wird. Auf semantischer und pragmatischer Ebene zeigt sich ein unabhängiges Verhältnis von HÖRENSAGEN-Markierung und epistemischer Modalität im Kontext. Somit verhält sich das nächste Beispiel auf den Ebenen Semantik und Syntax in Bezug auf die Reglerstellung zwar ähnlich, aber nicht gleich wie das gerade analysierte Beispiel. In Bezug auf die Pragmatisierung wird es im Vergleich etwas ausgebaut, die prosodischen und phonetischen Entwicklungen werden aber wieder zurückgefahren.

5.4.4 Beispiel ›Allein in der Teufelsgasse‹

Es rücken in diesem Beispiel zwei Aspekte in den Vordergrund, die das Vorkommen des Typs 4 häufig kennzeichnen. Zum Ersten ist dies die Funktion des *strings* als offene Form, die besonders in den bolivianischen Beispielen zu Tage tritt. In diesem Fall funktioniert *dice que* zunächst als Element, das eher als eine Pratikel betrachtet werden kann, durch eine Retraktion in der Folgesequenz erhält der *string* aber wieder eine stärker kombinatorische Lesart. Zum Zweiten kristallisiert sich in diesem Beispiel zwar ein enger Bezug zwischen Evidentialität und epistemischer Modalität heraus, jedoch stehen diese in einem unabhängigen Verhältnis zueinander. Die Semantik von *dice que* bleibt rein evidential, epistemische Modaliät wird im Kontext etabliert.

Wer in der *Pasaje del Diablo* (Teufelsgasse) in Cochabamba wohnt, tut gut daran einige Dinge zu beachten, wenn er nachts vor die Tür oder in den Innenhof geht. Dies sollte man am besten nicht alleine tun, und wenn doch, dann sollte man singen oder pfeifen und das Licht sollte angeschaltet sein, um die bösen Mächte, die dort hausen, zu verscheuchen. Die Erzählerin berichtet von einer Nacht, in der sie diese Maßnahmen versehentlich missachtete.

```
     01      E:      porque alguna vez me ha pasado (-)
     02              salgo así de golpe al patio (--)
     03              y es como una electricidad
     04              que me viene de los pies hacia arriba y UN frío/ (---)
     05              que me quedo tiesa
     06              entonces (-)
  →  07              y eso dice que a veces (---)
     08              no SÉ (.)
     09              <<all> que ha:y almas
     10              que qué sé yo
     11              entonces> (-)
     12              es ese golpe/ (.)
     13              que te viene en el cuerpo (.)
     14              (entonces) SIEMpre (-)
     15              a:h salimos (.)
```

137

```
16          silbando:
17          cantando: (-)
18          o tenemos la luz prendida
```

In diesem Ausschnitt erzählt *E* über eine ihrer eigenen Erfahrungen in der Teufelsgasse. Sie berichtet aus der Ich-Perspektive und sie nennt keine weiteren Personen, die an dem Ereignis beteiligt sind. Für *dice que* in Zeile 07 bedeutet dies, dass der Kontext ein mögliches konkordantes Subjekt, das es erlauben würde, hier eine VP anzunehmen, sperrt. Es kann also eindeutig von einer Funktion als Evidentialitätsmarker für *dice que* in Zeile 07 ausgegangen werden. Auf der prosodischen und phonetischen Ebene liegt das hier vorliegende Beispiel aber noch näher an seiner ursprünglichen Artikulationsform, wodurch auch Teile der lexikalischen Semantik noch zurückverfolgbar bleiben. Eine rein semantische Interpretation führt jedoch zu einem Bruch in der Textkohäsion und ist somit nicht mehr möglich. Beobachtenswert in Bezug auf das Verhältnis von Faktizität und Evidentialität ist in Kombination mit der Etablierung des Evidentialitätsmarkers in Zeile 07 der Abbruch der modifizierten Proposition in Zeile 08.

Was *E* bekannt ist, ist das seltsame Gefühl, das ihr in den Körper stieg, als sie unvorbereitet in den Innenhof ging (Zeilen 02-05). An eine Erklärung für dieses Phänomen glaubt sie sich aus dem Hörensagen heraus zu erinnern und setzt auch dazu an (Zeile 07). Am Ende der Zeile (eine Pause) nimmt sie sich Zeit, die Erinnerung hervorzuholen, muss dann aber zunächst ein Scheitern dieses Versuchs artikulieren (Zeile 08: *no sé*). Nach einer kurzen Pause führt sie dann doch ein Versatzstück an, an das sie sich erinnert (Zeile 09). Sie muss sich aber in Zeile 10 endgültig eingestehen, dass sie sich an die Erklärung nicht mehr erinnern *(que qué sé yo)*. Die Prosodie und die Pragmatik besonders der Zeilen 09-13 (z.B. die Wahl des pragmatisch stark aufgeladenen *que sé yo* anstatt einer stärker lexikalischen Phrase wie beispielsweise *no me acuerdo ahora)*, die sie als Folge des Abbruchs der Erklärung wählt, klassifizieren diese angedeutete Erklärung als im Nachhinein unwichtige Information. In den Zeilen 11-13 wird deshalb das Gefühl, das sie empfand, noch einmal verstärkt hervorgehoben, bevor sie mit der eigentlichen Erkenntnis, die sie kommunizieren will und die sie bereits in Zeilen 06 und 11 mit *entonces* einleiten wollte, abschließt (sie geht stets singend, pfeifend oder mit Beleuchtung nach draußen aufgrund dieser Erfahrung, Zeile 14). Die Opposition von *dice que* und den in den Zeilen 08 und 10 vorkommenden *no sé* und *que sé yo* zeigt, dass zwischen der Faktizität der von *E* angestrebten Erklärung für das komische Gefühl, das ihr ins Mark dringt, und der indirekten Evidentialität dieser Erklärung (*dice que* in der Funktion eines HÖRENSAGEN-Markers) kein Widerspruch zu bestehen scheint. E erinnert sich nicht genau an die Erklärung – irgendetwas mit Seelen (Zeile 09: *que hay almas*). Die unsichere Faktizitätslage kommt aber ungewollt zustande. Sie ist nicht in der Verwendung des Evidentialitätsmarkers angelegt – ganz im Gegenteil. Dies deutet darauf hin, dass zumindest in den Vorkommen des Typ 4 des beginnenden Grammatikalisierungsprozesses von *dice que* zu *dizque* die primäre, sich neu entwickelte Semantik rein evidential ist. Eine Verschmelzung mit epistemisch-modalen Lesarten scheint also erst in einem zweiten Schritt stattzufinden, der für das Bolivianische nur in Internetforen dokumentiert ist, und in diesem Fall eher eine neue, unabhängige Entwicklung zu sein scheint, die an spezifische Genres der Internetsprache gebunden ist.[18]

Syntaktisch ist zu Beobachten, dass das Element *que* des *strings* aus Zeile 07 in den Zeilen 09 und 10 als Ankerpunkt wieder aufgenommen wird. Diese Strategie ist der Zeitlichkeit der gesprochenen Sprache geschuldet, in der Gesagtes irreversibel ist (Auer 2000: 45f.). Durch die Denkpause, die E am Ende von Zeile 07 einlegt, und ihre Feststellung *no sé* in Zeile 08, wird der Skopus von *dice que* gebrochen und kann für die Fortführung ihrer geplanten Erklärung aus dem Hörensagen für ihr Erstarren beim Schritt in den Innenhof (Zeilen 01-05) nicht ohne Weiters wieder aufgenommen werden. Eine Strategie, mit der das möglich ist, ist die Retraktion: mit der Wiederaufnahme von *que* als Ankerpunkt (ähnlich wie im Beispiel in Kapitel 5.4.2) kann in den Zeilen 09 und 10 also nicht nur die Erklärung, sondern auch die Markierung als HÖRENSAGEN wieder aufgenommen werden. Der Skopus von *dice que* kann so also im Nachhhinein noch einmal neu gesetzt werden. Dies hat zwei Konsequenzen für die Weiterentwicklung der Form *dice que*. Erstens bedeutet dies, dass für dieses Beispiel klar von einem getrennten Auftreten der beiden Elemente *dice* und *que* ausgegangen werden muss. Syntaktisch verhält sich *dice que* in diesem Beispiel also weniger stark als Einheit, als dies in Kapitel 5.4.1 der Fall ist, wo der *string* auf ähnliche Weise diskursstrukturierend gebraucht wird.

---

[18] Die Analyse dieser Entwicklung wurde in den Rahmen dieser Arbeit nicht mehr integriert. Sie verdient als unabhängiges Phänomen und auch aufgrund der großen Datenmenge (ebenso aus den drei hier untersuchten Varietäten), die im schon erwähnten Rom-Web Projekt von Stefan Pfänder und Kollegen zur Verfügung steht, eine ausführliche Betrachtung, die in der nötigen Ausführlichkeit den Rahmen dieser Arbeit zu stark ausdehnen würde. Dem kann im Rahmen mehrerer Folgepublikationen, die Teil des Rom-Web-Projektes sein können, am besten Rechnung getragen werden.

Zweitens liefert dieser Gebrauch von *que* als Ankerpunkt ein Indiz dafür, warum sich gerade die Kombination aus *dice* und *que* so erfolgreich zum univerbierten Marker herausbildet. Die Eigenschaft des Komplementierers *que* als Anknüpfungspunkt zum inkrementellen Anschluss syntaktischer Projekte scheint eine hervorragende Ergänzung zum semantischen Potential von *decir* zu sein, da Folgendes zu Beobachten ist. Evidentialität wird von den Sprechern in der Regel für ganze Propositionen markiert (Skopus auf Satzebene), geht aber auch nicht darüber hinaus. Die Ausdehnung der Modifiaktion durch einen Evidentialitätsmarker muss also eindeutig sein. Im Quechua ist dies wenig problematisch, da über die finale Stellung des Verbs die Proposition klar markiert ist und die Evidentialitätsmarker in der Regel an diese finale Stellung angefügt werden. Im Spanischen hingegen ist diese Eingrenzung durch die Wortstellung, insbesondere durch das Verb, nicht so eindeutig, aber durch das Setzen einer subordinierenden Konjunktion wie *que* lässt sich eine Proposition gut delimitieren und somit auch der modifizierende Skopus eines Evidentialitätsmarkers eindeutig setzen.

Auch zu diesem Beispiel wird wieder ein verbildlichendes Schema vorgeschlagen. Darauf sind die Regler so positioniert, dass sich auf semantischer Ebene die HÖRENSAGEN-Lesart deutlich widerspiegelt. Durch die Spannung aus *dice que* (Zeile 07) und den epistemischen Äußerungen *no sé* (Zeile 08) und *qué sé yo* (Zeile 10) gilt es auch, den Regler für die Pragmatisierungsebene etwas weiterzurücken, wie in den Beispielen zuvor, da durch die starke epistemische Ablehnung die Information im Skopus von *dice que* als unwichtig klassifiziert wird. Auf phonetischer und prosodischer Ebene ist eindeutig weniger Veränderung zu beobachten als im vorhergegangenen Beispiel. Syntaktisch verhält sich der *string* einerseits eher als Partikel (klar fehlende Subjektkonkordanz), andererseits als zwei kombinatorisch verknüpfte Einheiten (*que* wird als Ankerpunkt abgetrennt). Der Regler wird deshalb in die Mitte der Skala gesetzt.

Schema 25: ›Allein in der Teufelsgasse‹

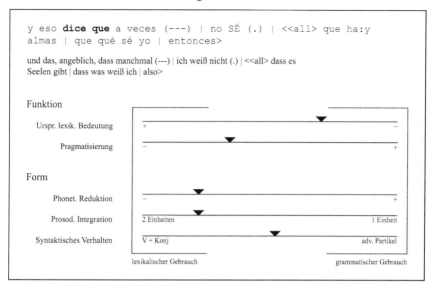

Während sich in diesem Beispiel das syntaktische Verhalten stark verändert hat, sind diesbezüglich im nächsten Beispiel keine Neuerungen feststellbar. Wiederum besteht keine Subjektkonkordanz, weder syntaktisch noch pragmatisch. Für den folgenden Fall interessiert insbesondere die aufwendige diskursive Elaborierung der Distanz zur Erzählung, also die Weiterentwicklung auf der Ebene der Pragmatisierung.

5.4.5 Beispiel ›Nachts um zwölf‹

Die Erzählerin verfolgt in diesem Beispiel das Ziel, durch das als *second-hand*-Marker gebrauchte *dice que* und weitere lexikalische Elemente im Kontext sämtliche zurückverfolgbaren Quellen für ihre Geschichte zu verschleiern, ohne jedoch eine Distanzierung vom Inhalt ihrer Geschichte zu postulieren. Dafür ist eine aufwendige diskursive Ausarbeitung vonnöten, die über das bisher beobachtete soziale Positionierungsverhalten hinausgeht. Beachtenswert ist in diesem Beispiel also die Entwicklung des *strings* in Bezug auf seine Pragmatisierung, wodurch er sich vom vorherigen Vorkommen abhebt.

Als *E* mit ihrer Familie vor vielen Jahren von La Paz nach Cochabamba kam, kaufte ihre Mutter ein Haus in der *Pasaje San Rafael*, in der auf sämtlichen Wänden und Türen Kreuze angebracht oder aufgemalt waren. Die Familie erfuhr schnell, warum dies der Fall war. In der Gasse, so erzählt man sich, geht jede Nacht um Mitternacht der Teufel um. Und, so die Anwohner, es kam auch schon vor, dass eine Person, die um Mitternacht alleine in der Gasse unterwegs war, verschwunden ist. Deshalb wird die Gasse im Volksmund *Pasaje del Diablo* (Teufelsgasse) genannt

```
     01      E:    hemos comprado la casa mi mamá compró (--)
     02            en TOdas las paredes y las puertas (-)
     03            habían unas cruces (.)
     04            pintadas (.)
     05            de NEgro (---)
     06            y las famosas (.)
     07            re' la famosa cruz hecha a base de (retama[19])
     08            (1,55)
     09            entonces (-)
     10            años atrás debe ser unos sesenta ochenta años (.)
     11            TAL vez (-)
     12            ahora ya tiene harta luz
     13            era un callejón (.)
     14            como (recoveco[20]) (.)
     15            tenía uno o dos foquitos que parecían VEla (1,00)
 →   16            dice q' (.)
 →   17            llaman pasaje del diablo porque dice que (.)
     18            durante TOdas las noches (-)
     19            a las doce de la noche (-)
     20            a' se escuchaba un carrUAje (--)
     21            con: (.)
     22            estirado por caballo (---)
     23            y algUNA persona (-)
     24            que estaba doce de la noche por ahí (-)
     25            desaparecía
     26            (1,85)
     27      E:    enTONces (-)
     28            INDIcan (-)
     29            que era (.)
     30            el diABlo en persona que (--)
     31            iba por ahí (.)
     32            porque ahí atrás había un conVENto
```

Wie dieses Beispiel im Vergleich zu den vorherigen Beispielen zeigt, finden sich auch Vorkommen von *dice que*, in denen die Subjektkonkordanz

---

[19] Ginster.
[20] Versteckt/verwinkelt.

nicht ambig ist, sondern eindeutig nicht vorhanden. Das im Matrixsatz in Zeile 17 verwendete Verb *(llaman)* steht in der 3. Pers. Pl. In der Lesart als *verbum dicendi* stünde *dice* im folgenden Komplementsatz in der 3. Pers. Sg. Aufgrund dieser Diskonkordanz kann eindeutig für eine Lesart als Evidentialitätsmarker argumentiert werden.

Auf phonetischer und prosodischer Ebene schlägt sich diese Eindeutigkeit weniger stark nieder. Der *string dice que* ist als zwei eigenständige Projekte hörbar. *Dice* ist in beiden Fällen (Zeilen 16 und 17) vollständig und ohne den Verlust phonetischen Materials wahrnehmbar, genauso *que* in Zeile 17. In Zeile 16 weist der Glottalverschluss auf einen Abbruch von *que* hin. Eine Reduktion aus anderen Gründen kann für dieses Beispiel damit ausgeschlossen werden.

Die noch ausgeprägte phonetische und prosodische Struktur verhindert somit ein deutliches Ausbleichen der lexikalischen Semantik. Durch die syntaktische Diskonkordanz und den Kontext, der eine textkohärente SAGEN-Lesart kaum zulässt,[21] wird die lexikalische Semantik jedoch stark in den Hintergrund gedrängt.

In der pragmatischen Ausgestaltung des Beispiels ist beachtenswert, dass der Evidentialitätsmarker in Zeile 17 nicht in erster Linie seinen Skopus (die Zeilen 18-25) als HÖRENSAGEN markiert und die Sprecherin nicht versucht, über die Kombination von Evidentialitätsmarker, Zeugenketten und Positionierungen die Faktizität ihrer Geschichte abzusichern, wie dies in ähnlichen Vorkommen häufig der Fall ist,[22] sondern die Eigenschaften von *dice que* als HÖRENSAGEN-Marker von der Sprecherin ausgenutzt werden, um in primärer Funktion die Informationsquelle zu ›neutralisieren‹. Das Zeugnis über das Hausen des Teufels in der Gasse soll an keiner spezifischen Person festgemacht werden können, nicht an *E* selbst und nicht an anderen. Die fehlende Faktizitätskonstituierung für die Geschichte durch Zeugenketten und das Spiel mit Positionierung und *facework* wird kompensiert durch die vorweggenommene Etablierung von Indizien, die entweder als direkt

---

[21] Es kann jedoch nicht vollständig ausgeschlossen werden, dass die Mutter der Sprecherin, die in Zeile 01 erwähnt wird, das Subjekt für *dice que* in den Zeilen 16 und 17 ist. Bei einer solchen Interpretation wäre Zeile 16 die versuchte Einleitung einer Geschichte der Mutter, die in Zeile 17 noch einmal unterbrochen wird, um den erweiterten Kontext für den Hörer wieder ins Gedächtnis zu holen (nämlich, dass die Leute die Gasse ›Teufelsgasse‹ nennen) und um dann die Geschichte der Mutter wieder aufzunehmen (eingeleitet mit *dice que* in Zeile 17), die erzählt, wie es zu diesem Namen kam.

[22] Siehe hierzu beispielsweise Kapitel 6.5.4.

bezeugt durch die Sprecherin (Zeilen 02-07) oder als Faktum (Zeile 15)[23] eingeführt werden.

In einem zweiten Schritt verteilt die Sprecherin die Regresspflicht für die Namensgebung der besagten Gasse auf eine unbestimmte Zahl unbekannter Schultern, indem sie in Zeile 17 die 3. Pers. Pl. für das Verb *(llaman)* wählt. Ähnliches tut die Sprecherin in Zeile 28, in der sie mit dem Verb *indican* ganz bewusst betont, dass zum einen eine Vielzahl von Personen an der Interpretation der vorhandenen Indizien (Zeilen 29-31), die zur Namensgebung führen, beteiligt sind, was einerseits Faktizität andeutet, gleichzeitig aber niemand spezifischen in die Verantwortung zieht, und zum anderen noch einmal die Indizienhaftigkeit und damit eine Distanz aller beteiligten Personen zu den Vorkommnissen in der Teufelsgasse hervorhebt. Diese Pluralkonstruktionen bilden eine Art doppelten Boden für den Kern der Geschichte, den Mythos, den *E* in einem dritten Schritt über das deiktische Potential von *dice que* als Evidentialitätsmarker noch eine Stufe weiter von sich und auch der unspezifischen Personenschar, die von den Pluralkonstruktionen adressiert wird, distanziert (Zeilen 17-25). Im Skopus von *dice que* vermeidet die Sprecherin jegliche Spezifizierung von möglichen Beteiligten. Mit der Wahl der unpersönlichen Konstruktion mit *se* + 3. Pers. Sg. in Zeile 20 entsteht ein Kontrast zur Verbform in Zeile 17, der eine weitere Neutralisierung möglicher Subjekte erlaubt.[24] Und auch in Zeile 23 wählt die Sprecherin mit *algUNA* genau den Determinator, der am wenigsten spezifisch ist. Diese aufwendige Elaborierung hat zweierlei Hintergründe:

Zum einen bleibt der Sprecherin durch die Distanzierung des Mythischen eine diskursive Rückzugsmöglichkeit, sollten die Hörer ihre geistige Integrität anzweifeln. Diese Rückzugsmöglichkeit etabliert sie durch die angestrebte Neutralisierung der Informationsquelle bis zu einem bestimmten Grad auch für die unspezifische Pluralität an Personen, von denen sie selbst über die Namensgebung und die Vorgänge in der Teufelsgasse weiß. Man kann also nicht von einer interpersonellen Positionierung der Erzählerin sprechen, sondern einer Positionierung der beteiligten Personen gegenüber der erzählten Geschichte an sich.

---

[23] In Zeile 15 konstruiert *E* die Beleuchtungssituation in der Teufelsgasse als Tatsache, obwohl sie vorher deutlich macht, dass dies früher so war, aber zu ihrer Zeit nicht mehr. Sie zitiert aber auch niemanden, der die Straße tatsächlich so schlecht beleuchtet erlebt hat.

[24] Auffällig ist außerdem, dass in der Geschichte von *E* keiner den Teufel gesehen hat, sondern es nur Zeugen für die Geräusche gibt, die er bei seinen mitternächtlichen Besuchen macht.

Der zweite Hintergrund für eine solche sprachliche Distanzierung ist im Inhalt der Geschichte begründet und geht über das Bedürfnis, sich zu positionieren, hinaus. Sie liegt in der anthropologisch tief verwurzelten Nähe des Mythos zur Sprache, wie sie zum Beispiel von Cassierer (2006 [1944]: 119f.) beschrieben wird. Sprache und Mythos, so Cassierer, basieren beide auf der für den Menschen sehr früh auftretenden, elementaren Erfahrung der sozialen Wirksamkeit des Wortes, die der Mensch auf die Gesamtheit der Natur überträgt. Dadurch erhält das Wort magische Kraft. Natur und Gesellschaft formen in einer solchen Vorstellung ein kohärentes, untrennbares Ganzes.

> [T]he social power of the word, experienced in innumerable cases, becomes a natural and even supernatural force. [...] [T]he world is not a dead or a mute thing; it can hear and understand. (Cassierer 2006 [1944]: 120)

Diese Nähe zwischen Mythos und Sprache ist im Andenraum[25] im kulturellen Alltag stärker verwurzelt als im Alltag des europäischen Kulturraums und somit in der Lebensrealität der Menschen, wenn auch latent, stets präsent.
Somit ist es also für *E* im hier vorliegenden Ausschnitt nicht möglich, die Geschichte über den Teufel, der in der Gasse in Menschengestalt umgeht, direkt als die ihre zu erzählen. Denn das Reden über den Teufel als mythische Gestalt ist nicht risikolos. Dies kommt im Sinne Cassierers einem Herbeirufen gleich und kann der Sprecherin großes Unglück bringen. Man sollte also über solche Ereignisse nicht reden, um nicht weiteres Unglück heraufzubeschwören.
Die aufwendige diskursive Elaborierung der Distanz zur Erzählung und die durch den Evidentialitätsmarker *dice que* eingeleitete ›Neutralisierung‹ und Verschleierung sämtlicher möglicher Zeugen für das nächtliche Schaffen des Teufels in der Gasse dient also insbesondere dem Versuch, die Heraufbeschwörung von Unheil zu vermeiden, ohne jedoch auf das Erzählen der Geschichte verzichten zu müssen.
Für das verwendete Schema zur Veranschaulichung der Grammatikalisierungsparameter für *dice que* nimmt also das pragmatische Gewicht des *strings* deutlich zu, was einen starken Ausschlag des entsprechenden Reglers auf der Skala zur Folge hat. Die syntaktische Einbettung verhält sich ähnlich wie in den Beispielen vorher. Auffällig ist dabei das Fehlen eines möglichen syntaktischen Subjektes und auch pragmatisch ist die Rekonstruktion eines

---

[25] Nachzulesen z.B. in Mannheim (1999), der zeigt, dass Mythen und Legenden ein beständiger Teil von Alltagsdialogen sind und so auch dialogisch weitergegeben werden.

Subjektes abwegig. Der Regler verändert sich hier im Vergleich zu den vorherigen Beispielen nicht. Auch auf semantischer, phonetischer und prosodischer Ebene entsprechen die Reglerpositionen denen des vorhergehenden Beispiels.

Schema 26: ›Nachts um zwölf‹

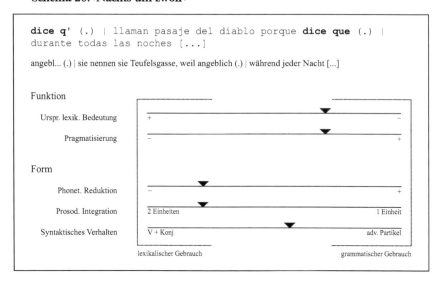

Standen in den Beispielen zu Typ 4 vor allem syntaktische Ambiguitäten im Vordergrund, so rückt bei Typ 5 nun die Pragmatisierung von *dice que* ins Zentrum der Weiterentwicklung des *strings*. Im nächsten Beispiel wird *dice que* gezielt eingesetzt von der Sprecherin, um die kommunikative Regresspflicht von sich wegzuschieben. Ein rein faktischer Grund für eine *secondhand*-Markierung liegt nicht vor, es geht ausschließlich darum, sich auf einer intersubjektiven Ebene zur kommunizierten Assertion zu positionieren und diese durch eine Distanzierung abzuschwächen.

5.5 Beispiele Typ 5: Positionierung

5.5.1 Beispiel ›Morgens auf dem Markt‹

In diesem Beispiel gestaltet sich der HÖRENSAGEN-Marker auf syntaktischer und semantischer Ebene weniger deutlich aus als in den letzten Beispielen.

Jedoch werden die pragmatischen Möglichkeiten des *strings* verstärkt eingesetzt als in den vorherigen Beispielen, die Verwendung von *dice que* hängt dabei nicht am erwarteten Kommunikationsziel, eine indirekt erhaltene Information mitzuteilen, sondern wird von der Sprecherin gezielt dazu eingesetzt, über die Eigenschaft der indirekten Quellenmarkierung sich selbst als Verantwortliche für die kommunizierte Proposition auszuschließen, um ihren Rollen im Gesprächskontext gerecht werden zu können.

Die Stoff- und Kleidungsverkäufer haben sich in den letzten Jahren im Marktviertel von Cochabamba etabliert. Jedoch muss man als Verkäufer früh aufstehen, wenn man gute Geschäfte machen will. Viele Kunden kommen schon sehr früh, da man dann seine Kleidung angeblich zu besonders guten Preisen erstehen kann.

```
01    StP:    más o menos a qué hora emPIEzan
02            a qué hora terMInan
03            (.)
04    Ang:    (por ejemplo en) este mercado
05            salimos a las seis de la mañana
06            seis y media siete (.)
07            haga o no haga frío (así temprano)
08            para armar (toditos)
09            (-)
10    StP:    y[a]
11    Ang:     [p]orque la gente ya sabe
12            la gente ya concoce este mercado y? (.)
→ 13          dice que=el: °h
14            en la mañana venden barato (y así viene)
15            toda la gente en la mañana(h) [jija]
16    StP:                                  [jeje]je
```

Wie u.a. in den Beispielen ›*Quichua sprechen*‹, ›*Unter Drogen*‹ und ›*Allein in der Teufelsgasse*‹ bereits eingeführt, verwenden die Sprecher Evidentialitätsmarkierungen nicht notwendigerweise mit dem Kommunikationsziel, die Informationsquelle zu markieren, sondern nutzen Quellenmarkierungen gezielt, um sich selbst und andere zur kommunizierten Proposition zu positionieren. In den Beispielen des Typs 5 fungiert *dice que* als Marker für solche Positionierungen.

So auch in dem hier vorliegenden Bespiel. *Dice que* (Zeile 13) wird als HÖRENSAGEN-Marker verwendet, ohne dass eine solche Markierung aus rein informationslogischer Perspektive notwendig erscheint.

Die Sprecherin *(Ang)* ist eigentlich Pharmaziestudentin, hilft aber bei jeder Gelegenheit am Verkaufsstand der Familie mit. Sie ist demzufolge bestens über die Preisentwicklung im Marktviertel und die Festlegung von Stunden-, Tages- und Wochenpreisen für die zu verkaufende Kleidung informiert. Sie weiß aus erster Hand, wann der beste Zeitpunkt für die Kunden ist, ein Kleidungsstück günstig zu erwerben, und könnte dies in Zeile 14 auch als Information aus erster Hand kommunizieren. Dennoch wählt sie mit *dice que* in Zeile 13 den Marker für HÖRENSAGEN, um zu erzählen, dass die Händler morgens billiger verkaufen.

Der Grund dafür liegt in der komplexen Zusammensetzung ihrer Kommunikationsziele. Diese gehen über das reine Mitteilen von Information hinaus. In dem hier zitierten Gespräch hat *Ang* mindestens drei Rollen, die sie ausfüllt. Sie spricht als Informantin, als Expertin und als Verkäuferin. In der Rolle der Informantin beantwortet sie die Frage des Interviewers nach dem Tagesablauf der Verkäuferfamilie, dabei rutscht sie ab Zeile 11 in die Rolle der Expertin, die aber in Zeile 14 mit ihrer Rolle als Verkäuferin in Konflikt steht.

Als Expertin kennt sie nicht nur den Tagesablauf auf dem Markt, sie kennt auch die Mechanismen und die Dynamik, die zu den unterschiedlichen Preisen führen. Einen Einblick in diese Abläufe zu geben, wie sie es in Zeile 11 beginnt, führt jedoch zum Widerspruch mit ihrer Rolle als Verkäuferin,[26] da sie als solche besser nicht preisgeben sollte, wie man die Marktgesetze durchschaut. Ihre Ware soll ihr schließlich gute Verdienste einbringen. Diesem Widerspruch begegnet sie in der Versprachlichung ihrer Gedanken dadurch, dass sie sich über die Verwendung des Evidentialitätsmarkers in Zeile 13 der geäußerten Experteninformation gegenüber als neutral positionieren kann. Sie verneint nicht, dass morgens billiger verkauft wird. Gleichzeitig steht sie nicht in der Regresspflicht für diese Information und kann im Falle des Vorwurfes ›Geschäftsgeheimnisse‹ verraten zu haben, ihr Gesicht wahren.

Dice que behält durch das Vorhandensein von *la gente* (Zeilen 11 und 12) als sowohl semantisch als auch syntaktisch möglichem Subjekt einer V+Konj.-Lesart einen transparenten Bezug zur lexikalischen Semantik beider Komponenten des *string*. Isoliert auf der syntaktischen Ebene betrachtet ist eine solche Lesart möglich. Phonetische und prosodische Indizien und Verzer-

---

[26] Ein weiterer Aspekt, der zu beachten bleibt, ist, dass *Ang* als Expertin die Komplexität der Preisbildung auf dem Markt kennt, diese aber auf das Nötigste reduziert, da es nicht der Kern ihrer Antwort auf die von *StP* gestellte Frage ist, sondern nur am Rande zur Geltung kommt. Anstatt also eine kategorische Vereinfachung, die nicht den Tatsachen entspricht, vorzunehmen, erlauben ihr die Verwendung von *dice que* als Evidentialitätsmarker und die damit verbundene Ablehnung der Regresspflicht für die kommunizierte Information, die Vereinfachung der Zusammenhänge in den Vorderrung zu hieven, ohne dabei den komplexen Hintergrund für den Hörer auszublenden.

rungen in der Textkohärenz bei einer *verbum dicendi*-Lesart sprechen jedoch für die HÖRENSAGEN-Lesart mit starker Neigung zur Positionierung.
Auf phonetischer Ebene ist zwar keine klare Reduktion festzustellen, jedoch ist ein Glottalverschluss zwischen *y* und *dice que* hörbar (Zeilen 12-13), der die *TCUs* voneinander abtrennt. Der Junktor *y* wird hier als projizierendes Element im Sinne Auers (2005) verwendet und dient dem Erhalt des Rederechts, er projiziert keine festgelegte syntaktische Struktur. Der Glottalverschluss deutet also darauf hin, dass *dice que* in Zeile 13 der Beginn eines neuen Projektes ist, das nicht notwendigerweise *la gente* als Subjekt weitertragen muss.
Die prosodische Integration verleitet ebenso zu dem Schluss, dass *dice que* eher als Evidentialitätsmarker denn als Verb im Matrixsatz + Konjunktion fungiert. Der Phrasenakzent liegt auf *que=el*, nicht auf *dice*, wie bei einer verbalen Verwendung eher zu erwarten wäre.
Und auch hinsichtlich der Morphosyntax und Textkohärenz geht die Interpretation deutlich Richtung HÖRENSAGEN-Marker. Das Verb in Zeile 14 steht in der 3. Pers. Pl. und referiert somit auf keines der im Kontext vorhandenen Subjekte. Zur Familie von *Ang* als Subjekt ist die Distanz bereits groß. Um Ambiguitäten auszuschließen, würde man eine Wiederaufnahme dieses Subjektes am Anfang von Zeile 14 erwarten oder eine direkte Quotativ-Konstruktion. Alternativ wäre auch *la gente* als Subjekt für das Verb in Zeile 14 denkbar. Dies fällt aber aus textlogischer Perspektive für *vender* aus, da es auf die Kunden referiert.
In der grafischen Darstellung sind also folgende Veränderungen im Vergleich zum vorherigen Beispiel festzuhalten: Da der Bezug zur lexikalischen Lesart wieder klarer hervortritt, wird der entsprechende Regler wieder ein Stück zurück nach links gesetzt. Auf der Ebene der Pragmatisierung führt das deutliche Positionierungsverhalten der Sprecherin, das in diesem Beispiel ausschlaggebend ist für die Verwendung des *string*, zu einem weiteren Vorrücken des Reglers. Eine phonetische Reduktion ist nicht zu beobachten, wohl aber deutet die prosodische Gewichtung auf den Gebrauch von *dice que* als HÖRENSAGEN-Marker hin. An der syntaktischen Oberfläche verhält sich dieses Beispiel wieder stark wie die ursprüngliche Kombination aus Verb und Komplementierer. Der Regler muss also ein Stück nach links zurückversetzt werden.

Schema 27: ›Morgens auf dem Markt‹

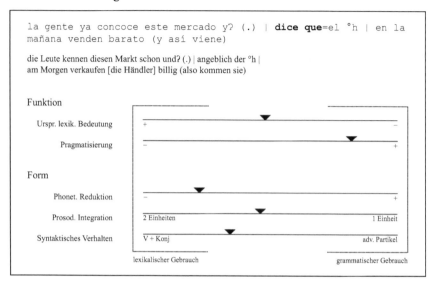

Im folgenden Beispiel verhält es sich mit Bezug auf den Einsatz von *dice que* zur Positionierung, also in Bezug auf die Ebene der Pragmatisierung, ähnlich. Es bleibt aber festzustellen, dass sich in diesem Beispiel neben der Ebene der Pragmatisierung auch auf den übrigen Ebenen verstärkt Veränderungen hin zu einer grammatikalisierten Form-Funktionseinheit beobachten lassen.

5.5.2 Beispiel ›Nachbarn‹

Konfliktsituierung und Konfliktvermeidung sind auch in diesem Beispiel das Kommunikationsziel, das mit der Verwendung von *dice que* als *secondhand*-Marker erreicht werden soll. Auch in diesem Fall steht der *string* also nicht in Zusammenhang mit dem faktischen Fehlen einer direkten Informationsquelle und somit steht die Pragmatisierung der Einheit im Vordergrund. Im Vergleich zum vorherigen Vorkommen sprechen diesmal zusätzlich die anderen Ebenen deutlicher für den stärker grammatischen Gebrauch von *dice que*.

> Das Marktviertel im bolivianischen Cochabamba ist in den letzten Jahren stark gewachsen. Viele Stände sind aber eher ein Provisorium. Man hofft darauf, dass man bald feste, abschließbare Marktstände bekommt, um nicht jeden Morgen alles neu

aufbauen zu müssen. Aber der Platz ist klein und die Nachbarn würden feste Stände nicht begrüßen. Die Konkurrenz ist groß und Streitigkeiten auf diesem engen Raum vorprogrammiert.

```
01    StP:    ah así que:
02            [más (gente)       ]
03    Ang:    [ahora con el ti]empo esperamos
04            estamos:
05            soñamos que se haga ya casetas (-)
06    StP:    [sí    ]
07    Ang:    [así pa]ra no ya armar estas cosas y abrir y
              cer[rar nomás  ]
08    StP:       [CLAro clar]o claro claro claro
09            (.)
10    Ang:    así (no)
11            (--)
12    StP:    (desar[rolla)           ]
13    Ang:          [depende (de la)]
14            (-)
15    StP:    se va desarrollando no/
16            entonce[s la]
17    Ang:           [mh  ]
→ 18            a pesar que dice que=(e:ste: ; e:stá)
19    StP:    (xxx)
20    Ang:    (es ; en) mala posición porque los vecinos están mo-
              lestando
21            (.)
22    StP:    ahah
23    Ang:    como es un chicito lugar
24            (xx[x]] no lo están queriendo
25    StP:       [si]
```

Das in Zeile 18 verwendete *dice que* weist vier bereits auf den ersten Blick deutliche Anzeichen für seine Klassifizierung unter dem Typ 5 auf. Ein mögliches Subjekt sucht man in seiner syntaktischen Umgebung vergebens. Und auch bei der Betrachtung des Kontextes, der über den hier gewählten Ausschnitt hinausgeht, gibt es keinerlei Hinweise auf einen möglichen konkreten Urheber der Aussage in Zeile 20, die im Skopus von *dice que* steht.
Die Sprecherin *(Ang)* erläutert dem Interviewer, wie das alltägliche Leben ihrer Familie als Verkäufer von Kleidung und Inhaber eines mobilen Verkaufsstandes abläuft. Wichtig dabei ist auch die Tatsache, dass dieses Gespräch am Verkaufsstand selbst stattfindet und sich mehrere Familienmitglieder und Standnachbarn der Sprecherin im Umkreis befinden. Sie selbst ist zwar nicht immer (sie studiert an der örtlichen Universität), aber

doch so oft wie möglich als Verkäuferin am Stand tätig, um ihre Familie zu unterstützen. Sie wählt also für ihre Ausführungen die 1. Pers. Pl. oder unpersönliche Konstruktionen zur Situationsbeschreibung. Eine solche Konstruktion, mit unpersönlichem *se,* wird ihr in Zeile 15 vom Interviewer zur Wiederaufnahme ihres *turns* angeboten *(se va desarrollando).* Sie nimmt aber nur das angebotene Thema auf (Zeilen 17 bis 20), nicht das damit angebotene strukturelle Versatzstück, und wählt die Formulierung mit *dice que,* die im vorhergehenden Kontext nur als Evidentialitätsmarkierung eine diskurslogische Einbettung findet.

Daran anschließend kann für diesen Ausschnitt insbesondere die Beobachtung gemacht werden, die, wie aus dem vorherigen Beispiel bekannt, den Typ 5 von den vorhergehenden Typen abhebt. Während *dice que* in den bisherigen Beispielen in erster Linie tatsächlich die internalisierte Funktion zur Informationsquellenmarkierung aufweist, scheint diese Funktion in dem hier vorliegenden Ausschnitt, genau wie beim Beispiel ›Morgens auf dem Markt‹ (Kapitel 5.5.1), ganz bewusst als Mittel eingesetzt zu werden, um die eigentliche Kommunikationsfunktion der Proposition (nämlich die Kritik an den Nachbarständen) so zu modifizieren, dass weder die Sprecherin noch die Familie in Regresspflicht für diese Aussage genommen werden können. Der Verweis aufs Hörensagen nimmt die Familie, obwohl direkt beteiligt an der Kritik gegenüber den Nachbarn, aus der Verantwortung.[27]

Die syntaktische Einbettung ist noch teilweise vorhanden, allerding lässt sich kein syntaktisches und auch kein pragmatisches Subjekt für *dice que* rekonstruieren.

Auf der Ebene von Prosodie und phonetischer Realisierung lassen sich trotz der Tatsache, dass *Ang* relativ schnell spricht und deshalb zu Verschleifungen neigt, eindeutig zwei voneinander getrennte Elemente *dice* und *que* konstatieren. Dies führt auch dazu, dass noch immer von einer Rekonstruierbarkeit der lexikalischen Semantik gesprochen werden kann.

Die Parameter für das Schema sind also wie folgt zu setzen: der Kontext erlaubt keine Interpretationen des *strings* in seiner ursprünglichen lexikalischen Bedeutung. Die *secondhand*-Lesart dominiert. Zusammen mit der stark pragmatisierten Verwendung zur Konfliktsituierung und Konfliktvermei-

---

[27] Eine typische Eigenschaft emergierender Grammatikalisierungen ist ihr Vorkommen in *switch contexts* im Sinne Heines (2002) oder *isolating contexts* im Sinne Diewalds (2006, Diewald & Smirnova 2010b). Das hier vorliegende Beispiel kann als ein solcher *isolating-* oder *switch-* Kontext klassifiziert werden, da *dice que* hier nicht in einer textstrukturierenden, reportativen Funktion in einem klassischen narrativen Kontext vorkommt, sondern zur Konfliktsituierung und Vermeidung.

dung erschließt sich dieser Gebrauch mehr als deutlich. Dem wird mit einer Verschiebung der Regler auf die vorletzte Stufe nach rechts Rechnung getragen. Phonetisch sind beide Elemente noch klar voneinander zu trennen, prosodisch liegt der Phrasenakzent noch deutlicher als im vorausgehenden Beispiel auf *que=el*. Das syntaktische Verhalten tendiert ebenso wieder stärker als im letzten Beispiel in Richtung adverbiale Partikel, durch das Fehlen eines syntaktischen Subjektes. Der Regler wird also ein Stück weit nach rechts verschoben.

Schema 28: ›Nachbarn‹

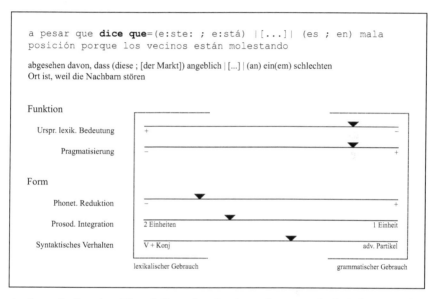

Anders als für den Typ 5 liegt der Analyseschwerpunkt bei den nun folgenden Beispielen des Typs 6 nicht auf der Ebene der Pragmatisierung, sondern auf der Ebene der phonetischen Reduktion und prosodischen Integration. Auffällig ist dabei insbesondere, dass für diese Vorkommen, bei denen die Entwicklung des *strings* hin zu einem Element auf allen formalen Ebenen starke Fortschritte durchläuft, die Pragmatisierung des Markers stark abnimmt.

5.6 Beispiele Typ 6: Reduktion

5.6.1 Beispiel ›Neue Stadtviertel‹

Im hier vorliegenden Beispiel liegt eine diskursemergente phonetische Reduktion von *dice que* zu *dizque* vor. Letzteres verhält sich auch prosodisch eher wie eine Einheit. Diese diskursemergente Reduktion ist aber nicht auf eine bloße Verschleifung aufgrund der Wiederholung zurückzuführen, sondern auf die Konkurrenz von Fokussetzung und dem Skopus für die evidentiale Modifikation. Phonetische Reduktion ist also mehr als das Ergebnis von Verschleifung durch häufige Wiederholung, sie muss gleichzeitig an interaktionale Kontexte geknüpft sein, die diese Verschleifung zulassen.

Cochabamba ist innerhalb kürzester Zeit stark gewachsen. Die hohe Lebensqualität und die gute und günstige Lebensmittelversorgung, die die Stadt bietet, hat zu einem großen Zustrom von ehemaligen Minenarbeitern aus dem Altiplano geführt, die sich an den Rändern der Stadt ansiedeln. Dadurch haben sich in rasender Geschwindigkeit neue, eigenständige Stadtviertel gebildet.

```
   01      E:       y como tú puedes ver allá (.)
➔  02               cerro VERde que dicen (-)
   03               después hay[:]
   04      PaP:                [S]an Miguel
   05               Villa [Paga]do[r ]
   06      E:             [Sa` ]
➔  07                     [Vi]lla Pagador dice que es (-)
   08               in:MENso eso (.)
➔  09               dizque es (.)
   10               inmenso tienen su banco su mercado todo (.)
   11               de acá (a) allá casi es U:NA hora
   12               en MIcro
```

Der Prozess der phonetischen Reduktion, der für die Entwicklung vom verbalen *string dice que* zum Adverbial *dizque* dokumentiert werden kann, lässt sich in diesem Beispiel gleichsam im Zeitraffer beobachten. Zunächst verwendet E ein nachgestelltes, lexikalisch gebrauchtes *verbum dicendi* in der 3. Pers. Pl., das mit *que* angeschlossen wird (Zeile 02). Das nächste beobachtete Vorkommen, *dice que* in Zeile 07, gleicht besonders in phonetisch-prosodischer Hinsicht eher den Beispielen des Typs 4, die zwar in ihren syntaktischen, semantischen und pragmatischen Eigenschaften stark hin zu einem grammatikalisierten Evidentialitätsmarker tendieren, jedoch phonetisch kaum reduziert und prosodisch meist deutlich als zwei eigenständige Projekte realisiert werden. Die Wiederholung des *string* in Zeile 09 ist hingegen deutlich reduziert.

Dies lässt sich per Diagramme in diesem Ausschnitt am Intensitätsverlauf (schwarzer Graph) und am Spektrogramm graphisch darstellen. In beiden Diagrammen ist jeweils der Artikulationsverlauf *dice que es* abgebildet. Das erste Diagramm zeigt das Beispiel aus Zeile 07. Es lassen sich deutlich die beiden Silben von *dice* und das verschleifte *que es* in den drei Intensitätsspitzen im markierten Ausschnitt erkennen. Auch das Spektrogramm zeigt im Formantenverlauf und der Formantenintensität die erwarteten drei Ausschläge.

Schema 29: Spektrogramm und Intensitätsverlauf: »...*Pagador dice que es (-)*«

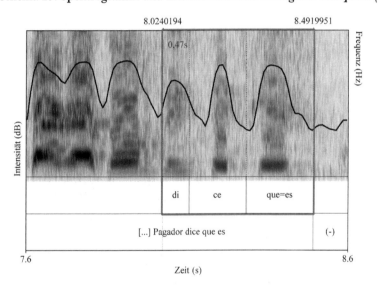

Der gleiche Artikulationsverlauf in Zeile 09 stellt sich mit einem deutlichen Unterschied dar. Nur der Intensitätsausschlag des auch in Zeile 09 verschleiften *que es* ist mit dem vorhergehenden Verlauf vergleichbar. *E* legt auf die erste Silbe von *dice* deutlich weniger Schalldruck, ein Ausschlag für die zweite Silbe ist nur sehr schwach zu erkennen und so gut wie nicht mehr zu hören. Dies weist auf eine fortgeschrittene prosodische Einbettung des *string* als ein einzelnes Element hin und ist auch als solches hörbar. Auch in diesem Falle zeigen parallel zum Intensitätskurvenverlauf die Daten aus dem Spektrogramm genau diese Beobachtung. Eine Formantenbildung für den Vokal der zweiten Silbe ist bestenfalls schwach erkennbar. Selbst der Vokal der ersten Silbe wird auf ein sehr schwaches Niveau reduziert.

Insgesamt fällt auch auf, dass *E* den Artikulationsverlauf von *dice que es* von einer halben Sekunde in Zeile 07 auf eine Drittelsekunde in Zeile 09 reduziert.[28]

Schema 30: Spektrogramm und Intensitätsverlauf: *»...so eso (.) dizque es (.)«*

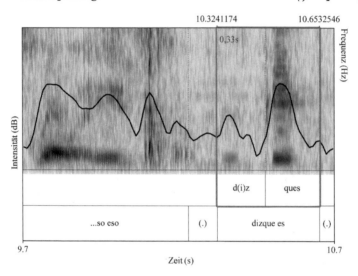

Dieses spontane Auftreten der reduzierten Form ist nicht ausschließlich als rein phonetische Abnutzungserscheinung aufgrund der Wiederholung des bereits in Zeile 07 aufgetretenen *strings* zu erklären, sondern kann als diskursemergentes Phänomen erschlossen werden. Dies basiert auf dem erzählstrategischen Moment, das *E* zu etablieren versucht.
Ziel ihrer Ausführungen ist es, den Hörer für die immense Größe des neuen Stadtviertels *Villa Pagador,* in dem sie selbst jedoch noch nie war, zu sensibilisieren. Sie fokussiert in Zeile 08 also *inmenso*, indem sie es prosodisch am stärksten gewichtet. Diese starke Gewichtung verhindert jedoch einen weiten Skopus für die Evidentialitätsmarkierung mit *dice que* aus Zeile 07, die nötig ist, da sie selbst diese Information nur aus zweiter Hand zu haben scheint.[29] Die in Zeile 10 folgenden Präzisierungen über die Größe des

---

[28] Aufgrund der deutlich hörbaren und auch in den Diagrammen sichtbaren Reduktion und prosodischen Einbettung von *dice que* in Zeile 09 wurde es somit als univerbiertes *dizque* transkribiert.

[29] Fernerhin kann auch argumentiert werden, dass *dice que* hier ähnlich wie im Beispiel ›Scheibenschießen‹ (Kapitel 5.4.1) textstrukturierend als Anker für den Anschluss der rhematischen Elemente verwendet wird.

Viertels, nämlich, dass es seinen eigenen Markt und seine eigene Bank hat, müssen also erneut als Information aus zweiter Hand markiert werden. Dies leistet die Erzählerin, indem sie ihren Fokus *(inmenso)* wiederholt und ihn prosodisch so modifiziert, dass sie über *latching* die Präzisierungen so anschließen kann, dass sie diesmal in den Skopus des Evidentialitätsmarkers *dice que* fallen. An dieser Stelle erlaubt ihr Diskurs eine deutlich reduzierte Form von *dice que*, da aus dem vorhergehenden Auftreten des *strings* die Informationsquellenlage bereits geklärt ist. Funktion des wiederholten *dice que* ist es somit nur noch, den Skopus neu zu stecken, der aufgrund der zunächst vordergründigen Fokussierung eingeschränkt werden musste.

Aus einer Kommunikationssituation heraus, in der zwei satzsemantische Funktionen konkurrieren (einmal die Modifizierung der Informationsquelle, einmal die Informationsstruktur), erlaubt also die Neutralisierung dieser Konkurrenzsituation die Emergenz des phonetisch reduzierten und univerbiert hörbaren Markers *dizque* anstelle des etablierten, jedoch auch evidential gebrauchten *strings dice que*. Dieser Marker ist somit in Typ 6 einzuordnen. Im Schema, das hier für *dizque* in Zeile 09 erstellt wird, kann für die Ebene der ursprünglichen lexikalischen Bedeutung zwar eindeutig eine *secondhand*-Lesart festgestellt werden, durch das Vorkommen der lexikalischen Verwendung von *decir* in Zeile 02 bleibt die evidiale Form dennoch rückbindbar auf sagen.[30] Der Regler wird für dieses Beispiel also wieder einen kleinen Schritt in Richtung lexikalischer Bedeutung zurückgefahren. Eine Pragmatisierung ist kaum festzustellen. Dafür ist *dice que* in diesem Beispiel als eines der wenigen Vorkommen im bolivianischen Spanisch zu *dizque* reduziert. Der Regler steht im Vergleich zum vorherigen Beispiel also auf der anderen Seite der Skala. Syntaktisch auffällig, zusätzlich zum fehlenden syntaktischen Subjekt und dem gezielten Einsatz zur Skopussetzung für die evidentiale Modifikation, ist die starke Bindung des *strings* an die Kopula *(dice que es/dizque es)*, die auch auf phonetisch-prosodischer Ebene bestätigt wird. Das Gewicht liegt dabei deutlich auf der Kopula. Für den *string* bedeutet dies einen weiteren Verlust seiner verbalen Eigenschaften, der Regler wird deshalb ein Stück weiter nach rechts verschoben als im vorherigen Beispiel.

---

[30] In diesem Fall bildet *que dicen* in Zeile 02 den Anhaltspunkt, dass auch die Quelle der Evidentialitätsmarker in Zeilen 07 und 09 im unspezifischen Verweis auf mehrere Subjekte zu suchen ist.

Schema 31: ›Neue Stadtviertel‹

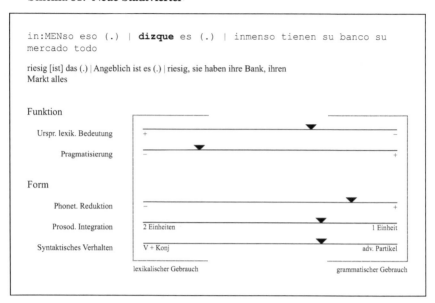

Im nächsten Beispiel ist *dizque* auf formaler Ebene noch ein Stück deutlicher als univerbierte Einheit auszumachen. Aber auch dort wird die noch immer vorhandene Rückbindung an die verbale Konstruktion durch die Nachfolge eines resemantisierten und wieder kombinatorisch verwendeten *string* deutlich. Es unterscheidet sich fernerhin durch eine erneute Zunahme der Pragmatisierung.

5.6.2 Beispiel ›Die Grenzen Boliviens‹

Dizque als phonetisch reduzierte Einheit, die auch als solche prosodisch und syntaktisch integriert zu sein scheint, wird in diesem Beispiel wie selbstverständlich als grammatischer Marker verwendet (Zeile 27). Jedoch wird dies auch sofort wieder aufgebrochen indem der Sprecher den univerbierten *string* im diskursiven Muster mit einem resemantisierten, verbalen Vorkommen in Zeile 40 verknüpft und beide Vorkommen durch Kontrastierung zu Konstruktionen, die einen direkten Informationszugang negieren, als pragmatisches Mittel der Distanzierung einsetzt.

> Bolivien besaß vor nicht allzu langer Zeit eine deutlich größere territoriale Ausdehnung, besonders im Tiefland im Osten. Ein Teil dieses Territoriums wurde

aber während der Präsidentschaft von wahrscheinlich Walter Arze, so sind sich die Gesprächspartner einig,[31] an Brasilien abgetreten, so dass nun der Fluß Iténez/ Guaporé, einer der Hauptzuflüsse des Amazonas, die Grenze bildet. Der Erzähler, *Pa*, hat diese Zeitperiode aber nicht miterlebt. Aber man hat ihm vom alten Grenzverlauf erzählt und auch davon, dass die Brasilianer als Ausgleich für das erhaltene Territorium eine Brücke über den Fluss bauen mussten.

```
01    HeS:    Bolivia tuvo: una: regi[ón más grande] si/
02    Pa:                        [mucho más      ]
03            si
04            (-)
05    HeS:    [eh: ]
06    Pa:     [yo ya] no he conocido eso:  (xxx)
07            (---)
08            (a lo) que es ahora (xxx)
09            (.)
10    HeS:    mhmh
11            (.)
12    Pa:     fue MU:cho más antes
13            en el: gobierno de Arze creo
14            (.)
15    HeS:    sí: es eso
16            (.)
17    Pa:     o: (Pando Pando) creo que
18    HeS:    yo creo que es Arz' Arze
19            (.)
20    Pa:     Ar[ze/         ]
21    HeS:      [(xxx) y lo] (xx) no sé
22            (.)
23    StP:    ya
24    HeS:    mh
25            (1,26)
26    Pa:     es eh mucho más antes (.)
→ 27          DIZque la frontera se extendía mucho:
28            mucho más arriba
29            (.)
```

---

[31] Im ersten Teil dieses Ausschnittes findet sich ein prototypisches Beispiel dafür, wie Wissen in der Interaktion ausgehandelt werden kann. Sowohl der Erzähler als auch die Interviewer können die historischen Ereignisse und Personen mangels Erinnerung an die Fakten nicht eindeutig festlegen. Aber man einigt sich schnell auf Arze, insbesondere, um mit dem eigentlichen Thema der Erzählung fortfahren zu können.
Um hier keine Unstimmigkeiten stehen zu lassen, sei eine Randnotiz angefügt: Das Territorium, von dem gesprochen wird, wurde im Zuge des Acre-Krieg (1899-1903) an Brasilien abgegeben. Das war unter der Regierung Pando (1899-1904). Walter Arze war Übergangspräsident von August bis November 1979. Er ist nicht zu verwechseln mit Esteban Arze (1765-1814), ein Unabhängigkeitskämpfer und Volksheld Cochabambas.

```
       30    HeS:    mhmh
       31            (.)
       32    Pa:     euh (--)
       33            ya no conocí (-)
       34            y en un tratado (-)
       35            en:
       36            justamente esto aprendí en: Guayará³²
       37            (.)
       38    HeS:    mhmh
       39            (-)
  → 40    Pa:     **que me dicen** (-)
       41            e:h la compensación
       42            o sea por este territorio que nos (habían) sacado (.)
       43            tenían que hacer un puente
       44            (.)
       45    HeS:    mhmh
       46            (--)
       47    Pa:     sobre el río
```

Auf die fragende Bemerkung des Interviewers *(HeS)*, dass Bolivien früher sehr viel größer war, bestätigt ihm *Pa* dies. Gleichzeitig gibt er zu erkennen, dass er, da er diese Zeit selbst nicht erlebt hat (Zeile 6), nicht viel weiß über die genaue frühere Ausdehnung und die Umstände, unter denen der territoriale Verlust zustande kam. Er kann sich aber, da er eine Zeit lang in den Grenzgebieten gelebt hat, auf Quellen aus dem Hörensagen verlassen. Dies zeigt er durch die Verwendung von *dizque* in Zeile 27 an.

In dem hier vorliegenden Beispiel lässt sich *dizque* eindeutig als zur Evidentialitätsmarkierung gebrauchtes Adverbial klassifizieren. Der *string* ist deutlich phonetisch reduziert und prosodisch als Einheit integriert. Es liegt kein konkordantes Subjekt im Kontext vor. Die unmittelbare syntaktische und semantische Umgebung lässt auch die Zuweisung eines Nullsubjektes nicht zu.³³ Dadurch ist eine Lesart als *verbum dicendi* nicht möglich. Die SAGEN-Semantik ist nur noch geringfügig identifizierbar. Die HÖRENSAGEN-Semantik nimmt also überhand. *Dizque* in Zeile 27 wird in diesem Ausschnitt verwendet, um den Ursprung der Information vom Sprecher zu trennen. Diese Abtrennung bereitet der Sprecher *(Pa)* bereits in Zeile 06 vor, indem er expilzit darauf hinweist, dass er Bolivien in seiner früheren Ausdehnung nicht mehr

---

[32] Guayaramerín, Beni, Bolivien.
[33] Das Auftreten von Temporal- und Lokaladverbien unmittelbar vor *dizque* kann als Merkmal für Vorkommen des Typs 6 gesehen werden. Dieses gemeinsame Vorkommen scheint eine vollständige syntaktische Einbettung von *dizque* als Verb mit einem Nullsubjekt zu verhindern.

kannte. Dieser Hinweis erfolgt ein weiteres Mal in Zeile 33. Der Sprecher wechselt also explizit zwischen der Negation direkt bezeugter Information (Zeilen 06 und 33) und der Markierung von *secondhand*-Information (Zeilen 27 und 40).
Ein konkreter Verweis darauf, wer oder was die Quelle ist, findet nicht statt. Die Information erhält auch keine Bewertung. Wohl aber wird der *string* in diesem Beispiel, untypisch für Vorkommen der Stufe 6, stärker pragmatisiert verwendet als im vorherigen Beispiel. Dies zeigt sich an dem bereits erwähnten Wechsel aus negierter direkter Information (Zeilen 06 und 33) und markierter indirekter Information (Zeilen 27 und 40). Mit diesem Kontrast erreicht der Sprecher, sich selbst zu distanzieren und die Verantwortung für die Richtigkeit der kommunizierten Ereignisse von sich zu weisen.[34]
Wichtig bleibt festzuhalten, dass *dizque* sich auch im Typ 6 noch nicht vollständig von seinem Ursprung als *verbum dicendi*-Konstruktion gelöst hat. Dies wird in Zeile 40 sehr offensichtlich, in der mit *que me dicen* eine syntaktisch komplett wiederhergestellte und resemantisierte *verbum dicendi*-Konstruktion zum Ausdruck des HÖRENSAGEN-Status der Propositionen in den Zeilen 41-43 verwendet wird.[35]
Für die bereits bekante graphische Darstellung von *dizque* in Zeile 27 hat dies zur Folge, dass *dizque* auch hier durch die beobachtete resemantisierte Form in Zeile 40 zumindest rückbindbar auf die ursprüngliche lexikalische Bedeutung bleibt. Da die resemantisierte Form aber erst im Nachhinein

---

[34] Eine solche Distanzierung kann zu einer Bewertung, also zu epistemisch modalen Interpretationen, ausgebaut werden. Es zeigt sich jedoch, dass eine solche Entwicklung erst über zusätzliche Elemente im Kontext möglich wird, mit denen die evidential markierten Propositionen kontrastiert werden. Die *epistemic overtones*, wie sie z.B. von Miglio (2010) genannt werden, sind also für Beispiele dieser Art keineswegs den Markern selbst inhärent. Wohl aber kann der Einsatz von *secondhand*-Markern im Kontext ein mögliches Kommunikationsziel der epistemischen Bewertung eines Sachverhaltes unterstützen (siehe dazu auch Kapitel 6.5.3)

[35] Das Auftreten dieses lexikalisch-kombinatorischen Gebrauchs von *decir* in Zeile 40 hängt unmittelbar über seine diskursstrukturierende Funktion mit *dizque* in Zeile 27 zusammen (beide Male wird mit den *decir*-Elementen rhematische Information zum Thema – Boliven hatte früher mehr Territorium; Zeile 01 – angeführt. Das Auftreten von *decir* in Zeile 40 kann also als strukturelles *priming* gelten). Auffällig an diesem resemantisierten Gebrauch in Zeile 40 ist fernerhin, dass dieser mit einer Konkretisierung des Kontextes einhergeht. Der Sprecher bringt die Information, die er kommuniziert, in Verbindung mit dem Ort, an dem er sie erhalten hat (Z. 36). Dies hat zur Folge, dass sich auch die Quellen der Information wieder konkretisieren. Dies kommt auf der Ebene der sprachlichen Elemente, die darauf referieren, zum Tragen. Die Erinnerung an den konkreten Ort bindet also die Erinnerung an konkrete Informationsquellen und beeinflusst unmittelbar den Gebrauch sprachlicher Einheiten.

folgt, steht der Regler dennoch eine Stufe weiter rechts auf der Skala als im vorherigen Beispiel. Auf der Ebene der Pragmatisierung ist durch den Einsatz von *dizque* zur Distanzierung ebenso eine Rechtsverschiebung des Reglers im Vergleich zum vorausgehenden Beispiel zu beobachten. Die phonetische Reduktion ist ähnlich weit fortgeschritten wie im vorherigen Beispiel, auch prosodisch und syntaktisch dominiert die Lesart als eine adverbial gebrauchte Einheit.

Schema 32: ›Die Grenzen Boliviens‹

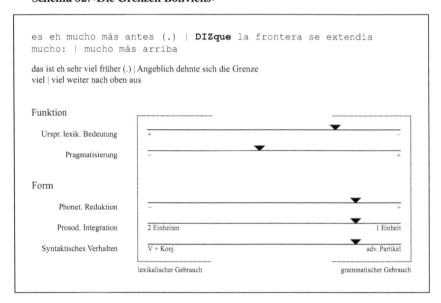

Die beiden im Kapitel 5.7 folgenden Beispiele wurden ausgewählt, um noch einmal im Detail das Verhalten von *dice que* als emergente Konstruktion in der *on-line*-Produktion sprachlicher Einheiten zu analysieren. Insbesondere solche Vorkommen, in denen der *string* als offene Form gleichzeitig lexikalisch und grammatisch gebraucht wird, sind in Bolivien besonders ausgeprägt.

5.7 Emergenz in der Interaktionssituation – *dice que* als offene Form im bolivianischen Spanisch

Aus den bisherigen Analysen geht hervor, dass *dice que* im bolivianischen Spanisch sehr dynamisch verwendet wird. Es fungiert häufig als offene Form, für die in der syntaktischen und semantischen Konstellation mehrere Lesarten gleichzeitig möglich sind. Dies kann passieren durch häufiges Auftreten formaler Kontingenz (auch in Bezug auf dialogische Adjazenzpaare – siehe Kapitel 5.7.2) in der *On-line* Syntax und funktionaler Ambiguitäten im Kontext (diese werden entweder im Folgekontext aufgelöst oder bleiben ambig in Situationen, in denen die Fortsetzung der Interaktionssituation und nicht die Auflösung der Ambiguität im Vordergrund steht).

Solche Vorkommen erweitern das Verwendungspotential des *string* und erlauben, dass sich eine Lesart als Evidentialitätsmarker herauskristallisieren kann.

In sprachwissenschaftlichen Analysen werden ambige Beispiele, die nicht eindeutig einer Kategorie zugeordnet werden können, häufig zugunsten klarer, eindeutiger Beispiele eines beobachteten Phänomens ausgeklammert.

> In other cases, it seems that no matter what analysis we arrive at, the structure still remains ambiguous. Often we leave these examples aside and do not talk about them, at least in our published work; if only for reasons of space, we focus on the »good« examples which instantiate the phenomenon in question in a more or less clear-cut way. Against this practice, Hopper argues that it creates the erroneous impression that any utterance found on a tape or in a transcript can unambiguously be assigned to a grammatical pattern. (Auer & Pfänder 2011: 7)

Es sind aber genau diese Phänomene, die emergent in der Interaktion auftreten und nicht eindeutig zugeordnet werden können, die verantwortlich dafür sind, dass eindeutige Kategorisierungen aufgebrochen und Sprachwandelphänomene so erst eingeläutet werden (De Smet 2012: 629).

Anhand der folgenden zwei Beispiele soll dieser Aspekt des emergenten Auftretens ambiger Lesarten, der sich insbesondere in den bolivianischen Beispielen häufig präsentiert, als Basis für ein erweitertes Gebrauchspotential des *verbum dicendi decir* noch einmal gezielt herausgegriffen werden.

5.7.1 Beispiel ›Der Bischof‹

Im folgenden Beispiel bleibt das retroaktive *dice* in Zeile 26 auch unter Hinzunahme sämtlicher kontextueller Indikatoren ambig. Damit wird die Möglichkeit einer emergenten HÖRENSAGEN-Lesart eröffnet, die sich nach und nach als generische Lesart herauskristallisieren kann.

Im hier zitierten Ausschnitt erinnert sich Alc., wie ihre Schwester, die keine Skrupel kannte, ihre starke Physis auch einzusetzen, sich einst einer Beleidigung durch einen Mitschüler mit einer deftigen Ohrfeige erwehrte und sich deshalb vor der einberufenen Lehrerversammlung rechtfertigen musste.

```
01      Alc:    Dora un día (---)
02      coment:((klatscht in die Hand))
03      Alc:    un muchacho de su curso- (-)
04              la había insultado (.)
05              a mi hermana
06              (1,23)
07              y: mi hermana se fue
08              DE un puñete al suelo le hizo BO:TAR sus lentes
09              (--)
10              °h
11              eh:: (---)
12              bueno llegaron a saber los (.) profesores
13              °h (ton ; entonces) llamaron a asamblea (--)
14              °h (enton ; entonces) =dijo <<Stimmwechsel> hemos visto
                la actitud de una señorita
15              °h ya que no ha podido: (-)
16              oh::
→ 17            defenderse dice
18              con palabras
19              se ha ido al hecho>
20              (-)
21      Me:     s[í     ]
22      Alc:    [(y ha]n ; le han) felicitado más bien-
23              (1,04)
24              y ahora al que lo ha pegado
25              es obispo de TaRIja
26              (--)
27      Ca:     [ah sí    ]
28      coment:((lachen))
29      Alc:    [se acuerda]
30      St:     obispo/
31      coment:((jemand hustet))
32              (.)
```

```
33    Alc:    Pancho Flores
34    St:     ((lacht))
35            (--)
36    Alc:    ((lacht))
37            (-)
38    St:     eso [(xxx)   ]
39    Alc:        [dice que] se acuerda lo que la Dora le ha dado
```

In dem hier vorliegenden Fall kann der Status von *dice* in Zeile 17 nicht eindeutig erruiert werden. Anders als in den vorhergehenden Beispielen gibt es weder im unmittelbaren Kontext Indizien für eine spezifische intendierte Lesart, noch erschließt sich im nachfolgenden Verlauf der Erzählung eine klare Tendenz für eine spezifische Interpretation.

Einerseits bietet sich eine Interpretation als retroaktiver HÖRENSAGEN-Marker an. Die Sprecherin leitet in Zeile 14 durch das *verbum dicendi* im *preterito indefinido* und die nachfolgende Veränderung der Stimmqualität eine direkte Rede ein, die die Aussagen des Beschlusses der Lehrerversammlung wiedergeben soll und bis Zeile 19 reicht. Starkes Indiz für die Verwendung von *dice* in Zeile 17 als HÖRENSAGEN-Marker ist also, dass auch die Zeile 17 zu den Sequenzen zählt, die im Bereich des Wechsels der Stimmqualität liegen. Bei dieser, durch die Stimmqualität markierten, lokalen Kohärenz liegt eine Lesart als HÖRENSAGEN-Marker nahe.

Andererseits spricht ein ebenso starkes Indiz für die lexikalische Lesart. *Dice* in Zeile 17 kann auch als die Wiederaufnahme von *dijo* in Zeile 14 wahrgenommen werden. *Dice* wäre demnach die erneute Etablierung der Zeilen 17-19 als Sequenz von direkter Rede. Diese Reetablierung kann aufgrund des Zögerns der Sprecherin am Ende von Zeile 15 und in Zeile 16, eine Zeit, in der sie nach der richtigen Formulierung zu suchen scheint, als nötige und intendierte Betonung der Wortwahl und Zitat der Aussagen der Lehrerversammlung betrachtet werden.

Gleichgültig, welche Lesart vom Hörer in dieser Situation gewählt wird, so ist *dice* dennoch ambig für den Hörer, der *ad-hoc* zwei Interpretationen mit der Form verknüpfen kann. Verantwortlich dafür ist, dass *dice* auf zwei verschiedenen Ebenen gelesen werden kann – auf der Erzählebene und auf der Figurenebene.

Im folgenden Beispiel wird ebenfalls eine solche Überlagerung festgestellt, die sich in diesem Fall aber noch komplexer darstellt und mindestens drei Interpretationen ermöglicht.

5.7.2 Beispiel ›Geräusche‹

Im folgenden Beispiel ist die Überlagerung von verschiedenen Erzählebenen noch komplexer gestaltet. Auch hier ist die Ambiguität der *decir*-Elemente nicht eindeutig aufzulösen. Außerdem zeigt dieser Abschnitt gleich am Anfang ein Beispiel für ein dialogisches Adjazenzpaar aus den Bestandteilen des *strings*, das andeutet, dass die Univerbierung von *dizque* nicht nur auf die Kombination von *dice* und *que* in monologischen Vorkommen zu beschränken ist.

> Sra. Pr. ist häufig in einem kleinen Dorf in der Nähe von Cochabamba (Bolivien) unterwegs, das für seine Geistergeschichten bekannt ist. Auf die direkte Frage des Interviewers, ob sie von diesen Geschichten gehört hat oder eventuell selbst eine solche Geschichte erlebt hat, antwortet sie im folgenden Ausschnitt, dass dies wohl erzählt wird, jedoch sie selbst das bisher nicht wahrgenommen hat, bis auf einige kleine Geräusche, die sie aber nur ein paar Mal gehört hat.

```
      01    Ph:     histo[rias raras]
→     02    Pr:          [   ah dice][n
      03    Ph:                      [yah    ]
      04    Pr:                         dice]n no/
      05            pero yo no he senti[do    ]
      06    Ph:                        [tú no] (-)
      07            us[ted no ha se]ntido
      08    Pr:       [no          ]
      09            (-)
      10    Pa:     [qué dicen]
      11    Pr:     [no no    ]
      12            (.)
      13    Pa:     qué
      14            (.)
→     15    Ph:     pero [qué dic]en
→     16    Pr:          [que    ]
      17            había (.)
      18            ruidos
      19            (.)
      20    Ph:     mh[m  ]
      21    Pr:       [no/] (.)
      22            y (.)
      23            creo que todavía actualmente (.)
      24            eh había una capillita (.)
      25            que es (-)
      26            hm (.)
      27            que ahora ya no es capilla (-)
      28            pero era una casa rústica que: (---)
```

```
29                  se s[iente r]uidos
30       Ph:             [mhm    ]
31       Pr:        no por ejemplo: (-)
32                  cuando íbamos a misa/
33                  (.)
34       Ph:        mhm
35                  (-)
36       Pr:        está: digamos allá celebrando la misa el
                    padre
37                  (.)
38       Ph:        mhm
39       Pr:        y: (.)
40                  (y así as) (.)
41                  así atrás está:
42                  las personas que llegábamos
43                  (siempre) nos quedábamos un poco: ATRÁ[S:]
44       Ph:                                              [ya]
45                  (--)
46       Pr:        entonces e:h
47                  eh
48                  seh suena
49                  (-)
50       Ph:                               [hm ]
51       Pr:        <<das Geräusch nachahmend> [tch]ick> (-)
52                  y mh (-)
53                  (xxx) a mirar no hay NAda
54                  (.)
55       Ph:        mhm
56                  (.)
57       Pr:        y pensamos que eh el vecina ha hecho
58                  o otra persona que [está] a nuestro lado
59       Ph:                           [mhm ]
→ 60     Pr:        no **dice** (y él) y (él) también se da la vuelta
                    y no hay nada (-)
61                  y hay ruidos sí (.)
62                  ha habido ruidos (-)
→ 63                **dice que** ha habido pero:
64                  yo he sentido unas dos tres veces así (-)
→ 65                y **dice** a la próxima vez me voy a (.) ir a este lado (.)
66                  y la misma cosa
67                  (-)
68       Ph:        ah ya y[a]
69       Pr:               [s]:[í ]
70       Ph:                   [ah] siempre la misma cosa
71       Pr:        sí (-)
72                  entonces f... (-)
```

167

```
73            quería: descubrir yo también [no/]
74    Ph:                                   [aha]
75            (.)
76    Pr:     donde era el ruido (.)
77            entonces [yo me] ponía más a la pared (.)
78    Ph:              [sí  ]
79    Pr:     para que no p... (.)
80            para no pensar
81            que es (-)
82            el que está a mi lado o:h (.)
83            o el que e[stá] detrás mí (xxx) (hacía allá) (-)
84    Ph:              [sí ]
85    Pr:     no porque:
86            aquí sentía yo
87            entonces
88            ya no la próxima vez (.)
89            y
90            cuando salíamos
91            comentamos de eso
92    Ph:     hm
→ 93  Pr:     eso he sentido sí
```

In diesem Beispiel gilt es, zunächst auf die formale Kontingenz der beiden in *dizque* fusionierten Elemente in den Zeilen 15-18 hinzuweisen. Die Informationsquellenzuweisung, die in diesem Fall über die lexikalische Semantik des *verbum dicendi* stattfindet, soll dafür zunächst einmal ausgeklammert werden. Beide Elemente, *dicen* und *que*, sind hier Teil einer für die gesprochene Syntax typischen *Apokoinu*-Konstruktion. Auf die wiederholte Frage der Interviewer (*Pa* und *Ph*) danach, was denn die Leute über die nachgefragten eigenartigen Vorkommnisse im Dorf sagen (Zeile 15: *pero qué dicen*), leitet *Pr* schließlich den Antwort-*turn* (Zeilen 16-18: *que había ruidos*) mit der Konjunktion *que* ein. Das zuvor vom Interviewer geäußerte *verbum dicendi* ist dabei gleichzeitig Prädikat des direktiven Sprechaktes von *Ph* und Prädikat der Assertion von *Pr*. Es wird zum Scharnier, ohne das die von *Pr* produzierte syntaktische Struktur unvollständig wäre. Durch diesen Status als *koinon* ist das *verbum dicendi* also trotz der Tatsache, dass die Elemente *dicen* und *que* hier in zwei unterschiedlichen *TCUs* von zwei unterschiedlichen Sprechern gebildet werden, sehr eng an die Konjunktion *que* gebunden. Diese formale Kontingenz überrascht nicht, handelt es sich doch bei den *TCUs* in den Zeilen 15-18 um ein auch in anderen Varietäten des Spanischen zu findendes Frage/Antwort-Adjazenzpaar (Levinson 1983), das hier in eine dialogische *Apokoinu*-Variante verschmolzen ist.[36]

Im weiteren Verlauf dieses Gesprächsausschnittes findet sich in den Zeilen 62-63 eine weitere, für die hier angestrebte Analyse relevante *Apokoinu*-Struktur, die diesmal mit einer nicht eindeutig auflösbaren funktionalen Ambiguität einhergeht.

Einmal aufgefordert, von den eigenartigen Vorkommnissen, von denen die Leute erzählen, zu berichten, fällt der Sprecherin ein, dass sie in einer alten Kapelle früher auch ein paar Mal eigenartige Geräusche vernommen hatte. Diese Geschichte erzählt sie nun, während sie sie noch in Gedanken rekonstruiert und ihre erinnerte Wahrnehmung nahezu in einem inneren Dialog mit der Wahrnehmung der anderen an der Geschichte beteiligten Personen und dem Volksmund abgleicht.

Diese Konstellation führt für die hier angestrebte Analyse von *dice que* in Zeile 63 zu mindestens drei Interpretationsmöglichkeiten.

Betrachtet man zunächst die lokale Einbettung der Struktur (Zeilen 60-66), so lassen sich die beiden Vorkommen von *dice* in den Zeilen 60 und 65 klar als *verba dicendi* klassifizieren. Beide Male ist die Person, die neben *Pr* gestanden hat, diejenige, die etwas sagt. In diese Liste von Propositionen, die also von der Nachbarin gesprochen werden, scheint auch das hier relevante *dice que* in Zeile 63 zu passen und somit ebenfalls eine *verbum dicendi*-Konstruktion zu sein. In diesem Falle würde *Pr* also die Stimme der benachbarten Person gegen ihre eigene Stimme stellen und so ihre eigene Sinneswahrnehmung abgleichen.

Dennoch erscheint bei dieser Argumentation die Tatsache, dass dem *verbum dicendi* in Zeile 63 als einzigem der drei eine *que*-Markierung folgt, sehr auffällig. Gerade für das andine Spanisch wäre eine direkte Redemarkierung, entweder nachgestellt, wie in Zeile 60, oder vorgestellt, wie in Zeile 65, eher zu erwarten.

---

[36] Diese Scharnierstellung von *decir* wird dabei erst durch die Kombination mit *que* möglich. Wie auch schon in vorherigen Beispielen beobachtet (z.B. Kapitel 4.4.2, 5.4.1, 5.4.2, 5.4.4) eignet sich *que* hervorragend als Anknüpfungspunkt für inkrementelle Projekte in der gesprochenen Sprache, da es als Konjunktion flexibel gebraucht werden kann und stark projiziert (siehe z.B. beim Anschluss von Retraktionen; z.B. Kap. 5.4.2). In Bezug auf die Kombination mit *decir* ist insbesondere die Eigenschaft der Skopussetzung durch die subordinierende Konjunktion *que* zu nennen. Die Univerbierung von *dice* und *que* scheint also nicht ausschließlich von der frequenten Okkurrenz z.B. von indirekter Rede in narrativen Diskursen abzuhängen, sondern kann ebenso als Folge der grundsätzlichen Multifunktionalität von *que* als Ressource in der gesprochenen Sprache betrachtet werden.

Verstärkt wird diese Auffälligkeit von der analytischen Perfektform in Zeile 62, die zusammen mit Zeile 63 ein chiastisches *Apokoinon* bildet und dabei das zum Ausdruck von feststehenden Assertionen gebrauchte Perfekt mit dem reportativen Charakter von *dice que* kontrastiert. Die daraus resultierende evidentiale Lesart wird dadurch unterstützt, dass für die Satzsstruktur kein semantisches Subjekt vorhanden ist. In der gesamten *Apokoinu*-Konstruktion kommt dafür bestenfalls *ruidos* in Zeile 62 in Frage, das jedoch als unagentivischer impersonaler Ausdruck für eine Subjektfunktion ausfällt.

Auch die mit *pero* am Ende von Zeile 63 eingeleitete Kontraststruktur gibt keinen endgültigen Aufschluss über den Status von *dice que*, da es für den Kontrast unerheblich ist, ob der Volksmund oder die benachbarte Person die Quelle der Proposition ist. Allerdings spricht die beinhaltete Semantik der Kontraststruktur eher für ein Evidential, da die eigene sinnliche Erfahrung mit dem Gehörten/Gesagten von anderen abgeglichen wird.

Es kann in diesem Sinne nicht endgültig entschieden werden, ob es sich in diesem Fall um ein *verbum dicendi* oder um ein Evidential handelt. Die Kontraststruktur mit *pero* liefert Argumente für beides.

Noch komplexer wird die Situation, wenn man den Fokus über die lokale Ebene hinaus ausdehnt und die Struktur in Zeile 63 unter Berücksichtigung des gesamten hier gewählten Gesprächsausschnitts betrachtet. Dabei gilt es vor allem, auf die Spontaneität gesprochener Syntax und auf ihre Sequenzialität Rücksicht zu nehmen und Überlegungen zum Denkprozess, der hinter den produzierten Aussagen abläuft, mit in die Analyse einzubeziehen.

In diesem Sinne können die Zeilen 61-64 auch gänzlich unabhängig von den *verba dicendi* in den Zeilen 60 und 65 betrachtet werden, als retraktiver Einschub, der noch einmal auf die Zeilen 1-21 referiert. Hat die Sprecherin zunächst noch behauptet, dass der Volksmund zwar davon spricht, dass es in dem ihr bekannten Dorf eigenartige Geräusche gibt, sie selbst davon aber nichts mitbekommen hat, fällt ihr nun ein, mitten in ihrer Geschichte über die Geräusche, die sie selbst gehört hat, dass sie ihre vorherigen Aussagen (in den Zeilen 1-21) noch einmal präzisieren will. Im Einschub (61-64) bekräftigt sie also, dass sie sehr wohl davon gehört hat, dass es komische Geräusche in dem erwähnten Dorf gibt, sie selbst diese aber nur marginal, ein paar Mal, wahrgenommen hat.[37] Nach dieser Präzisierung setzt sie die Geschichte an der Stelle fort, an der sie und die Nachbarn ihre Wahrneh-

---

[37] Das Herunterspielen der eigenen Erlebnisse kann als Strategie der Gesichtswahrung gesehen werden. Schließlich kennt die Sprecherin die Interviewer nicht und will nicht als leichtfertig abergläubisch oder gar geisteskrank gesehen werden.

mung abgleichen. Folgt man dieser Analysemöglichkeit, so wäre dies ein weiteres Argument für *dice que* in evidentialer Lesart.

Aus dieser Vermengung der verschiedenen Erzählebenen und der Möglichkeit, dass sowohl *dice que* als auch das Thema der Propositionen *(ruidos)* einerseits auf der lokalen, andererseits auf der generellen Erzählebene aktiviert werden können, entsteht eine ambige Situation, die nicht eindeutig aufzulösen ist.

Auch in diesem Beispiel zeigt sich also, wie die Sprecher das Verwendungspotential von *dice que* in konkreten Interaktionssituationen durch lokale Ambiguitäten erweitern. Solche Erweiterungen scheinen in erster Linie einer Überlagerung von verschiedenen Erzählebenen geschuldet zu sein. Die Sequenzialität gesprochener Sprache ermöglicht es zwar, solche mehrschichtigen Strukturen darzustellen, mitunter resultiert dies aber in einer Komplexität der Erzählvorgänge. Die beobachteten Ambiguitäten können eine Folge davon sein.

Die Vielfalt an Beispielen, in denen solche Ambiguitäten im Gebrauch zu vielschichtigen Interpretationen und dadurch zum Ausbau der Verwendungskontexte für *dice que* führen, ist besonders für das bolivianische Spanisch festzuhalten. Der stark dynamische Gebrauch, der für *dice que* in dieser Varietät festgestellt werden kann, zeugt davon, dass die Prozesse, die eventuell zu einer Herausbildung eines grammatischen Markers *dizque* mit der Funktion einer *secondhand*-Markierung führen, noch im Gange und noch keineswegs abgeschlossen sind.

6 Varianten von *dizque* im peruanischen Spanisch

Auch im peruanischen Spanisch ist der Gebrauch von *decir* als Evidentialitätsmarker dokumentiert. Neben den Arbeiten von Anna María Escobar (insbesondere 1994 und 2001, siehe aber auch 1997 und 2000) sind dabei vor allem die neueren Arbeiten von Merma Molina (2007) und Andrade (2007) zu nennen.

Merma Molina (2007, Kapitel IV) beschreibt die reportative Verwendung von *decir* als Kontaktphänomen mit dem Quechua auf Basis von Fragebögen, Introspektion und einem in seinem Umfang nicht weiter spezifizierten Korpus aus Äußerungen von bilingualen Sprechern aus dem Umland von Cuzco. Sie unterscheidet zwei prototypische Verwendungen: a) retroaktives *dice* am Ende einer Proposition, das in erster Linie zur Distanzierung von der Verantwortung für den kommunizierten Inhalt gebraucht wird (ibid.: 250 und 253); b) satzinitiales *dice* als Narrativmarker, insbesondere in folkloristischen Erzählungen (ibid.: 258-263). Fernerhin findet sie in narrativen Kontexten Konstruktionen mit *diciendo* und Doppelungen à la *diciendo (le) ha dicho* und *dicen que dicen*, die sie, wenn auch peripher, zu den Reportativen zählt (ibid.: 260f.), die aber treffender als Quotativ-Konstruktionen spezifiziert werden können. Genre-unabhängig erwähnt sie außerdem den Gebrauch von *dicen que* als Erscheinungsform zur Markierung von Reportativen (ibid.: 254f.).

Die ausführlichste aktuelle Studie zur evidentialen Verwendung von *decir* liefert Andrade (2007). Diese basiert auf einem neunstündigen Korpus aus teilstrukturierten, auf die Zielstrukturen ausgerichteten Interviews zu Legenden, Witzen und Träumen. Befragt wurden Migranten aus den Andenprovinzen in Lima und verschiedene Personen aus Pampas in der Provinz Huancavelica.

Andrade unterscheidet als Resultat seiner empirischen Studie expliziter als Merma Molina zwischen reportativem und narrativem Gebrauch von *decir* (Andrade 2007: 54-80, 93).

Beim reportativen Gebrauch bleibt die SAGEN-Semantik noch transparent und es kann auf ein pragmatisches Subjekt als eine konkrete, aber anonyme Entität rückgeschlossen werden (ibid.: 60-63). Es wird keine Verantwortung für den Propositionsinhalt übernommen. Andrade spricht von einer kognitiven Distanzierung von der kommunizierten Information durch den Sprecher. Der Skopus ist retroaktiv auf Konstituentenebene (ibid.: 79). Diese Gebrauchsverteilung, so Andrade (2007: 63-66), folgt der von *-si* im

Quechua (das *verbum dicendi* steht konstituentenfinal, da im Quechua suffigiert wird, aber nicht satzfinal wegen der SOV-Wortstellung im Quechua; siehe auch Granda 2001).
Der narrative Gebrauch ist beschränkt auf Legenden, Träume und Witze und ist stark formelhaft. Die SAGEN-Semantik ist nicht mehr transparent. *Decir* wird zur Markierung des narrativen Rahmens verwendet und signalisiert den Rollenwechsel des Sprechers hin zum Erzähler, bei Träumen zum Protagonisten in der Erzählung. Andrade spricht hier von einer diskursiven Distanzierung (ibid.: 79). Im narrativen Gebrauch operiert *decir* entgegen der Quechua-typischen syntaktischen Platzierung (siehe reportative Verwendung) nicht als nachgestelltes, retroaktives Element, sondern markiert und strukturiert einleitend die narrativen Versatzstücke (ibid.: 88). *Decir* steht also vermehrt am Satzanfang, zur Einleitung der Narration (ibid.: 72f.). Der Einfluss des Quechua, so argumentiert Andrade, zeigt sich im Falle des Narrativmarkers nicht auf morphosyntaktischer Ebene, sondern in der Etablierung dieses Markers in Erzählungen und der Ausweitung seines Gebrauchs[1] auf die Traumerzählung, die in der andinen Kultur einen hohen Stellenwert besitzt (ibid.: 87). Dass zwischen der narrativen Verwendung von *decir* und dem Quechua eine Parallelität besteht, führt Andrade darauf zurück, dass das Reportativsuffix *-si* im Quechua ebenso einen gesonderten, narrativen Gebrauch aufweist wie in seinen Beispielen aus dem peruanischen Spanisch. Dies wird in den besagten Traumerzählungen deutlich, wo *-si* auch Propositionen in der 1. Pers. Sg. markiert und in Kombination mit Verben mit *-rqa* als Marker für testimoniale Vergangenheit vorkommt (ibid.: 75-77).
Als häufigste Variante für beide Verwendungen, die reportative und die narrative, findet Andrade die Form *dice* (reportativer Gebrauch: 50%, narrativer Gebr.: 63%), gefolgt von der Variante aus *verbum dicendi* + Komplementierer, *dice que* (rep. Gebr.: 23%, narr. Gebr.: 35%). Im reportativen Gebrauch stehen die genannten Varianten zu 80% konstituentenfinal und meist nach der ersten (33%) oder zweiten (34%) Konstituente im Satz. Im narrativen Gebrauch hat die initiale oder finale Konstituentenstellung keine Aussagekraft (je 50%), wohl aber die Präferenz für eine Stellung der Varianten am Satzanfang (21% satzinitial, 49% nach der ersten Konstituente, 18% nach der zweiten Konstituente).

---

[1] Seine Argumentation basiert auf der Annahme, dass verschiedene Formen von *decir*, die bereits im Altspanischen ähnlich in narrativen Kontexten verwendet wurden, von den Sprechern im Andenraum aufgenommen und an narrativen Strategien des Quechua angelehnt ausgebaut und mit größerer Häufigkeit verwendet wurden (2007: 87-88).

Andrade folgert aus diesen Ergebnissen, dass für den peruanischen Andenraum auf zwei Operatoren, auf Basis insb. der Formen *dice* und *dice que*, gefolgert werden muss, die sich genrespezifisch als funktionaler Transfer nach dem Vorbild des Quechuamarkers *–si* entwickelt haben.

Im Folgenden sollen diese Ergebnisse anhand von weiteren Korpusdaten aus Peru überprüft und ergänzt werden, um ein vergleichbares Bild zu den Analysen aus den anderen beiden untersuchten Varietäten zu gewinnen. Die Datengrundlage bilden dabei das publizierte Korpus *Encuentros con voces marginadas*[2] von Carola Mick[3] und vier Stunden noch unveröffentlichte Aufnahmen aus der Region um Chinchero, Peru aus dem Jahr 2011 aus dem Korpus von Ana Isabel García Tesoro.[4]

Um die Kohärenz zur Klassifizierung der Beispiele in den anderen untersuchten Varietäten zu erhalten, wird die Analyse aufgeteilt in – erstens – Beispiele für die Variante *verbum dicendi* + Komplementierer *(dice que)*, die nach dem gleichen System klassifiziert werden wie bei den Analysen der anderen Varietäten, und – zweitens – in Beispiele für andere Varianten und Aspekte der Evidentialitätsmarkierung auf Basis des Verbs *decir*, die im peruanischen Spanisch hervorstechen. Der Schwerpunkt liegt dabei auf den Beispielen des zweiten Punktes.

Begonnen wird mit einem knappen Überblick zu Punkt eins, den Beispielen für die Variante *verbum dicendi* + Komplementierer *(dice que)*.

6.1 Beispiele Typ 1: Verb + Konjunktion

6.1.1 Beispiel ›Aymara‹

In diesem Beispiel kann der *string* im Kontext eindeutig als lexikalisch verwendetes SAGEN klassifiziert werden.

---

[2] Das Korpus besteht aus knapp drei Stunden Ausschnitten von teilstrukturierten Interviews mit peruanischen Hausangestellten, die als Jugendliche aus den ländlichen Provinzen nach Lima migriert sind und von ihrem Leben dort und ihren Zukunftsplänen erzählen.

[3] Publiziert 2011 in Zusammenarbeit mit Daniel Alcón, Stefan Pfänder, Arturo Quispe Lázaro, Marie Skrovec und Elke Schumann.

[4] An dieser Stelle will ich mich ein weiteres Mal bei Ana Isabel García Tesoro für die Bereitstellung des Korpus bedanken. Fernerhin will ich diese Gelegenheit nutzen, um mich bei allen Mitgliedern das Forschungsnetzwerkes *españoldelosandes.org* zu bedanken, deren stets harmonische und produktive Zusammenarbeit diesen Austausch und die gemeinsame Nutzung von Ressourcen und Korpusdaten erst ermöglicht hat.

Dieses Beispiel stammt aus dem Korpus *Encuentros con voces marginadas* von Carola Mick (Seite 115) und ist nur als Transkript verfügbar. An dieser Stelle erklärt die Interviewte, dass die wenigen Menschen in ihrer Heimatregion, die noch Aymara sprechen, keinen großen Wert auf seinen Erhalt legen, weil es so stigmatisiert ist und vor allem, weil ein sauberes Spanisch wichtiger ist. Eine Mischform ist noch schlimmer.

```
mi abuelita tod=ellos hablaron ayamara. entonces dice que
así como acá la gente dice; no? a:; como no habla el aymara
correcto? (.) éste <<acc> el castellano correcto mejor dicho,>
entonces habla como (se mo=terrosa.) no? hablan o sea: como
se:- (.) sí::- (.) no es correcto o sea mezclado; como si
fuera como dicen acá:; los (.) los
```

Der Vergleich, den die Sprecherin aufmacht zwischen dem Sprechen ihrer Großmutter und dem Sprechen der Leute, weist *dice que* hier eindeutig als lexikalische Verwendung aus. Auffallend ist aber die semantische Nuance SAGEN als SPRECHEN, also als Art und Weise des Sagens. Dies verweist ein weiteres Mal auf die weite Ausdehnung der SAGEN-Semantik im Andenraum, die auch in den beiden anderen Varietäten beobachtet werden konnte.

Für die Regler der Visualisierung heißt dies, dass die Ebene der ursprünglichen lexikalischen Bedeutung hier bereits bei Typ 1 leicht nach rechts verschoben werden kann.

Schema 33: ›Aymara‹

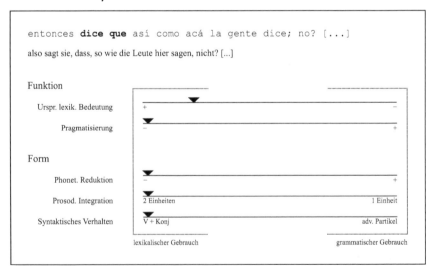

In den folgenden Beispielen des Typs 2 steht *dice que* als ambiges Element, das sowohl lexikalisch gelesen werden kann als auch als Evidentialitätsmarker.

6.2 Beispiele Typ 2: Perspektivierung und Deixis

6.2.1 Beispiel ›Hoffentlich dieses Mädchen‹

In diesem Beispiel ist die Ambiguität des Beispiels im Kontext kaum aufzuheben. Für beide möglichen Lesarten, eine lexikalische und eine evidentiale, gilt jedoch, dass die Perspektive der Erzählsituation von der Erzählerin hin zu einer der Figuren der Erzählung verschoben wird.

In diesem Beispiel aus der Korpuspublikation von Carola Mick, *Encuentros con voces marginadas*, erzählt die Interviewte, wie sie als Hausangestellte zu ihren Arbeitgeberinnen kam, zu denen sie nach wie vor ein gutes Verhältnis pflegt. Dass das Arbeitsverhältnis eine Erfolgsgeschichte wird, war schon von Anfang an auf beiden Seiten zu spüren.

```
    36      H:      después la(s) señora(s) me cuenta(n) no/ (.)
➔   37              después éste: dice que decía dentro de ella (-)
    38              ay cómo quisiera llevarme a esta chica
    39              espero que este señor no se la LLEve
```

In diesem Fall scheint *éste* in Zeile 37, das sich auf eine der beiden Frauen bezieht, eindeutig das Subjekt für *dice que* in derselben Zeile zu sein. Der *string* fungiert in diesem Fall als Einleitung einer indirekten Rede, mit deren Hilfe die Erzählperspektive auf die Figur einer der Frauen gelenkt wird. Die Häufung von *verba dicendi* in den Zeilen 36 und 37 *(me cuenta; dice que; decía)* kann als auffällig und übertrieben expressiv angesehen werden, die SAGEN-Lesart bleibt dennoch plausibel.

Plausibel ist aber auch eine Interpretation als HÖRENSAGEN-Marker, den die Sprecherin der evidentialen Logik nach an dieser Stelle setzen muss, da sie selbst keinesfalls direkte Zeugin der Gedanken *(decía dentro de ella)* ihrer Arbeitgeberin sein kann. Diese auffällige Häufung von *verba dicendi* ist in diesem Fall als einziges Indiz für eine ambige Lesart zu werten.

In der Visualisierung werden beide Lesarten berücksichtigt (die zweite mit weißen Reglern). Für die erste Lesart verschieben sich die Regler kaum im Vergleich zu Typ 1, für die zweite Lesart dagegen muss sich der Regler für die SAGEN-Semantik deutlich in Richtung *secondhand*-Marker bewegen.

Schema 34: ›Hoffentlich dieses Mädchen‹

Ähnliches kann auch für das folgende Beispiel des Typs 2 festgestellt werden. *Dice que* steht als ambiges Element, das sowohl lexikalisch gelesen werden kann als auch als Evidentialitätsmarker.

6.2.2 Beispiel: ›Arbeiten und Studieren‹

Sowohl syntaktisch als auch pragmatisch kann in diesem Beispiel *la gente* als Subjekt für *dice que* interpretiert werden. Der Kontext kann aber auch für eine Lesart als HÖRENSAGEN-Marker sprechen.

> Dieses Beispiel stammt ein weiteres Mal aus dem Korpus *Encuentros con voces marginadas* von Carola Mick (Seite 120). Viele Hausangestellte wollen sich mit ihrer Arbeit im Haus den Unterhalt für ihr Studium in Lima verdienen. Jedoch stellt es sich in der Praxis als extrem schwer heraus, eine Arbeit zu finden, wenn man sagt, man will nebenbei auch noch studieren.

```
    10      L:          porque acá/ (.)
    11                  la gente no te quiere dar trabajo con esTUdio (-)
    12                  porqué:
->  13                  dice que: (.)
    14                  te quitas TIEmpo:/ (.)
```

```
15          estuve como: dos meses creo (.)
16          buscando trabajo así con estudio/
```

Dieses Beispiel erlaubt zwei Interpretationen. Die erste von beiden geht von einer eher lexikalischen Verwendung von *dice que* in Zeile 13 aus, die zweite Interpretation schreibt dem *string* eine stark ausgebildete HÖRENSAGEN-Lesart zu.

Für die erste Interpretation spricht, dass im Kontext kein Widerspruch zu *la gente* (Zeile 11) als Subjekt für *dice que* festgestellt werden kann. Auch die für Typ 2 typische Perspektivierung ist erkennbar. In der indirekt zitierten Aussage der Leute, dass man zu wenig Zeit für die Hausarbeit hat, wenn man gleichzeitig studiert (Zeile 14), steckt der eindeutige Verweis auf die Denkweise der anderen als Kontrast zur eigenen Überzeugung, beides gleichzeitig tun zu können.

In der zweiten Interpretation werden folgende Punkte stärker berücksichtigt: zum einen ist auffällig, dass die Sprecherin vor Verben grundsätzlich generalisierendes ›du‹ verwendet (Zeilen 11 und 14) außer vor *dice que*, obwohl dies vor lexikalisch gebrauchtem SAGEN denkbar und in diesem Kontext konsequent wäre. Für die HÖRENSAGEN-Funktion fällt die Setzung des Pronomens aber weg. Zum anderen erzählt die Sprecherin im Kontext dieses Beispiels aber davon, dass man für seine Ausbildung kämpfen muss. Die Verwendung von *dice que* als HÖRENSAGEN-Marker bietet zu diesem Zweck die Möglichkeit, sich stärker von der Proposition in Zeile 14 zu distanzieren und steigert die Expressivität der Aussage.

Das Beispiel ist also ambig – einerseits stark in seiner Ausgangsverwendung als SAGEN verhaftet, liefert es andererseits Anzeichen für ein Verhalten als Marker. In der Visualisierung werden beide Lesarten dargestellt. Die zweite Interpretation wird von den weißen Reglern angezeigt. Diese schlagen für die Ebenen der ursprünglichen lexikalischen Bedeutung und die Pragmatisierung weiter nach rechts aus als für die Interpretation eins, für die von einer weniger starken pragmatischen Aufladung ausgegangen wird und von mehr Bindung zur SAGEN-Semantik. Folgt man der Ansicht, dass das Fehlen des Objektpronomens vor *dice que* ein Hinweis für eine Fortentwicklung im syntaktischen Verhalten hin zum stärker grammatischen ist, so muss in der zweiten Interpretation auch der Regler für die syntaktische Ebene ein Stück nach rechts verschoben werden.

Schema 35: ›Arbeiten und Studieren‹

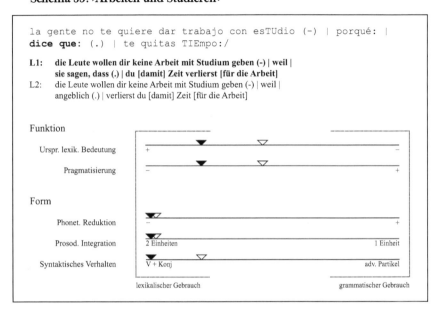

Im nächsten Beispiel des Typs 4 können eindeutige Aussagen gemacht werden. Zwar existieren sowohl in der syntaktischen Umgebung als auch auf pragmatischer Ebene Elemente, die als Subjekt für *dice que* in Frage kommen, die aber über den Kontext ausgeschlossen werden können.

6.3 Beispiele Typ 4: Syntaktische Konkordanz und Diskursstrukturierung

6.3.1 Beispiel: ›Manieren‹

Für dieses Beispiel kann klar auf einen *secondhand*-Marker geschlossen werden. Zwar kommen zuächst für *dice que* zwei mögliche Subjekte in Frage, jedoch klärt die modifizierte Proposition in Zeile 41 den Status des *strings* eindeutig auf, indem sie auf der Interaktionsebene zwischen Interviewerin und Erzählerin angesiedelt, und nicht Teil der Figurenwelt ist.

> Die Sprecherin erzählt von ihrer Arbeitgeberin und davon, warum diese ausgerechnet sie ausgewählt hatte. Dies lag daran, dass sie auf den ersten Blick den Eindruck eines wohlerzogenen Mädchens gemacht hat, im Gegensatz zu den anderen Mädchen, die zur Wahl standen.

```
35  H:   así después me contaron así
36       así dice
37       (H...) me dice
38       porque yo te vi
39       dije
40       a ESta chica me la quiero llevar
→ 41     ojalá (.) porque dice que la señora había ido como dos días
         antes
42       a la misma
43       este: institución/ (.)
44       pero había chicas que no le gustaban dice
45       (que vió es éste ; decía éste)
46       estaban con su cruz colga:do
47       masticando su chi:cle
48       y así me hablaban dijo
49       no me gustaban me dijo
```

In den Zeilen 35-36 bereitet die Erzählerin durch die Markierung einer folgenden direkten Rede durch *me contaron así* und *así dice* den Wechsel auf die Figurenebene der Erzählung vor, auf der sie in den Zeilen 37-40 auch operiert. In Zeile 41 wechselt *H* jedoch zurück auf die Interaktionsebene zwischen ihr und der Interviewerin, um dieser mehr Hintergrundinformation zum besseren Verständnis zu liefern. Für den *string dice que* ergibt sich dadurch die Situation, dass somit keines der zuvor platzierten möglichen Subjekte (*esta chica,* Zeile 40, und die Hauptfigur der Erzählerin, die von jener zitiert wird, in Zeilen 37-40) mehr für die Verwendung von *dice que* als Verbalkonstruktion in Frage kommt.

Interessant an diesem Beispiel ist, dass die Sprecherin *dice que* hier klar als *secondhand*-Marker verwendet, jedoch für den Hörer zunächst eine starke Ambiguität entsteht, da die wiederholte Verwendung von *dice* zur Einleitung und zum Verweis auf direkte Rede in den Zeilen 36, 37 und 39 im Hörer die Erwartungshaltung weckt, dass auch *dice* in Zeile 41 als Signal für direkte Rede zu interpretieren ist.[5]

Für die Visualisierung bedeutet dies, dass auf der Ebene der ursprünglichen lexikalischen Semantik der Regler bereits weit nach rechts rücken muss, da die Funktion als *secondhand*-Marker im Kontext klar ersichtlich ist. Eine starke pragmatische Aufladung des *string* ist nicht feststellbar. Auf prosodischer und phonetischer Ebene ist noch keine Veränderung zu beobachten.

---

[5] Beispiele dieser Art der Ambiguität für den Hörer könnten zu vielversprechenden Ergebnissen bei Experimenten zu Prozessierungszeiten führen und in eine Studie zur Rolle der Wahrnehmung von ambigen Kontexten in Variation und Wandel münden.

Durch die Koppelung an das Verhalten von *dice que* als *secondhand*-Marker verschiebt sich auch der Regler für das syntaktische Verhalten nach rechts, auch wenn die syntaktische Konkordanz großteils noch vorhanden scheint.

Schema 36: ›Manieren‹

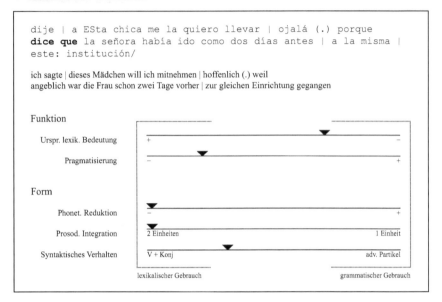

6.4 Beispiele Typ 5: Positionierung

6.4.1 Beispiel: ›Die Hochzeit, Version 1‹ (= Beispiel 6.5.3)

Es finden sich in den Korpora zum peruanischen Spanisch auch Beispiele zum Typ 5. Eines dieser Beispiele wird aber im Rahmen des nächsten Punktes detailliert besprochen, unter dem diejenigen Varianten und Aspekte der Evidentialitätsmarkierung auf Basis des Verbs *decir* analysiert werden, die im peruanischen Spanisch hervorstechen.

6.5 *Verba dicendi* und Evidentialität im peruanischen Spanisch – Aspekte in Variation und Positionierung

6.5.1 Beispiel: ›Der Nacachu‹

Auffällig an diesem Beispiel ist eine Rahmensetzung zur Markierung von direkter Rede mit Formen aus dem *decir*-Paradigma über die Zeilen 123 bis 127. Solche Rahmensetzungen mit *decir* finden sich häufig in den hier untersuchten Korpora, was dafür spricht, dass es sich dabei um eine gezielt einsetzbare Ressource der Sprecher handelt.

Der Informant erzählt davon, wie sich spanische Dominikanermissionare den Aberglauben in der Bevölkerung zu Nutze machten und die Legende vom Nacachu einführten, um eine nächtliche Ausgangssperre durchzusetzen. Dieser Aberglaube hat sich bis heute gehalten.

```
112    Inf:    entonces eso era una: MIEdo (-)
113            (ento ; entonces) ESto siguen creyendo ellos (--)
114            no pueden=hay veces cuando van lejos así caminando/ (-)
115            yo venía un día así (.)
116            °h cuando especialmente cuando
117            cae: la nebli:na/ (.)
118            h[asta el sue]lo/ (.)
119    Entr:   [mhm         ]
120            hmh[m]
121    Inf:       [a]hí cuando te encuentras con alguien te, te (-)
122            hasta se te arroDIllan (--)
→ 123          dicen (.)
124            °h A:y papá
125            tengo (a) mis (xxx) hijos
126            no: vas a hacer daño
127            <<lachend> dic[en      ]>
128    Entr:                [jaja ja]ja
129            (.)
130    Inf:    [(piensan ; dicen) que tú eres nac]achu(h)
131    Entr:   [(xxx)                            ]
```

In beiden hier untersuchten Korpora ist ein Phänomen besonders auffällig. In Fällen von direkter Rede wird diese häufig durch eine Rahmung markiert. Diese Rahmung besteht aus Formen des *decir*-Paradigmas. Dabei steht das konjugierte *verbum dicendi* am Anfang der Intonationsphrase (hier: Zeile 123), gefolgt vom zitierten Wortlaut. Die direkte Rede endet mit der Rahmung durch eine weitere Form aus dem *decir*-Paradigma. Die *decir*-Formen

funktionieren also als Marker für die Anfangs- und Endpunkte der direkten Rede. Ihr syntaktisches Verhalten als finites Verb bleibt dabei erhalten.
Die Grammatikalisierung eines Quotativmarkers ist dabei noch nicht zu erkennen. Die verwendeten Formen von *decir* werden flektiert und tragen ihre volle Valenz.[6] Jedoch kann von einer diskursiven Formularisierung für die Versprachlichung von direkter Rede im peruanischen Korpus gesprochen werden.[7] Ein starkes Argument für eine formelhafte Verwendung, die eindeutig über den rein lexikalischen Gebrauch hinausgeht, sind Beispiele einer *verba dicendi* -Doppelung,[8] wie sie z.B. im Korpus von Mick (2011: 47) vorkommen:

```
entoncs=y m: la chica me contó; me dijo <<p> la señora me
amenaza; me quiere matar;> me dijo así;[9]
```

Auffällig ist weiterhin, dass *decir* vor jeder neuen Proposition in der direkten Rede wiederholt wird und dabei *Apokoinu*-Strukturen bildet, indem es gleichzeitig als klammer-schließender und klammer-öffnender Marker dient, wie folgendes Beispiel aus Mick (2011: 49) zeigt:

```
a: por ejemplo hay una compañera me dice ay; no me gusta
estudiar. aburrido es estudiar. me dice así. a: sí? le digo; e
bonito estudiar; le digo. salir adelante hacer algo. le digo. uno
viene de provincia por algo. no? le digo. tiene su enamorado. a
veces va; a veces no va pues. y eso: le ponen falta pues. y aho
```

Gerade diese redundante Verwendung von *decir* spricht als ein weiteres Argument dafür, dass *decir* hier diskursstrukturierende Funktion hat und nicht aufgrund seiner lexikalischen Semantik eine so hohe Gebrauchsfrequenz innerhalb kürzester Zeit erfährt.

---

[6] Siehe folgendes Beispiel: das Verb ist der Zeitstufe angepasst; die Verwendung des Objektpronomens *me* zeigt eine volle Realisierung der Valenz an.

[7] Legt man jedoch einen sehr weiten Grammatikbegriff zugrunde, wie er insbesondere in der Forschung zur Verbindung von interaktionaler Linguistik und Konstruktionsgrammatik u.a. von Susanne Günthner aufgegriffen wird, der sich besonders für genrespezifische Formalisierungen sehr erfolgreich anwenden lässt (siehe Dankel 2009), so kann man von einem diskursgrammatischen Quotativmarker *decir* sprechen.

[8] Die Verwendung von zwei aufeinanderfolgenden *verba dicendi* in direkter und indirekter Rede, von denen eines als Quotativmarker fungiert, ist ein in den Sprachen der Welt häufig beobachtetes Phänomen, und oft ein erster Schritt auf einem Grammatikalisierungspfad vom *verbum dicendi* über Evidentialitätsmarker (u.a. Aikhenvald 2011: 607, Jäger 2010: 192) hin zum Konnektor (u.a. Chappell 2008: 59-62, Deutscher 2011: 651, Ebert 1991: 87, Heine & Kuteva 2007: 236, Saxena 1995: 351).

[9] Da für diesen Ausschnitt des Korpus keine Tondatei vorliegt, wurde das Transkript direkt aus Mick (2011: 47) übernommen.

Dieser Gebrauch von *decir* als Quotativklammer stellt die von Andrade postulierte strikte Trennung zwischen Reportativmarkern und Narrativmarkern in Frage. So verhält sich *decir* in den hier vorgestellten Beispielen zwar seiner syntaktischen Position nach und besonders in Bezug auf seine diskursive Funktion wie die von Andrade beschriebenen Narrativmarker. In Bezug auf seine syntaktische Einbettung und ihre klar transparente lexikalische Semantik steht es dem, was Andrade als Reportativmarker klassifiziert, näher. Die Quotativklammer mit *decir* kann somit als Bindeglied zwischen den beiden von Andrade beschriebenen Typen betrachtet werden. Ihre Verwendung ermöglicht sowohl eine kognitive Distanzierung als auch eine diskursive Distanzierung zur Proposition und besitzt genau die Eigenschaften, auf deren Grundlage Andrade dafür argumentiert, von zwei Operatoren auf der Basis von *decir* zu sprechen, wie am nächsten Beispiel demonstriert werden soll.

6.5.2 Beispiel: ›Der Vergleich‹

Für die hier beobachtete Rahmensetzung zur Markierung von direkter Rede über die Zeilen 07 bis 11 zeigt die Analyse, wie diese Ressource die Kombination aus diskursiver Funktion und kognitiver Distanzierung leistet.

Die Sprecherin G erzählt davon, dass sie gegen ihre frühere Arbeitgeberin, bei der sie als Hausangestellte gearbeitet hatte, vor Gericht gezogen ist, um das Geld, das sie ihr nicht ausbezahlen wollte, einzuklagen. Sie erzählt auf Nachfrage vom Tag des Vergleichs vor Gericht.

```
   01    C:     y cómo fue la sentencia
   02           (--)
   03    G:     el día de la reconciliación
   04           no quiso éste
   05           no quiso (.)
   06           en un principio no quiso pagarme la señora (---)
➔  07           dice YO no te voy a pagar YO no tengo plata (-)
   08           si quieres que te (pago ; pague)/ (--)
   09           ahí tengo mis mue:bles
   10           con eso te puedo pagar
➔  11           así me dijo
```

In diesem Ausschnitt nimmt die gesamte Rahmensetzung zur Markierung von direkter Rede diskursiv die Funktion einer Begründung ein und stellt somit einen Kausalzusammenhang zur Proposition in Zeile 06 her (die Angeklagte will die Klägerin nicht ausbezahlen). Im Rahmen dieses Kausalzusammenhangs fungiert *dice* als Marker, der ›kognitiv distanziert‹,[10] indem er das Gesagte eindeutig der angeklagten Arbeitgeberin zuweist. Gleichzeitig fungiert *dice* in Zeile 07 aber auch als Marker, der ›diskursiv distanziert‹, also den Wechsel auf eine andere Diskursebene anzeigt – auf eine Sequenz aus direkter Rede.

Ähnliches gilt für den Abschluss der Klammer durch *así me dijo* in Zeile 11. Auch hier wird das *verbum dicendi* in diskursstrukturierender Funktion gesetzt, um das Ende der direkten Redewiedergabe anzuzeigen. Gleichzeitig aber wird das *verbum dicendi* hier strikt in seiner lexikalischen Semantik gebraucht. Deutliches Indiz dafür ist die Setzung des Pronomens *me*, wodurch die volle Valenz des Verbs realisiert wird. Der Charakter einer kognitiven Distanzierung der geklammerten Proposition wird durch das Adverb *así* noch verstärkt, indem präzise auf die Art und Weise der Äußerung der Angeklagten verwiesen wird.

Rahmensetzungen zur Markierung von direkter Rede mit *decir* leisten also beide von Andrade extrapolierten Funktionen zugleich. Damit wird eine klare Trennung von *decir* in zwei verschiedene Operatoren mit klar getrennten Funktionen problematisch.

Im letzten Teil der Analyse dieses Beispiels soll auf weitere Aspekte der Verwendung von *decir* aufmerksam gemacht werden, die auch im Peruanischen zu finden sind. Zum einen gilt es, die Verbindung zur Verlaufsform *diciendo* herzustellen, die bisher im Peruanischen (und auch im Bolivianischen) als die üblicherweise verwendete Quotativform gilt. Zum anderen spielt im weiteren Verlauf des Beispiels die Selbst- und Fremdpositionierung der Sprecherin und die damit verbundene Konstruktion ihrer *agency* anhand des strukturellen Mittels Rahmensetzung zur Markierung von direkter Rede eine entscheidende Rolle. Ein dritter Punkt beobachtet Persistenzeffekte im Sinne von Szmrecsanyi (2005 und 2006), die einen möglichen Pfad zur Entstehung von Diskurspartikeln aus den *decir*-Elementen eröffnen.

---

[10] Der von Andrade (2007) verwendete Terminus der kognitiven Distanzierung ist nicht optimal gewählt. Sprecher verwenden Quotative und Reportative nicht ausschließlich, um sich von einer Proposition zu distanzieren und ihr Verhältnis zur kommunikativen Regresspflicht anzuzeigen. In einem weiteren Schritt positionieren sich die Sprecher zur Proposition und zur Informationsquelle, entweder indem sie sich davon distanzieren oder sich annähern, indem sie von der sozialen Stellung der Quelle profitieren. Will man an der Unterscheidung ›kognitive‹ versus ›diskursive‹ Verwendung festhalten, so wäre ein Vorschlag, der das gesamte Spektrum von Positionierungsmöglichkeiten berücksichtigt, angebracht – zum Beispiel der neutralere Terminus ›kognitive Zuweisung‹. Parallel dazu kann man dann von ›diskursiver Zuweisung‹ sprechen.

Bisher wurde in Studien zum peruanischen Spanisch nur die Verlaufsform *diciendo* als nachgestellter Quotativmarker behandelt (Merma Molina 2007: 271, Escobar 2001: 128; siehe auch Andrade 2007: 6). Diese Verwendung ist als *calque* auf das aus dem Quechua stammende *nispa* zurückzuführen, so die einschlägige Literatur (u.a. Escobar 2000: 135ff., Merma Molina 2007: 263). Wenn auch an dieser Stelle nicht ausführlicher auf die Verwendung von *diciendo* als Quotativ eingegangen und auch dem Verhältnis der hier beschriebenen Klammerkonstruktion zum nachgestellten Quotativ nicht im Detail nachgegangen werden kann, so lassen sich dennoch zwei Beobachtungen machen, die für den weiteren Verlauf dieses Kapitels festgehalten werden sollen. Erstens eignet sich die Rahmensetzung zur Markierung von direkter Rede für eine Nacherzählung eines Dialoges, wie es in dem hier analysierten Beispiel der Fall ist, besser als ein nachgestellter Marker, da so die Dialogpassagen flexibler und hörerfreundlicher strukturiert werden können. Außerdem macht die Erststellung von *dice* hier sofort klar, dass es sich bei der Erklärung dafür, dass die Angeklagte nicht bezahlen kann, um eine Distanzierung der Sprecherin zu dieser Begründung handelt. Dies würde die Quotativ-Konstruktion mit *diciendo* nicht leisten. Für das kommunikative Ziel der Positionierung eignet sich in diesem Kontext die Markierung der direkten Rede über die Rahmensetzung mit *decir* also besser.

Zum zweiten scheint die Klammerstruktur keine eigenständige Quotativ-Konstruktion zu sein, sondern eine für den Kontext (Einbettung von Dialogen in längere Erzählpassagen) angepasste Ressource zur Ausweitung. Dazu gehört zum Beispiel, wie in Zeile 11 *así me dijo*, dass die zitierte Passage in der Vergangenheit verortet werden kann. Auch wenn ein Nachweis schwer zu führen ist, so kann gerade die eben genannte Zeile 11 als ein *string* betrachtet werden, der in engem Verhältnis zur Form *diciendo* steht und semantisch ähnliche Elemente aufweist, jedoch in eine analytische Form gegossen. Das Einfügen des Adverbs *así* durch die Sprecherin als erstes Element der schließenden Klammer aus *decir* fasst den gesamten Passus der direkten Rede als erklärendes Element zusammen, das zurückverweist auf die Zeilen 03-06 *(...no quiso pagarme)*. Soto Rodríguez & Dankel, in Vorbereitung, zeigen, dass auch *nispa* im Quechua und *diciendo* im andinen Spanisch eine solche explikative, kausale Implikation aufweisen. Diese erklärend-kausale Implikation, die sich konvergent zu *nispa* im Quechua entwickelt, kann also vom Sprecher sowohl als Kopie aus Verbstamm und Flexionsmorphologie auf Basis von wahrgenommenen Kategorienähnlichkeiten realisiert werden als auch als analytische Konstruktion lexikalischer Elemente. Das hier analysierte Beispiel kann also veranschaulichen, dass der Transfer von Katego-

rien zu breiter Variation führt, da den Sprechern meist mehrere Ressourcen zur Verfügung stehen, um ein Konzept auszudrücken. Außerdem zeigt sich, dass die strukturelle Umsetzung von Kategorien einer ständigen Anpassung an den diskursiven Kontext unterliegt. Diese pragmatischen Anpassungen erlauben dem Sprecher, die intendierte Expressivität zu erreichen.
Besonders in Bezug auf die Selbst- und Fremdpositionierung der Sprecherin spielen die Expressivitätsstufe des Diskurses und die dazu benötigten sprachlichen Mittel eine entscheidende Rolle, um die Positionierung entsprechend wirksam zu gestalten. Die gesamte Erzählung über den Gerichtstermin der Sprecherin gegen ihre ehemalige Arbeitgeberin ist in Sequenzen von direkter Rede aufgebaut. Dabei ist besonders auffällig, dass die Klammer aus *decir* nicht nur einzelne Zitate umfasst, sondern häufig ganze Szenen. Die Szenenabschnitte, sei es bei Sprecherwechsel, zur Fokalisierung oder zu Beginn eines neuen Argumentes, sind ebenfalls durch *decir*-Formen markiert und scharnierartig miteinander verbunden. Folgender Ausschnitt veranschaulicht dies:

```
   26    G:      ya aha y:
➔  27            ella éste me dijo/ (1,75)
➔  28            yo no tengo dine:ro (.)
➔  29            AH ya señora le digo (1,45)
   30            usted no me va a pagar/ (-)
➔  31            ya lo veremos le dije (2,61)
   32            después cambió de opinión ella
```

In Zeile 27 eröffnet die Sprecherin die direkte Rede mit einem *decir*-Element. Der erste Abschnitt besteht aus der Assertion der Angeklagten, sie habe kein Geld (Zeile 28), und der links herausgestellten, fokusierten Affirmation der Aussage mit retroaktivem *decir*-Element in Scharnierfunktion als Reaktion durch die Sprecherin am Ende der Konstituente in Zeile 29. Dieses Element ist Abschnittsabschluss und Verbindung zum nächsten Abschnitt zugleich. In letzterem formuliert die Sprecherin die Inferenz aus der Assertion der Angeklagten als Frage (Zeile 30), um dann die Gültigkeit durch die eigene Assertion (Zeile 31) in Frage zu stellen, bevor die Quotativklammer durch ein drittes *decir*-Element in Zeile 31 geschlossen wird.
Die ganze Erzählung ist in drei Erzählstufen aufgebaut und steht im Zeichen solcher, von der Sprecherin (re)konstruierter Szenen aus der Gerichtsverhandlung. Die Zeilen 26 bis 32 stehen beispielhaft für diesen Aufbau, sie stellen das Ende der ersten Erzählstufe dar. In Zeile 32 beginnt die zweite. Diese Stufen sind so konstruiert, dass die Sprecherin durch ihre Hart-

näckigkeit nach und nach der Angeklagten den vollen nicht erhaltenen Lohn abringt. Auf einer Makroebene betont die direkte Rede als Mittel der Inszenierung dabei die eigene *agency*-Leistung der Sprecherin. Indem sie die Assertionen ihrer Gegnerin, die behauptet, kein Geld zu haben, nicht schweigend hinnimmt, sondern durch ihre eigenen, hartnäckigen Gegenreden erwidert, schafft sie es, sich auf Augenhöhe mit einer gesellschaftlich ungleich höher stehenden Person durchzusetzen. Dieser Erfolg kann durch direkte Rede und das Zitieren, vor allem des Eingeständnisses der Angeklagten am Ende der Erzählung, besonders expressiv dargestellt werden. Die Sprecherin positioniert ihre Gegenspielerin dabei als prototypische Frau aus der Oberschicht, die auf ihre überlegene Position baut und hofft, dass die Klägerin sich schnell abspeisen lässt. Ihre Selbstpositionierung ist antagonistisch zu den Erwartungen ihrer Gegenspielerin: Die Klägerin ist eine, die die Initiative ergreift und nicht still hält, die einer Auseinandersetzung nicht aus dem Weg geht.

Die Expressivität der direkten Rede ist außerdem entscheidend für die Positionierungsarbeit auf der Diskursebene. Sichtbar wird dies im weiteren Verlauf der Erzählung an den Stellen, an denen die Sprecherin als Klägerin die Zitate der Angeklagten wiederholt, um die Regresspflicht für diese Aussagen einzufordern, wie zum Beispiel in den Zeilen 45 und 49-50.

```
→  45    G:    [us]ted va decir así está bien le dije
    46          usted me va a pagar en partes/ (-)
    47          no pues señora le dije (-)
    48          tú... usted (.)
→  49          usted no dice que... (-)
→  50          es TAN profesional y gana (un) buen sueldo/ (-)
    51          y: (.)
    52          TIEne un colegio particular le dije así/ (--)
    53          usted gana muy bien
    54          es que usted no quiere pagarme le dije
```

Die direkte Rede funktioniert in dieser Erzählung als Darstellung *(depiction)* im Sinne von Clark & Gerrig (1990).[11] In der kulturspezifischen Wahrnehmung andiner Sprecher liefert die Sprecherin somit direkte Evidenz, indem sie den Wortlaut inszeniert. Die Informationsquelle ist so stets eindeutig für jede Assertion nachvollziehbar. Durch die Unmittelbarkeit dieser *depiction*

---

[11] Clark & Gerrig (1990: 767f.) unterscheiden zwischen drei grundlegenden Mitteln der Kommunikation: Beschreibung *(description)*, Index *(indication)* und Demonstration *(demonstration)*. Die direkte Rede zählen sie zu den *demonstrations*, mit der Eigenschaft, dass sie ihre Referenten selektiv darstellen *(depiction)*.

durch direkte Rede und einen Richter als Zeuge[12] wird die erzählte Geschichte auch der Interviewerin gegenüber glaubwürdig. Damit kann die Angeklagte für die Richtigkeit ihrer Äußerungen zur Verantwortung gezogen werden. Denn auch in der Erzählung kann die Angeklagte eindeutig als Ursprung widersprüchlicher Information ausgemacht werden, indem sie sich in ihren Assertionen selbst widerspricht. Die Klägerin nimmt diesen Widerspruch in den Zeilen 45 und 49-50 auf und droht, über die Einforderung der Regresspflicht für die Assertionen ihrer Gegenspielerin diese als Lügnerin bloßzustellen.

Die *decir*-Elemente sind also flexibel einsetzbar und können in Kontexten sowohl zur Präsentmachung und Stärkung der Autorität einer Proposition als auch zu ihrer Schwächung und Distanzierung verwendet werden. Dadurch lässt sich für jede Figur und jede Information, die Bausteine eines Gesprächs sind, eine spezifische Position im diskursiven und sozialen Universum, in dem das Gespräch eingebettet ist, konstruieren.

Ein letzter Aspekt, der an diesem Gesprächsausschnitt beobachtet werden kann, gibt Hinweise darauf, dass der Verlust der internen Konstituenz der *decir*-Elemente und die damit verbundene Entwicklung hin zu diskursstrukturierenden Einheiten mit Potential für eine Entwicklung hin zum grammatischen Marker[13] u.a. auf das Phänomen der Persistenz (Szmrecsanyi 2005, 2006) zurückzuführen ist.

Ein Beispiel für Auswirkungen eines lokalen Persistenzeffektes ist im untenstehenden Textausschnitt zu beobachten:

```
→  71    nos vamos al juicio le dije (--)
   72    nos vamos a(l) juicio/ (.)
   73    y yo me voy éste (.)
   74    yo me voy a ir al ministerio de la mujer a conversar (--)
→  75    si ella no me hace caso yo iría a la defensoria del pueblo (.)
   76    para ESO hay (-)
→  77    le dije
```

---

[12] In den Zeilen 14-24 dieses Gesprächsausschnitts, die hier aus Platzgründen nicht eingefügt wurden, verweist die Erzählerin explizit auf die Anwesenheit eines Richters, der sowohl ihre Aussagen als auch die der Angeklagten gehört hat. Er dient als Nachweis der Richtigkeit der von ihr inszenierten Aussagen.

[13] Dies ist auch im peruanischen Spanisch bereits zu beobachten, wie im weiteren Verlauf gezeigt wird. Aber auch die Arbeit von Andrade (2007: 94) stellt fest, dass spezifischerweise die Narrationsmarker den Bezug zur lexikalischen Semantik des *verbum dicendi* bereits zum Großteil verloren haben und keine ambivalenten Lesarten auftreten.

In dieser Sequenz aus direkter Rede zitiert die Sprecherin ihren Wortlaut gegenüber der Angeklagten. Die Adressatin wird für den Hörer eindeutig identifizierbar durch das *decir-* Element in Kombination mit dem Objektpronomen *le* in Zeile 71. Auch in dieser Sequenz wird die direkte Rede durch *verba dicendi* geklammert. Somit findet sich am Ende der Sequenz ebenso ein *decir-*Element in Kombination mit dem entsprechenden Objektpronomen *le* in Zeile 77. Die Konkordanz dieses Elementes bleibt aber ambig, da die Sprecherin den Referenten in Zeile 75 wechselt. Denn die Sprecherin inszeniert[14] in Zeile 75 entweder das Ansprechen des anwesenden Richters oder sie spricht zur Interviewerin, verlässt somit für einen Moment die direkte Rede, entschließt sich dann aber, auch diese Proposition als direkte Rede mit in die Klammer zu nehmen (Zeile 77). Trotz dieser Referentenwechsel wird hier die Form *le dije* verwendet, die somit stark formelhafte Züge annimmt. Valenz, Flexionsmorphologie und lexikalische Semantik verlieren ihre Relevanz, dominante Aufgabe der Form an dieser Stelle ist die Diskursstrukturierung. Dass zum Abschluss der Rahmensetzung zur Markierung von direkter Rede also genau die gleiche Form verwendet wird wie in Zeile 71 und durch die gesamte Erzählsequenz hindurch,[15] lässt darauf schließen, dass die Wahl dieser Form einem *priming* durch die vorhergehenden Formen unterliegt und somit von einem Persistenzeffekt im Sinne von Szmrecsanyi (2005, 2006) gesprochen werden kann. Auch eine dritte Möglichkeit für das Zustandekommen dieser Ambiguität muss in Betracht gezogen werden. Es ist denkbar, dass die Zeile 75 weder auf den Richter noch auf die Interviewerin referiert, sondern im Rahmen einer lokalen Kohärenz in den Zeilen 74-75 (al ministerio de **la mujer a conversar | si ella no me hace caso...**) auf das Frauenministerium. Somit steht die Wahl von *le dije* in Zeile 77 als Verweis auf die Angeklagte als Referentin nicht im Widerspruch zum Subjekt des Konditionalsatzes in Zeile 75. Diese Möglichkeit begünstigt also zusätzlich die Wahl der Form *le dije*.

Das Entstehen solcher ambigen Konstellationen, in diesem Fall mit drei möglichen Referenzbeziehungen, führt zusammen mit ihrer formelhaften Verwendung dazu, dass die Semantik und Kombinatorik des Lexems *decir* an Gewicht verliert und seine Funktion als diskursstrukturierendes Element die Oberhand gewinnt. Dadurch wiederum nimmt die Anzahl an Kontexten zu, in denen *decir*-Elemente eher grammatisch denn lexikalisch verwen-

---

[14] Dies kann im Gespräch über Gestik und Mimik geschehen und nur auf Basis der Audioaufnahme nicht ausgeschlossen werden.
[15] Siehe zum Beispiel die unterstrichenen Formen in den Zeilen 45-54.

det werden können.[16] Solche Verwendungen liefern also die Grundlage für das mögliche Entstehen eines grammatischen Evidentialitätsmarkers im Andenspanisch.

Für die aktuelle Datengrundlage zum peruanischen Spanisch kann bisher somit festgehalten werden, dass die bisherigen Analysen von Merma Molina (2007) und besonders Andrade (2007) zwar die richtigen Beobachtungen machen, diese aber viel zu statisch modellieren. Eine klar trennbare Verwendungssystematik, wie bei Andrade beschrieben, kann nicht festgestellt werden. Ganz im Gegenteil wird durch die Analyse der bisherigen Beispiele deutlich, dass die Sprecher das große semantische Potential von *decir* erkennen und für jeden Diskurskontext neu operationalisieren. Dabei zeigt sich in der Tat ein Trend, der zur Herausbildung grammatischer Elemente aus dem *verbum dicendi* führen kann. Der aktuelle Status ist aber einer von großer Variation.

An dieser Stelle soll noch einmal vertieft der Frage nach der Positionierung und der häufig damit verknüpften Frage nachgegangen werden, inwiefern *dizque* als Evidentialitätsmarker epistemische Beiklänge entwickeln oder sogar grammatikalisieren kann. In den folgenden beiden Beispielen wird dies erarbeitet. Besonders das Beispiel 6.5.3 kann dabei auch als ein Fall des Typs 5 der im vorherigen Ausschnitt betrachteten Klassifizierung der Varianten von *dice que* gelten.

6.5.3 Beispiel: ›Die Hochzeit, Version 1‹

Die Markierung von Informationsquellen geschieht in diesem Beispiel auf verschiedenen Ebenen der Distanzierung. Diese Markierungen werden dabei mit kombinatorisch-lexikalischen Strategien der Positionierung und Markierung zweifelhafter Information verknüpft. Die von der Sprecherin verwendeten *decir*-Elemente werden grammatisch als Evidentialitätsmarker gebraucht und fungieren auf einer zweiten Distanzierungsebene zur Verstärkung der Positionierung der Sprecherin.

---

[16] Diese Beobachtungen finden ihre Bestätigung in aktuellen Modellierungen von Reanalyse- und Aktualisierungsprozessen wie insbesondere bei De Smet (2012), der zeigt, dass beide Prozesse in einem Kaskadenmodell zu vereinen sind, da durch die stete Ausweitung von Anwendungskontexten einer Form neue Verwendungspotentiale, aber auch Unsicherheiten gegenüber dem Gebrauch entstehen, die nach und nach die Reanalyse einer Form als eine andere Kategorie ermöglichen.

Die Interviewerin *(Entr)* fragt mehrere ihrer Gesprächspartner nach Legenden aus der Gegend. In diesem Fall aber ziert sich die Informantin *(Info)*. Sie will nicht zu den Leuten gezählt werden, die sich dafür interessieren. Wie sie andeutet, weiß sie aber ganz genau, auf welche Legende die Interviewerin hinaus will. Umgekehrt spürt auch die Interviewerin, dass ihre Informantin mehr erzählen könnte, als sie preisgeben will und hakt vorsichtig aber bestimmt nach. Die Informantin reagiert ausweichend, indem sie zwar ein paar Bruchstücke der Legende preisgibt, das Wissen darum schreibt sie jedoch anderen zu.

```
287    Entr:   le quería preguntar también:
288            hay: aquí algunas leyenda:s
289            que cuentan las a: lo mejor las personas mayores
290            los abuelos
291            (.)
292            por ejemplo de l:a laguna Piura:
293            (.)
294    Info:   P[iuré]
295    Entr:   [ust ] (.)
296            usted conoce alguna leyenda que me pueda [contar/]
297    Info:                                            [N:o:   ]
→ 298          ANTIguos nomás saben (pe ; pero)
  299          (-)
  300  Entr:   usted ya no sabe ninguna:/
  301  Info:   no:
  302          ya no
  303  Entr:   ((lacht))
  304  Info:   (antes) a: lo que (hablaban nomás) escuché yo t[ambién]
  305  Entr:                                                  [sí sí ]
                sí sí
  306          (.)
  307  Info:   aha
  308          (.)
  309  Entr:   no sabe ninguna:/
  310  Info:   no:
  311  Entr:   no/
  312  Info:   no
  313  Entr:   <<lachend> ah qué pena>
→ 314  Info:   SÍ algunos hablan (así) (que era:) este tenía que s...
  315  Entr:   ((lacht))
  316  Info:   ese (dice que) tenía que ser CUZco[17] (pe ; pero)
  317          (-)
  318  Entr:   mhm
  319          (.)
→ 320  Info:   entonces no eh un viejito dice ha veni:do
```

---

[17] Hier in der Bedeutung von ›Ansiedlung‹, ›Dorf‹.

```
       321              (.)
       322     Entr:    sí
       323              (.)
→      324     Info:    había un matrimonio dice
→      325              así nos (cuentan)
       326              pero yo no sé (.)
→      327              no hemos visto ya na:da de (del:) (-)
       328              lo que hablan nomás escuchamos (pe ; pero)
       329              (-)
       330     Entr:    pero usted no no: no sabe ninguna/
       331              no me [puede contar/]
       332     Info:          [no no          ]
       333              no ((lacht))
       334     Entr:    ((lacht))
→      335     Info:    no: eso es lo que: nos ha:blan nos ha:blan (es con)
       336              los que no:s (los que) hablan (eso nomás escuchamos)
       337              no sam... hm no sé
       338              NO sé este la historia
       339              (.)
       340     Entr:    m[:h]
       341     Info:     [a ][ha]
       342     Entr:         [mh] hm hm
```

Zu erwähnen sind in diesem Ausschnitt zunächst die Zeilen 316, 320 und 324, in denen die Formen *dice que* und *dice* als klare Evidentialitätsmarker, jedoch mit noch transparenter lexikalischer Semantik gebraucht werden. Ein spezifisches Subjekt ist syntaktisch nicht vorhanden. Diskurspragmatisch wäre denkbar, dass die unspezifizierte Menge *algunos* in Zeile 314 als Referent in Frage kommen kann.

Die Referentenfrage ist in diesem Fall aber komplexer, da im Diskurs der Informantin zwei Distanzierungsebenen ausgemacht werden können. *Dice que* in Zeile 316 und im Nachhall auch die beiden *dice*-Formen in den Zeilen 320 und 324 können nicht als lexikalisch gebraucht, sondern eindeutig als grammatische Marker identifiziert werden. Entscheidend dafür ist, dass die Sprecherin auf einer ersten Ebene den reportativen Kontext in den Zeilen 304 und 314 durch den Gebrauch von alternativen *verba dicendi* (in diesem Fall Formen von *hablar*) etabliert. Die *decir*-Formen operieren auf einer zweiten Ebene. Durch eine kontrastive Betrachtung der Zeilen 314 und 316 wird dies sichtbar: Ist es das Anliegen der Sprecherin, die weitergegebene Information rein reportativ wiederzugeben, reicht die erste Ebene aus (Zeile 314). Sie korrigiert sich in Zeile 316 jedoch ganz bewusst und fügt *dice que* ein. Dies wirkt disambiguierend dahingehend, dass sich die Sprecherin zur kommunizierten Information positioniert. Durch das epistemisch modal starke *tenía que* in Zeile 314 kann im reportativen Kontext auf erster Ebene die Lesart entstehen, dass die Quelle, auf die verwiesen wird, als Autorität für die Richtigkeit der Information zitiert wird. Genau dies ist aber nicht das Ziel der Sprecherin, sie will das Gegenteil erreichen. Indem sie in Zeile 316 in Korrektur *dice que* als Marker vor die mit *tenía que* eingeleitete Information (die Lagune muss einst eine Ansiedlung gewesen sein) setzt und somit eine zweite Distanzierungsebene schafft, findet ein doppelter Entzug der Regresspflicht für die Information statt, gleichzeitig diskursiv und kognitiv. Diese Verschiebung in einen Status, in dem die tatsächliche Quelle der Information nicht mehr nachvollziehbar ist, erlaubt es der Sprecherin, eine Wertung des Zweifels über die Information zu legen.[18]

Entscheidend dabei ist, dass die beiden Marker in den Zeilen 320 und 324 in systematischer Verbindung zum Marker in Zeile 316 stehen. Während durch *dice que* in Zeile 316 die Verortung der Legende an sich und ihr erzählerischer Rahmen in Zweifel gezogen werden, so fokussieren die beiden *dice*-Formen in den Zeilen 320 und 324 die einzigen Detailinformationen über die Handlung der Legende (ein alter Mann kam zu einer Hochzeit), die die Sprecherin preisgibt. Somit wird systematisch jegliche konkrete Information zur Geschichte auf die zweite Distanzierungsstufe gestellt und in Zweifel gezogen.

Die Sprecherin erreicht damit erstens die Diskreditierung der Legende an sich sowie, zweitens, spezifischer Teilinformationen der Legende und positioniert sich drittens als prinzipiell uninteressiert an solchen Geschichten. Sie positioniert sich selbst als uninteressiert an solchen Geschichten und deshalb als unwillig, diese zu erzählen. Dies erreicht die Sprecherin, indem sie die erste Distanzierungsebene konsequent in Kontrast zur ständigen Betonung des eigenen Unwissenheitsstatus konstruiert (siehe insbesondere die Zeilen 298-304, 325-326 und 335-338).

Diese Kontrastierung bildet zusammen mit der ebenso konsequenten Weigerung der Informantin, die Legende zu erzählen, ein Spannungsfeld aus Negationspartikeln *(no)*, epistemischen Verben *(no sé; antiguas nomás saben)* und Versatzstücken mit den Kommunikationsverben *hablar* und *escuchar*, was die Grundlage für das Erzeugen der epistemischen Beiklänge des Zweifelns schafft. Das Spannungsdreieck aus ›nicht wissen‹, ›nicht erzählen wollen‹ und ›Erzählungen der Anderen‹ kann in den Zeilen 298-304 und

---

[18] Entscheidend unterstützt wird die Etablierung dieser Positionierung über prosodische Muster, die Skepsis und Zweifel betonen.

335-338 besonders deutlich beobachtet werden und erzeugt eine epistemisch vorgeprägte erste Distanzierungsebene. Darauf aufbauend ist es durch die erneute Distanzierung über die *decir*-Formen möglich, diesen Effekt zu verstärken und eine mögliche Interpretation der Anderen als Quellenautorität zu neutralisieren.

Die Sprecherin nutzt aber auch eine zweite Möglichkeit, den Effekt der Zweifelhaftigkeit zu verstärken, indem sie in den Zeilen 327-328 die erste Distanzierungsebene mit einer lexikalischen Realisierung direkter Evidentialität kontrastiert (no hemos visto ya nada de (hoy ; él)) und dazu für das Prädikat die 3. Pers. Pl. wählt, die die Informantin und die Anderen zu einer Gruppe zusammenfasst. Somit weist sie sich und den Anderen eine identische Zeugenschaft zu.

Zusammenfassend ist zu diesem Beispiel festzuhalten, dass hier durch eine strikte Kontrastierung von direkt und indirekt bezeugter Information auf mehreren Ebenen eine klare Distanzierung der Sprecherin von der zu erzählenden Geschichte erreicht wird. Entscheidend ist dabei auch die starke Häufung und Wiederholung des Distanzierungsdiskurses. Wie die nachfolgende graphische Aufbereitung des Beispiels veranschaulicht, nehmen die Distanzierungsstrategien deutlich mehr Diskursraum ein als die Geschichte selbst. Die Informantin betreibt höchsten diskursiven Aufwand, um sich von der angefragten Legende zu distanzieren.

Die Frage der Interviewerin, ob die Informantin Legenden kennt, wird negiert und es wird auf die alten Leute verwiesen. Das Insistieren der Interviewerin wird noch zwei weitere Male mit der Kombination aus Negation und Verweis auf Andere abgewiesen. Danach geht die Informantin dennoch auf die Nachfrage ein, die schließlich explizit auf einen Ort, die Lagune *Piuré*, fokussiert war. Dies deutet der Informantin an, dass die Interviewerin die Legende schon kennt, die sie hören will und eventuell auch weiß, dass die Informantin von dieser Legende bereits gehört haben muss. Jedoch gibt sie nur die Kernelemente der Legende preis und arbeitet mit Evidentialitätsmarkern zur Etablierung einer zweiten Distanzierungsebene. Die darauf folgende rückversichernde, nochmalige Nachfrage der Interviewerin wird wiederum mit der Strategie aus Negation und Verweis auf Andere abgewiesen. Die graphische Aufbereitung ist unterteilt in die Redebeiträge der Interviewerin (in hellgrau gekennzeichnet) und die Redebeiträge der Informantin, die in die drei Spalten ›Marker‹ (Distanzierungsebene 2), ›Geschichte‹ (und epistemische Markierungen) und ›Hörensagen‹ (Distanzierungsebene 1) unterteilt sind und graphisch durch verschiedene dunkelgraue (›Hörensagen‹, ›Marker‹) und schwarze (›Geschichte‹) Töne abgestuft sind. Unter ›Marker‹

finden sich die grammatischen Marker für Evidentialität, unter ›Geschichte‹ stehen die Versatzstücke mit konkreter Information zur Geschichte und deren epistemische Markierungen durch die Sprecherin. Unter ›Hörensagen‹ sind alle Versatzstzücke geordnet, die auf andere Personen als Quelle verweisen. Die Tabelle ist von links oben nach rechts unten zu lesen. Der sequenzielle Ablauf des Gesprächs wurde beibehalten.

Schema 37: Markierungsebenen für Evidentialität im Beispiel ›Die Hochzeit, Version 1‹

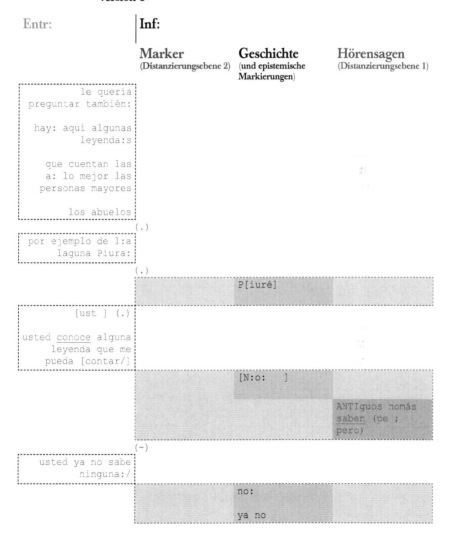

((lacht))			
		(antes)	a: lo que (hablaban nomás) escuché yo t[ambién]
[sí sí] sí sí			
	(.)		
		aha	
	(.)		
no sabe ninguna:/			
		no:	
no/			
		no	
<<lachend> ah qué pena>			
		sí este tenía que s...	algunos hablan (así)(que era:)
((lacht))			
	ese (dice que)	tenía que ser CUZco (pe ; pero)	
	(-)		
mhm			
	(.)		
	dice	entonces no eh un viejito ha veni:do	
sí	(.)		
	(.)		
	dice	había un matrimonio	

198

			así nos (cuentan)
		pero yo no sé (.)	
			no hemos visto ya nada de (del:) (-)
			lo que hablan nomás escuchamos (pe ; pero)
	(-)		
pero usted no no: no sabe ninguna/			
no me [puede contar/]			
		[no no]	
		no ((lacht))	
((lacht))			
		no:	eso es lo que: nos ha:blan nos ha:blan (es con)
			los que no:s (los que) hablan (eso nomás escuchamos)
		no sam... hm no sé NO sé este la historia	
	(.)		
m[:h]			
		[a][ha]	
[mh] hm hm			

6.5.4 Beispiel: ›Die Hochzeit, Version 2‹

Auch in diesem Beispiel, einer zweiten Version derselben Legende, erzählt von einem anderen Sprecher, fungieren die *decir*-Elemente als Evidentialitätsmarker. Auch in diesem Beispiel werden sie benutzt, um Positionierungsarbeit zu leisten. Ziel ist diesmal aber nicht die Distanzierung vom informativen Gehalt der Propositionen. Im Gegenteil: die Nachvollziehbarkeit der (indirekten) Quellen ist das Ziel. Diese wird im Kontext zur Schaffung glaubwürdiger Autorität benutzt.

Auch in dieser Sequenz fragt die Interviewerin *(Entr)* ihren Gesprächspartner nach Legenden aus der Gegend. Der Informant *(Info)* geht sofort darauf ein und erzählt davon, wie ihm berichtet wurde, dass die Lagune früher eine Ortschaft war. Aber einst bei einer Hochzeit kam ein alter, schmutziger Mann und wurde schlecht behandelt. Nur eine einzige Frau zeigte Mitleid und gab ihm zu Essen. Der Mann warnte sie, sie solle den Ort verlassen. Das tat sie und als sie sich auf dem Weg umdrehte, war der Ort überschwemmt und zur Lagune geworden.

```
213    Entr:  bueno para terminar/ (-)
214           sabe:
215           aquí hay alguna:s leyenda:s (.)
216           a lo mejor le han contado sus papás o sus abuelos (.)
217           por e[jemplo de la creació]n d[el LAgo    ]
218    Info:       [(xxx)               ]
219                                       [de la lagu]na
220           (.)
221    Entr:  sí de la lag[una o a]lgo
222    Info:              [ah     ]
223           [sí ]
224    Entr:  [cono]ce alguna que me pueda contar
225           (.)
226    Info:  sí (--)
227           y: h°
228    Entr:  por favor/
229           (.)
➔ 230  Info:  antes no había una laguna dice
231           (a:h) según que me han (contao ; contado)/
232           (.)
233    Entr:  eh[e    ]
234    Info:    [que no] era: laguna
235           (.)
236    Entr:  aha
237           (.)
238    Info:  (y) había una fiesta/ (-)
239           acá en la:
```

→ 240		hay un: (--)
241		sitio **dice que** se llamaba (Unchuqusq'uku)
242		(-)
243	Entr:	mhm/
244		(-)
245	Info:	aBAjo ahí hay UN sitio entonces (.)
246		(ahí) U:na fiesta hacían no/ (--)
247		lo que es eh matrimo:nio (.)
248		todo estaba realizándo[se:]
249	Entr:	[m:h]m
250	Info:	en esa FIEsta, entonces/ (--)
251		um:n:a:
252		un viejito llegó no/ (.)
253		de viaje (-)
254		con un: (-)
255		moco:
256		(todo un...) (.)
257		(no n... todo de:) (-)
258		s[us ropas eran destr]oza:do todo era (--)
259	Entr:	[(xx) (feo)]
260	Info:	(y) entonces Una: (-)
261		SEñora (.)
→ 262		por compasión no/ (---)
263		**decía:** (.)
264		<<Quechua> pero wiraqucha pasaykamuy así>[19]
265		(y) le ha invitao no/ (-)
→ 266		y (.) gracias señora (le ; la) **ha dicho** (.)
267		**que** (--)
268		señora: tienes que ir a (.)
269		por (.)
270		por (x) (.)
271		(de atrás ; detrás) del muro por ahí nomás tienes que seguir así nomás (-)
272	Entr:	M[hm]
273	Info:	[tienes] que ir nomás (---)
274		y verdad pues
275		la señora (ahora diciendo eso ; obedeciendo eso) entonces (--)
276		siguió entonces (.)
277		por casualidad eh la señora se volteó/ (1,09)
278		y se ha convertido la laguna
279		(a) esta laguna

---

[19] Übersetzt auf Spanisch: Pero Señor *(wiraqucha)*, pasa por favor *(pasa-yka-mu-y)*.

Der Informant, der die zweite Version der Legende von der Lagune, die einst eine Ansiedlung war, erzählt, arbeitet genauso wie die Sprecherin im Beispiel ›Matrimonio Version 1‹ mit *dice que* und *dice* als Evidentialitätsmarker. Dabei sind zwei Aspekte besonders auffallend.
Zum einen tritt in diesem Beispiel deutlicher hervor, dass hier stärker als eine eventuell noch vorhandene Transparenz der SAGEN-Semantik die syntaktische Einbettung der Form nach wie vor wie die eines Verbs funktioniert. So ist syntaktisch kein Subjekt für das retroaktive *dice* in Zeile 230 auszumachen. Jedoch lässt der syntaktische Anschluss mit *que* in Zeile 234 darauf schließen, dass *dice* in dieser Situation syntaktisch als Verb des Matrixsatzes analysiert wird. Der Anschluss mit *que* in Zeile 234 kann deshalb *dice* in Zeile 230 zugeordnet werden, weil Zeile 231 insbesondere prosodisch als abgeschlossener Einschub fungiert.[20] Einen starken Hinweis darauf, dass *dice* in Zeile 230 als absolut subjektloser Marker verwendet wird, liefert der Informant durch seine Reformulierung der Evidentialitätsmarkierung als rückversichernden Einschub in Zeile 231 also selbst. Diese Verständnissicherung durch die Betonung der indirekten Quellenlage gegenüber der Interviewerin ist nachvollziehbar, schließlich ist von ihr als Ausländerin nicht zu erwarten, dass sie den Gebrauch des Markers *dice* versteht.
Dennoch lässt sich diskurspragmatisch nicht eindeutig ausschließen, dass die Eltern des Informanten, die von der Interviewerin als mögliche Quelle für die angefragte Legende in Zeile 216 ins Spiel gebracht wurden, als Referenten in Frage kommen.
Der zweite auffällige Aspekt schließt unmittelbar an die Beobachtungen aus den Zeilen 230 und 234 an. Der syntaktische Anschluss von *que* in Zeile 234 an *dice* in Zeile 230 gibt den beiden Elementen den Status einer Scharnierkonstruktion. Ein solcher *Apokoinu*-Anschluss ist auch in den Zeilen 266-268 und mit Einschränkungen in den Zeilen 240-241 zu beobachten. Diese vorzugsweise Verwendung von *decir*-Formen in Scharnierkonstruktionen lässt darauf schließen, dass eine hohe Übergangswahrscheinlichkeit von *decir* zu *que* besteht und somit die Kombination *decir que* als etablierter *string* gelten kann.

---

[20] Ein deutlicher Hinweis auf diese Abgeschlossenheit ist, dass der Sprecher explizit ein *backchanneling* durch die Interviewerin zu erwarten scheint, um eine Rückversicherung zu haben, dass die Quellenmarkierung verstanden wurde. Prosodisch auffällige Stellen, die dies belegen, sind das retraktionseinleitende (a:h) zu Beginn der Intonationsphrase und der finale Tonhöhenanstieg, der prosodisch die Frage nach Verständnis-*feedback* signalisiert.

Auch in dieser zweiten Erzählversion der Legende operiert der Sprecher mit den Elementen *dice* und *dice que* als Evidentialitätsmarker, um sich selbst als direkte Quelle auszuschließen. Seine Positionierungarbeit ist aber eine völlig andere als in der Version der Informantin aus dem vorhergehenden Beispiel. Von einer Distanzierung kann man in dieser Version nur im Sinne einer Distanzierung von der Informationsquelle, nicht jedoch vom informativen Gehalt der Propositionen sprechen. Besonders die Verwendung von direkter Rede in den Zeilen 262-264 und 266-268 zeugt davon, dass sich der Sprecher mit der Legende identifiziert und Wert darauf legt, sich auch an den ihm überlieferten Wortlaut zu erinnern. Die Zitierung des Wortlautes verleiht der Erzählung fernerhin Autorität, indem sie innerhalb der Figurenwelt der Erzählung direkte Evidenz für die Vorkommnisse liefert.[21] Der Erzähler positioniert sich in dieser Version also nicht als Zweifler ohne Interesse an dieser Legende, sondern als guter Kenner der Geschichte, deren Inhalt er zwar nicht direkt bezeugen kann, der aber dennoch als Bestandteil des kommunikativen Gedächtnisses[22] und im Konstituentenkanon der regionalen Identität hohes Ansehen genießt und somit als glaubwürdige Autorität anerkannt ist.

Diese positive Positionierung über die Distanzierung durch Evidentialitätsmarker zeichnet sich auch durch diskursstrukturelle Unterschiede aus. Zum einen operiert der Sprecher hier nur mit einer Distanzierungsebene, die er durch Passagen von latent markiertem Diskurs und direkter Rede wieder abschwächt. Zum anderen ist er sehr sparsam mit Evidentialitätsmarkern. Er setzt sie nur am Anfang der Sequenz (Zeilen 230-234 und 240-241) an Propositionen, die den Rahmen der Geschichte bilden (die Lagune war früher eine Ortschaft mit dem Namen Unchuqusq'uku). Dies ist zwar ausreichend als Quellenmarkierung, da die Ausführung der Geschichte dem Rahmen diskursiv untergeordnet ist und ein evidential markierter Rahmen somit auch die ganze Erzählung evidential markiert. Jedoch entsteht durch eben diese ausschließliche Rahmenmarkierung die schon erwähnte Latenz. Zusammenfassend kann also vermerkt werden, dass in diesem Fall die unauffällige und teilweise bewusst diskursiv zurückgenommene Evidentiali-

---

[21] In dieser Sequenz lässt sich also ein ähnliches Phänomen beobachten wie bereits in Kapitel 2.3.4.1 (Beispiel ›Ausschnitt 2‹): mit der Einführung der direkten Rede verschiebt der Sprecher das deiktische Zentrum und schafft so eine neue Situation für die evidentiale Referenz.

[22] Zur Konstitution des kommunikativen Gedächtnisses siehe z.B. Assmann & Assmann 1988.

tätsmarkierung dazu führt, dass die indirekte Quellenmarkierung die Autorität und Glaubwürdigkeit der Geschichte unterstützt.

Ich fasse nun die Beobachtungen an den beiden Versionen des Beispiels ›Matrimonio‹ unter den Gesichtspunkten der Positionierung und der häufig verknüpften Frage nach epistemischen Beiklängen bei *dizque* als Evidentialitätsmarker zusammen.

In beiden Beispielen werden dieselben Formen von *decir* als Evidentialitätsmarkierung eingesetzt, um die gleiche Geschichte zu erzählen. Beide Versionen der Geschichte sind jedoch grundverschieden. Genauso grundverschieden ist die Verwendung der Evidentialitätsmarker. Zwar scheint *dice que* in der Tat im Beispiel ›Matrimonio Version 1‹ Beiklänge des Zweifels als epistemische Erweiterung zu entwickeln, wie es in der Fachliteratur häufig postuliert wurde (u.a. Miglio 2010), jedoch zeigt das Beispiel ›Matrimonio Version 2‹, dass diese epistemische Erweiterung auch in die gegenteilige Richtung erfolgt. Es ist daher genau zu unterscheiden, welche semantischen Eigenschaften genuin den evidential verwendeten *decir*-Elementen zugeschrieben werden können und welche erst unter Hinzunahme komplexer Diskursstrukturierung im Kontext entstehen. Die beiden hier analysierten Beispiele zeigen dies deutlich. Eine evidentiale Distanzierung von einer Proposition ist zunächst einmal metasprachlich. Sie betrifft nur die Äußerung an sich und erst in zweiter Linie ihren assertiven Charakter. Das heißt, dass die kommunikative Regresspflicht zunächst inhaltsneutral für die Äußerung an sich zurückgewiesen wird. Die Positionierung zum Inhalt und somit auch die epistemische Einstufung des Geäußerten erfolgt erst in der Situierung im diskursiven Kontext. Dementsprechend muss eine Analyse von *dice que*, *dizque*, usw. zunächst kontextsensitiv erfolgen. Fernerhin ergibt sich aus dieser klaren Zuordnung der Positionierungsarbeit in den Kontext, dass epistemische Beiklänge nicht dem Marker an sich zugesprochen werden können.[23] Das Verhältnis von evidentialen zu epistemischen Markern und die Entwicklung eines Evidentialitätsmarkers zum epistemischen Marker muss durch diesen starken Kontexteinfluss als komplexer betrachtet werden als bisher angenommen. Die Verbindung zwischen Evidentialität und epistemi-

---

[23] Dies bedeutet nicht, dass der Evidentialitätsmarker *dice que/dizque* sich nicht zum epistemischen Marker weiterentwickeln kann. Eine solche mögliche Entwicklung stellt aber mithin ein eigenständiges Phänomen dar, indem sich der Kontext zur epistemischen Einstufung auf eine Form hin verdichtet. Dieser Sprung in der Entwicklung von *dice que/dizque* ist also als neue Entwicklungsrichtung anzusehen, die in erster Linie durch die Skopusreduktion ausgelöst zu werden scheint. Er verdient also eine gesonderte Betrachtung, die nicht mehr Teil dieser Arbeit ist.

scher Modalität tritt aber besonders im Beispiel ›Matrimonio Version 1‹ klar zu Tage, zumindest für den Andenraum, wenn auch an einer anderen Stelle als bisher postuliert. Betont wird im Andenraum eine starke Verknüpfung von WISSEN und SAGEN. Nur das eigene sichere Wissen kann auch gesagt werden. Nur was selbst erlebt und bezeugt wurde, kann sprachlich weitergereicht werden. Die Informantin in der ersten Version des Beispiels baut ihren Diskurs genau darauf auf. Sie konstruiert die Legende als bestehend aus nicht rekonstruierbaren Quellen; damit kann sie auch nichts über die Legende wissen und kann nicht darüber erzählen.[24]

---

[24] Interessanterweise hätte dies eine sehr positive Positionierung zu indirekten Informationsquellen zur Folge, da die Quelle somit, solange sie rekonstruierbare Autorität besitzt, voll gültig ist, auch als indirekte Quelle. Auch eine indirekte Quelle kann also gesichertes Wissen ausdrücken.

7 Synopse

Fasst man die Ergebnisse aus den drei Varietäten zusammen, so ergibt sich folgendes Bild: In der Tendenz zeigt sich bei allen die Grammatikalisierung des Vollverbs hin zum grammatischen Marker. Dabei ist die Grammatikalisierung von *secondhand*-Information in Ecuador bereits am weitesten fortgeschritten. Dies zeigt sich daran, dass *dizque* in Ecuador nahezu ausschließlich *secondhand*-Information markiert, ohne dass es mit zusätzlichen Bedeutungen (epistemischer Zweifel) oder Diskursfunktionen (Distanzierung oder Autoritätssetzung) aufgeladen wird.
Auch in Bolivien fungiert *dice que* häufig rein zur Markierung für Information aus zweiter Hand, jedoch ist eine stärkere Einbindung besonders von Distanzierung oder Autoritätssetzung zu beobachten. Außerdem fungiert *dice que* häufig als offene Form, deren kategorielle Zuordnung ambig bleibt.
In Peru ist besonders die enge Verknüpfung der *secondhand*-Marker mit Quotativ-Konstruktionen auffällig, wodurch hier die Funktionen der Distanzierung oder Autoritätssetzung in den Vordergrund treten. Noch häufig sind lexikalische Strategien mit dem Plural *dicen*. Im Verhältnis ist besonders die *secondhand*-Markierung mit *dice* dominant, wie auch von anderen Studien bestätigt wird (Andrade 2007, Merma Molina 2007). Wenn die Sprecher die Form *dice que* wählen, dann lässt sich ein klarer *secondhand*-Gebrauch konstatieren.
Die subjektivierenden Funktionen von Distanzierung und Zweifel, die besonders in Bolivien und Peru zu Tage treten, sind typisch für einen noch stärker an der Pragmatik orientierten Gebrauch der *decir*-Marker. Wenn diese dann voll obligatorisch verwendet werden, wie es in Ecuador bereits der Fall zu sein scheint, so funktioniert diese epistemische und diskurspragmatische Aufladung nicht mehr.
Auf der formalen Seite zeigt sich ein besonders deutlicher Unterschied zwischen dem stark univerbierten *dizque*, das die dominante Form in Ecuador darstellt, und den noch stärker ambigen Formen in Bolivien und Peru. Während in den bolivianischen Daten bereits vereinzelt Formen zu Tage treten, die man als univerbiert bezeichnen kann, so ist in Peru auch bei den *dice que-strings* stets die volle phonetische Realisierung feststellbar.
Dafür hat in Peru und Bolivien die Verwendung von *dice* meist rechtsversetzt oder postponiert in retroaktiver Funktion stärkeres Gewicht als Marker.

In allen drei Varietäten werden die strukturellen Möglichkeiten des Spanischen ausgereizt und die sich bietenden Pfade ausgenutzt und ausgebaut. Dies passiert behutsam über das Ausnutzen von Ambiguitäten (syntaktisch und semantisch), die sich im Kontext wieder auflösen. Diese werden weiterentwickelt und verschieben das Verb immer mehr zur Partikel. Der zunehmende Verlust der Satzfähigkeit spiegelt sich vor allem im ecuadorianischen Spanisch wider, wo die Form *dizque* sowohl ihr syntaktisches als auch ihr morphologisches Subjekt verloren hat, die Numerus- und Tempuskonkordanz nicht beachtet wird und die Form kein Valenzträger ist, wodurch eine Kombination beispielsweise mit Objektpronomen nicht mehr möglich ist. Olbertz (2005: 93) zeigt fernerhin, dass *dizque* erste Tendenzen der syntaktischen Fixierung unmittelbar vor Verben in der 3. Pers. aufweist und als Verbalkomplex funktioniert.

Im bolivianischen Spanisch und im peruanischen Spanisch kann *dice que* in der Mehrzahl der Fälle als das Element analysiert werden, das den Matrixsatz konstituiert, auch wenn der Verlust der eindeutigen Sprecherreferenz und fehlende Valenzrealisierungen ebenfalls an dieser Stelle für Ambiguität sorgen und in einigen Fällen auch die Numeruskonkordanz bereits nicht mehr beachtet wird.

Besonders im peruanischen Spanisch lässt sich häufig noch ein implizites pragmatisches Subjekt rekonstruieren, auch wenn kein syntaktisches Subjekt vorhanden ist. Generell betrachtet stehen die evidential gebrauchten *decir*-Elemente dem ursprünglichen lexikalischen Gebrauch noch auf allen Ebenen näher als in Bolivien.

Im bolivianischen Spanisch ist hingegen zu beobachten, dass syntaktisch zwar mögliche Subjektreferenten vorhanden sind, diese aber pragmatisch nicht in Frage kommen. Charakteristisch ist dabei die sich daraus ergebende Ambiguität, entweder auf einer oder auf allen analysierten Ebenen, so dass der Gebrauch von *dice que* in Bolivien sich durch seine starke Dynamik auszeichnet.

Der Verlust der Satzfähigkeit steht fernerhin in engem Zusammenhang damit, ob die Marker *dizque* oder *dice que* in eine prosodisch-phonetische Kontur integriert werden, wie dies für *dizque* in Ecuador deutlich der Fall ist, oder ob der *string* über zwei Konturen hinweg realisiert wird, wie das meist im bolivianischen und peruanischen Spanisch bei *dice que* noch der Fall ist. Außerdem entwickelt das bolivianische Spanisch eine Rahmentechnik für die *secondhand*-Markierung *(dice que ... dice)*, das peruanische Spanisch hingegen setzt sehr häufig einen Rahmen aus *decir*-Elementen für Quotativ-Konstruktionen *(dice...dice)*. Diese Rahmentechniken sind in den Varietäten als

Ressource ständig in der Hinterhand des Sprechers und können bei Bedarf als fixes Schema verwendet werden.

Zur Markierung von Quotativen kennt das ecuadorianische Spanisch den *string dizque dice*, der bereits als lexikalisiert gelten kann. Im Bolivianischen wurde häufig, wenn auch nicht in dem hier verwendeten Korpus, der *string dice diciendo* in der Funktion eines Quotativmarkers beschrieben (u.a. bei Pfänder et al. 2009).

Zusammenfassend bleibt also festzustellen, dass in allen drei Varietäten ein eindeutiger Trend hin zur Evidentialität zu beobachten ist. Diese Kategorie, die im Quechua stark grammatikalisiert ist, im Standardspanischen aber ein eher marginales Dasein führt, gewinnt an Boden und setzt sich im Andenspanischen als wichtiger Kommunikationsparameter durch.

Eine mögliche Antwort auf die Frage, warum dies der Fall ist, könnte die hohe Versprachlichungsfrequenz der Kategorie liefern. Andererseits könnte auch allein die Präsenz der Evidentialität als Kategorie im Quechua ausreichen, unabhängig von der Versprachlichungsfrequenz. Dieser Frage wurde bereits in Kapitel 2.3 nachgegangen.

Was anhand der bisherigen Analysen jedoch gezeigt werden konnte, ist die Strategie, wie Kategorien auf Zielstrukturen übertragen werden können. Häufig reicht es aus, dass – bildlich gesprochen – die Regler für das syntaktische Verhalten, die semantische Ausdehnung und die materielle Realisierung einer Einheit, nur ein wenig verschoben werden, um die kommunikativen Möglichkeiten hin zu einer neuen Kategorie auszudehnen. Aus den vorhandenen strukturellen und semantischen Möglichkeiten emergiert also durch das Spielen mit diesen Möglichkeiten Neues. Dabei zeigt sich, dass nicht immer alle Regler verschoben werden müssen und auch nicht immer gleich weit, um bei dieser Bildlichkeit zu bleiben. Manchmal reicht auch ein Regler aus, um einen neuen Ton anzustoßen.

So geschieht es in den drei analysierten Varietäten. Die Sprecher operieren an der gleichen Zielstruktur, aber in jeder Varietät ein bisschen anders. Sie spielen an verschiedenen Stellen mit dem Vorhandenen. An welcher Stelle ist dabei nur sekundär relevant.

Warum für den Ausdruck von Evidentialität, im hier vorliegenden Fall der Markierung von *secondhand*-Information, in allen drei Varietäten das *verbum dicendi decir* als Grundlage gewählt wird, lässt sich wahrscheinlich mit dem Prinzip der *multiple causation* erklären. Zum einen kommt SAGEN sehr häufig in Kontexten vor, in denen man Propositionen explizit zuweist, sei es sich selbst oder anderen Sprechern. Zum anderen ist diese Häufigkeit das Ergebnis einer semantischen Eignung für eine Vielzahl von Kontexten. Dadurch

kommt *decir* als neutralstes Lexem für die Verbalisierung von Gedanken für alle Nuancen und Arten des Sagens in Frage, gerade in Kontaktsituationen, wo eine solche Generalisierung noch verstärkt werden kann. Hinzu kommt für den hier vorliegenden Fall, dass SAGEN im Quechua *(niy)* eine besonders starke Extension vorweist, indem es auch unartikuliertes SAGEN, also DENKEN mit einschließt (Adelaar 1990, Howard 2007 u.a.). Außerdem existieren auch im Quechua Techniken der Evidentialitätsmarkierung auf der Basis von SAGEN (bspw. von *ni-n*). Die typologische Forschung zeigt fernerhin, dass Verben mit einer neutralen SAGEN-Semantik sich auch in anderen Sprachen häufig zu Evidentialitätsmarkern weiterentwickeln (z.B. Chappell 2008).
In einer abschließenden Anmerkung gilt es außerdem in Anlehnung an De Smet (2012) zu beachten, dass gerade die Kombination aus Evidentialität und SAGEN-Semantik als Kategorie sich hervorragend für den erfolgreichen Transfer eignet, da die Kategorie hier über ein strukturelles Element ausgedrückt wird, das nur schwer von jeglichen eventuellen Normierungsprozessen erfasst werden kann und die Veränderungen somit lange ›unter dem Radar‹ bleiben. Die Veränderungen sind *sneaky*, um den Terminus von De Smet zu wählen. Dies sind sie aber nicht nur strukturell, sondern auch semantisch. Die verstärkte Verwendung von *decir*-Elementen wirkt auf Sprecher anderer Varietäten oder auch auf Normierungsinstanzen zwar auffällig expressiv, aber nicht falsch. Somit ist nur eine geringfügige Sanktionierung, wenn überhaupt, zu erwarten, was den Gebrauch nicht einschränkt.
In der untenstehenden Tabelle wird der Gebrauch von *decir*-Elementen (wenn nichts anderes angegeben: *dice que*) unter funktionalen und formellen Gesichtspunkten zusammengefasst:

Tabelle 4: Synopse

	Ecuador	Bolivien	Peru
Funktionale Aspekte:			
secondhand-Information	+++	++	+
Pragmatisierung[1]	+	+++	++

---

[1] Als Pragmatisierung sind in erster Linie Positionierung durch Distanzierung und Autoritätsschaffung zu beobachten, teilweise auch der Gebrauch zum Ausdruck epistemischen Zweifels.

Verlust der eindeutigen Sprecherreferenz[2]	++	+	+
Verlust der SAGEN-Bedeutung (für die Form *dizque*)	++	0	–
Verlust der SAGEN-Bedeutung (für die Form *dice que*)[3]	+	+	+
Verlust der SAGEN-Bedeutung (für die Form *dice*)[4]	0	+	+
Formale Aspekte:			
Nachstellung für die Form *dice*[5]	(+)	+	0
Nachstellung für die Form: *dice que*	–	–	–
Satzfähigkeit (konstituiert den Matrixsatz)	0	+	+
Univerbierung *dice +que* zu *dizque*	++	0	–
In pros.-phon. Kontur integriert	++	0	0

---

[2] Gilt nur für die Vorkommen des *strings dice que*, nicht für andere evidential gebrauchte *decir*-Elemente.

[3] In Ecuador gilt dies für 39% der Vorkommen von nicht univerbiertem *dice que*. In Bolivien tragen 89% eine *secondhand*-Lesart, knapp über die Hälfte jedoch sind ambig. In Peru tragen 92% der Vorkommen von *dice que* eine evidentiale Lesart, einige sind ambig. Die Vorkommen in Peru konzentrieren sich stark in narrativen Kontexten.

[4] Auch hier gilt, dass insbesondere in Bolivien stark ambige Vorkommen anzutreffen sind und in Peru evidentiales *dice* großteils im narrativen Genre zu finden ist.

[5] Am häufigsten ist nachgestelltes *dice* in den hier vorliegenden Korpora in Bolivien zu beobachten, jedoch deuten die Arbeiten von Merma Molina (2007) und insbesondere Andrade (2007) darauf hin, dass nachgestelltes *dice* auch in Peru als sehr häufige Form der HÖRENSAGEN-Markierung vorkommt. Somit wäre es im hier vorliegenden Teilkorpus zu Peru unterrepräsentiert. Im Vergleich zu Bolivien und Peru wird nachgestelltes *dice* in Ecuador in erster Linie zur Markierung imaginierter Rede verwendet (Perspektivierung).

Lexikalisierungen und Klammerstrukturen:			
dice diciendo[6]	0	0	–
dice ... dice[7]	0	–	++
dizque dice[8]	+++	–	–
dice que ... dice[9]	–	0	–

---

[6] Tritt in Ecuador nur vereinzelt auf, wenn aber, dann in der Form ›*dizque dice diciendo*‹. Für Bolivien ist diese Form zwar dokumentiert und gilt als häufig (siehe Pfänder 2009), im hier vorliegenden Korpus sind aber nur vereinzelt Beispiele anzutreffen. Für Peru gilt Ähnliches: Andrade (2007) erwähnt die Existenz der Form, in meinen Korpora tritt sie aber nicht auf.

[7] Die Klammerstruktur *dice ... dice* taucht vereinzelt in Ecuador zur Markierung imaginierter oder indirekt zitierter Information auf. In Peru hingegen wird *dice ... dice* auffallend häufig zur Markierung direkter Rede verwendet.

[8] Im ecuadorianischen Korpus extrem häufige Lexikalisierung, die zur Markierung direkter Rede verwendet wird.

[9] Diese Form tritt vereinzelt im bolivianischen Korpus auf, gilt aber in anderen Studien als häufig (siehe Pfänder 2009, Babel 2009).

8 Gewählte und alternative Transferstrukturen in der Zielsprache

8.1 Einleitung

Die Beobachtungen in den Kapiteln 4, 5 und 6 zeigen, dass in den untersuchten Varietäten die gleichen Ressourcen des Spanischen zur Herausbildung der neuen Funktion (in diesem Fall der Markierung von Evidentialität) herangezogen werden.[1] Es stellt sich daher die Frage, warum es immer wieder die gleiche strukturelle Basis ist, die gewählt wurde, obwohl, zumindest vom linguistischen Standpunkt aus, den Sprechern auch andere attraktive Alternativen zur Verfügung stehen, wie das folgende Kapitel zeigt.

Zur Eruierung dieser Frage wurden die grammatischen Kategorien des Quechua aus einem 1500 Wörter großen Korpus-*sample* aus Aufnahmen von Gesprächen in bolivianischem Quechua extrahiert. Dann wurde überprüft, welche möglichen Zielstrukturen für einen Transfer ins Spanische in Frage kommen und welche der vorhandenen Optionen von den Sprechern gewählt wurden.

Im Folgenden wird anhand des Transfers der beiden im Quechua und im Andenspanisch zentralen Evidentialitätskategorien ›testimoniale/nicht-testimoniale Vergangenheit‹ und ›reportative Evidentialität‹[2] exemplarisch diskutiert, welche möglichen Beweggründe für die Wahl einer Zielstruktur aus der Sprecherperspektive heraus ausschlaggebend sind. Dabei steht insbesondere der Faktor Frequenz im Zentrum der Überlegungen und es soll

---

[1] Es werden in allen drei Varietäten verschiedene Formen von *decir* als Transferstrukturen in der Zielsprache Spanisch gewählt, aus denen sich aber der *string dice que* herauskristallisiert. Diese Entwicklung deutet darauf hin, dass somit nicht die Übertragung einer spezifischen Struktur in die Zielsprache zu beobachten ist, sondern eine im Quechua etablierte, obligatorische Kategorie mit den strukturellen Mitteln des Spanischen versprachlicht wird. Dies zeigt auf, dass der Begriff ›Transferstruktur‹ vorsichtig verwendet werden muss. In diesem Fall ist die Transferstruktur nämlich nicht direkt von einer Struktur in der Ausgangssprache beeinflusst, sondern ihre Verwendung ändert sich in der Zielsprache aufgrund einer schrittweise vonstatten gehenden konzeptuellen Neuausrichtung ihres Gebrauchs. Die strukturelle Ähnlichkeit der Sprachen, die in Kontakt stehen, spielt dabei entgegen häufiger bisheriger Modellierungen von kontaktinduziertem Sprachwandel eine weniger starke Rolle (siehe auch Babel & Pfänder 2014).

[2] Sowohl im Quechua als auch im andinen Spanisch ist zu beobachten, dass die Opposition aus testimonialer und nicht-testimonialer Vergangenheit sowie die HÖRENSAGEN-Marker die am häufigsten gebrauchten Evidentialitätskategorien sind; siehe Kapitel 2.3.

eruiert werden, in welchem Umfang dieser Faktor die Wahl der Zielstruktur beeinflusst.
Die weiteren Ergebnisse der Extraktion der grammatischen Morpheme des Korpus-*samples* und deren Zuordnung zu gewählten und möglichen alternativen Zielstrukturen wurde in Form einer Tabelle im Anhang ausgewertet, da in dieser Arbeit die Kategorie der Evidentialiät im Vordergrund bleiben soll.
Das Kapitel schließt mit einem Fazit zu den gewonnenen Erkenntnissen.

8.2 Frequenzeffekte im Sprachkontakt

Ansätze von gebrauchsbasierten sprachtheoretischen Modellierungen wie der von Bybee (2002, 2003, 2006, 2007, 2010) u.a. gehen davon aus, dass die Frequenz eines sprachlichen Phänomens in Produktion und Perzeption einer der entscheidenden Faktoren zur Ausformung der mentalen Repräsentation von sprachlichen Strukturen ist und postulieren einen weitreichenden Geltungsanspruch.

> Language can be viewed as a complex system in which the processes that occur in individual usage events, such as those just mentioned, with high levels of repetition, not only lead to the establishment of a system within the individual, but also lead to the creation of grammar, its change, and its maintenance within a speech community. (Bybee 2006: 730)

Grundsätzlich gilt demzufolge, dass jegliche hochfrequente sprachliche Muster einen starken und, wie eine Reihe von Studien zeigt (u.a. Bybee 2002, 2003, 2006, 2007, Bybee & Hopper 2001, Diessel 2007, Ellis 2002, Gries & Hilpert 2008, Haspelmath 2008, Torres Cacoullos 1999, 2006), messbaren Effekt auf die Ausgestaltung des Sprachsystems haben können.
In diesem Sinne kann erwartet werden, dass Frequenzeffekte auch im Sprachkontakt eine tragende Rolle spielen. Die Modellierung eines solchen Ansatzes ist von der Forschungsliteratur bisher kaum geleistet worden und ist besonders für den nach wie vor umstrittenen[3] Forschungsbereich zum kontaktinduzierten Sprachwandel ein attraktiver Ansatz. Berücksichtigt

---

[3] Siehe dazu zum Beispiel Poplack & Levey (2010), Poplack et al. (2011a, b), die zeigen, dass Sprachwandel in der Regel gut auf Basis von Gebrauch und Variation zu modellieren ist. Gilt es aber, Wandel unter Kontaktbedingungen zu modellieren, so fällt dies methodisch denkbar schwer. Kontaktsituationen liefern häufig empirische Daten, die nicht aussagekräftig genug sind, um zu zeigen, dass aus dem Kontakt heraus Neues entsteht, da das

wird dabei insbesondere, wie z.B. von Backus (2010: 239), Frequenz als Auslöser für die Übertragung struktureller Eigenschaften:

> [T]he attractiveness of lexical items (including the multiword units that produce loan translations) lies mostly in their semantics, while the attractiveness of structural features is probably determined more by their frequency. High frequency stimulates high degrees of entrenchment in idiolects, and these in turn increase the potential to bring about interference. However, not much is known about the degree to which speakers direct metalinguistic attention to structural elements.

Die Herausforderung besteht aber darin, dass zwei Sprachen in den Blick genommen werden müssen. Dabei stellt sich die Frage, ob und wie sich frequenzbasierte Ansätze, die bisher meist auf der Basis monolingualer *settings* ausgearbeitet wurden, auf mehrsprachige Situationen übertragen lassen. Der Frequenzbegriff wird in der Kontaktforschung üblicherweise als Diagnostikum operationalisiert, wie etwa bei Silva-Corvalán, die Vorkommenshäufigkeiten für ihr Konzept des indirekten Transfers verwendet. Dieser ist ihr zufolge nachweisbar, wenn ein vergleichbares sprachliches Element, das in einer der beiden Kontaktsprachen obligatorisch oder bevorzugt ist, in der Kontaktvarietät einer anderen Sprache häufiger ist als in den anderen Varietäten der Sprache.

> I consider that transfer may have occurred whenever one or more of the following phenomena is present in the data: [...]
>
> 3. The higher frequency of use of a form in language S, determined on the basis of a comparison with more conservative internal community norms, in contexts where a partially corresponding form in language F is used either categorically or preferentially. This constitutes an instance of *indirect transfer* from language F into language S. (Silva-Corvalán 1994: 4)

Eine vergleichbare diagnostische Anwendung findet sich bei Gómez Rendón (2008b), der für die Übertragung von Diskursmarkern des Spanischen in die indigenen Sprachen Quichua, Guaraní und Otomí zeigen kann, dass entgegen seiner Erwartung Diskursmarker nicht grundsätzlich besonders oft in Sprachkontaktsituationen übertragen werden, sondern in Korrelation zu der Verwendungshäufigkeit in der Kontaktvarietät.

> It is remarkable that even though discourse markers are borrowed by the three languages, the frequency and type of borrowed forms are different in each language

---

Potential für die beobachteten Wandelphänome in der Zielsprache bereits als Variante vorkommt.

depending on their frequency and types in the local varieties of Spanish. (Gómez Rendón 2008b: 399)

Gómez Rendón deutet auch auf die Rolle von Frequenz als Faktor hin, indem er frequenteren Formen mehr Visibilität und mehr Relevanz im kommunikativen Alltag zuschreibt als weniger frequenten Formen. Er schränkt aber ein, dass eine Validierung dieser Aussage anhand von Korpusstudien noch aussteht.

> The last promoting factor of linguistic nature mentioned here is frequency in the source language. Because frequently used forms are more ›visible‹ to the borrower and more relevant from a communicative point of view, it is not unwise to assume that their borrowability is greater than that of less frequent forms which are less instrumental in communication. Obviously, any validation of this hypothesis requires a corpus-based study of frequencies in the source language. (Gómez Rendón 2008a: 41)

In den Ergebnissen seiner Studie spielt Frequenz über dieses Zitat hinaus jedoch eine untergeordnete Rolle (Gómez Rendón 2008b: 426). Seine Ergebnisse scheinen die Resultate einer Korpusstudie von van Hout & Muysken (1994) zu bestätigen, die der Frequenz einen »*somewhat weaker effect*«[4] zuschreiben (ibid.: 60). Diese Studie betrifft aber die Entlehnung lexikalischer Einheiten und kann für das Transferverhalten grammatischer Kategorien nicht ohne Weiteres übernommen werden.

Auch die Messung von Frequenz in Korpora erweist sich als komplexe Angelegenheit, die die Studien vor Probleme stellt. »Corpus-internal frequencies are generally not an adequate measure of borrowability due to the difficulties in distinguishing frequency of borrowing from frequency of usage« (Matras 2009: 157).

Die genaue Rolle von Frequenz als Effekt beim Kategorienaustausch ist also nach wie vor zu eruieren.

Die bisherigen Ergebnisse der hier vorliegenden Studie deuten darauf hin, dass Frequenz als Faktor von anderen, wirkmächtigeren Faktoren ausgestochen wird. Der Grund dafür ist im hier vorliegenden Fall, dass es für die Sprecher nicht um möglichst frequente, konkrete, kognitiv eingeschliffene formale Strukturen geht, sondern um das Fehlen von Strukturen für kognitive Konzepte, im weiteren Sinne **Kategorien** also, die in der alltäglichen

---

[4] »The B values show, that paradigmaticity is the strongest structural factor in our model. The second strongest structural factor is inflection in the donor language. Frequency also has a somewhat weaker effect, whereas peripherality has a clear effect, but opposite to what we predicted.« (van Hout & Muysken 1994: 60 zu lexikalischer Entlehnbarkeit)

kommunikativen Interaktion der Sprecher hochrelevant sind. Um diese Kategorien in der Zielsprache ausdrücken zu können, wird bei den Sprechern eine Art Mustersuche ausgelöst,[5] die auf Basis des Wissensstandes über den Zeichenvorrat nach semantischer und syntaktischer Ähnlichkeit in der Zielsprache sucht. Daher ist anzunehmen, dass dieses Kategorien-*mapping* bei der Übertragung von sprachlichen Elementen eine größere Rolle spielt.

Für diesen Fall kann Frequenz eine treibende Kraft im Hintergrund sein. Dies basiert auf der theoretischen Annahme gebrauchsbasierter Ansätze, dass sich grammatische Strukturen rein aus dem Gebrauch herausbilden. Somit sind grammatische Phänomene nur dann relevant für den Transfer in die Zielsprache, wenn ihr Gebrauch häufig genug ist, sodass sie den Sprechern als sprachliche Einheit geläufig sind.

Ist eine Kategorie, wie im Falle der Evidentialitätsmarker, essentiell für die Interaktion der Sprecher im Alltag, so führt ihre obligatorische Verwendung in der Ausgangssprache zu einem starken Anstieg von Strategien der Evidentialitätsmarkierung in der Zielsprache (siehe Kapitel 2.3). Grammatikalisierung kann die Folge eines solchen Anstiegs sein. Es zählt also vor allem die Erfahrung, die ein Sprecher mit einer Einheit oder Kategorie im sozialen Kontext und im kommunikativen Alltag macht. Zu betonen bleibt aber, dass dabei nicht das Subsystem des Quechua an sich übernommen wird, sondern es findet eine Reorganisation der Kategorien in der Zielsprache statt (Pfänder et al. 2013)

Starke Faktoren bei der Wahl der Strukturen, die für solche Reorganisationsprozesse in Frage kommen, sind zum Beispiel pragmatische Salienz und Äquivalenz/Similarität auf unterschiedlichen Ebenen, wie sie von den Sprechern subjektiv wahrgenommen werden (Jarvis & Pavlenko 2008: 176-182, Johanson 1992: 212, Palacios Alcaine & Pfänder 2014). Inwiefern der Faktor Frequenz auch in Bezug auf die Wahl der Zielstruktur eine Rolle spielen kann, wird im folgenden Unterkapitel erörtert.

8.3 Frequenz als Faktor für die Wahl der Zielstruktur

Eine mögliche Überlegung in Bezug auf die Wahl der Zielstruktur im Spanischen ist die Annahme, dass die Vorkommenshäufigkeit den Ausschlag gibt für die Bevorzugung einer Alternative gegenüber einer anderen. Für die Zielsprache Spanisch kann demzufolge erwartet werden, dass auf Grund

---

[5] Siehe dazu die Annahme von Sprechern als *pattern seekers,* z.B. bei Bod (2006).

der höheren Visibilität von frequenteren Formen im Vergleich zu weniger frequenten Formen die Frequenz eine etwas größere Rolle spielt (Gómez Rendón 2008a: 41), wenn bei der Auswahl von möglichen Konstruktionen, auf die etwas kopiert wird, die frequentere von zwei Wahlmöglichkeiten gewählt wird. Zu beachten bleibt dabei aber, dass diese Erwartung nur für ein gewisses Frequenzfenster gelten kann, da bisherige Studien auch im Sprachkontakt gezeigt haben, dass eine ›zu hohe‹ Frequenz eines sprachlichen Elementes in der Zielsprache konservierend wirkt. Matras stellt zum Beispiel fest, dass die hohe Vorkommenshäufigkeit eines Elementes in der Zielsprache dem Druck von typischen Interaktionssituationen der Ausgangssprache standhält und das Element schützt.

> A further language-internal factor that participates in facilitating or inhibiting borrowing is the degree of ›defaultness‹ of a form. High familiarity, usually correlating with high frequency of use, appears to ›protect‹ expressions from being borrowed by counteracting the pressure to associate referents primarily with contexts of interaction that are dominated by the donor language. (Matras 2009: 164)

Noch konkreter wird dies von Gómez Rendón formuliert. Demnach kann die Frequenz eines Elementes in der Zielsprache auf zwei Arten Einfluss aus der Ausgangssprache unterbinden: entweder die hohe Frequenz des Elementes führt schlicht zu seiner Konservierung oder nur die weniger frequent gebrauchte Bedeutung eines Elementes wird ersetzt durch ein neues Element aus der Ausgangssprache.

> The frequency of an element in the recipient language may influence borrowing in two ways: first, if a native form is very frequent in the recipient language, it may be resistant to be replaced by a borrowing; second, if a native form is very frequent in the recipient language but has two or more meanings, a borrowed form may take over the less common meaning. The first prediction has been demonstrated substantially by Muysken and van Hout (1994: 53). The second prediction is harder to test. To the best of my knowledge there is no statistical study of a bilingual corpus which analyses the semantic specialization of borrowings in the recipient language. (Gómez Rendón 2008a: 43)

Zumindest die zweite Art der Konservierung, also dass die frequentere von mindestens zwei möglichen Verwendungen einer Form erhalten bleibt, gilt es aber in weiteren Studien zu belegen.
In jedem Fall scheint die Vorkommenshäufigkeit einer Einheit eine Rolle zu spielen. Somit wird die folgende Hypothese in Bezug auf die Zielsprache formuliert:

H1: Bieten sich alternative strukturelle Möglichkeiten für den Transfer einer Kategorie vom Quechua ins Spanische, so wird die frequentere Alternative gewählt.

Es wird also angenommen: Findet der Sprecher mehr als eine Möglichkeit, ein zu transferierendes Konzept in der Zielsprache Spanisch auszudrücken, so ist die Häufigkeit, mit der die jeweiligen strukturellen Möglichkeiten in der Zielsprache vorkommen, ein entscheidender Faktor für die Wahl, die der Sprecher trifft.

Auch wenn Frequenz in der Zielsprache also in zweifacher Weise relevant sein kann, so ist dennoch zu erwarten, dass multifaktorielle Analysen die besten Ergebnisse bringen werden. Andere Faktoren, wie zum Beispiel semantische Äquivalenz/Similarität oder pragmatische Salienz, die von Brown (1999) für das *lexical borrowing* postuliert wurden, oder auch wahrgenommene Similarität auf jeglicher Ebene (Jarvis & Pavlenko 2008, Palacios Alcaine & Pfänder 2014), können wesentlich wirkmächtiger sein.

Entscheidend in den von der einschlägigen Literatur beobachteten Sprachkontaktszenarien, so wird betont, ist immer das komplexe Zusammenspiel von strukturellen, funktionalen, soziolinguistischen und extralinguistischen Faktoren, die zu unterschiedlichen Wandelphänomenen und unterschiedlichen Kombinationen von Wandelphänomenen in den Kontaktsprachen führen (u.a. Gómez Rendón 2008a: 2, Johanson 2002: 308ff., Pfänder et al. 2009: 274ff.). Besonders betont wird dabei die Rolle von sozio- und extralinguistischen Faktoren, die in der Regel stärker zu gewichten sind als interne sprachliche Faktoren (u.a. Gómez Rendón 2008b: 425f., Johanson 2002: 309, Thomason 2001: 77, 2010: 46).

In der Hypothese wird also die Annahme aufgestellt, dass die höhere Visibilität frequenter Strukturen in der Zielsprache im Vergleich zu weniger frequenten Formen dazu führt, dass bei mehreren möglichen Konstruktionen, auf die etwas kopiert werden kann, die frequentere von zwei Wahlmöglichkeiten gewählt wird (dies gilt zumindest für ein gewisses Frequenzfenster).

Im folgenden Schritt wird exemplarisch anhand des Transfers der beiden zentralen Evidentialitätskategorien im Andenspanisch – ›testimoniale/ nicht-testimoniale Vergangenheit‹ und ›reportative Evidentialität‹ – untersucht, welche möglichen Optionen für die Wahl einer Zielstruktur in Frage kommen und inwiefern die Frequenz der Zielstrukturen für deren Auswahl eine Rolle spielt. Dazu werden die jeweiligen kontaktbedingt veränderten sprachlichen Einheiten des andinen Spanisch anhand der Referenzkorpora CORDE, CREA und CDE auf ihr Frequenzverhalten überprüft[6] und mit möglichen, alternativ in Frage kommenden Zielstrukturen, die nicht gewählt wurden, und deren Frequenzverhalten abgeglichen.

8.3.1 Testimoniale/nicht testimoniale Vergangenheit

Die Herausbildung einer neuen, testimonialen Opposition zwischen dem Plusquamperfekt und dem analytischen Perfekt im Andenspanisch auf Kosten der temporalen Opposition aus dem Standardspanischen wird von einer Reihe von Studien beobachtet (z.b. Avellana 2013, Escobar 1994, Granda 2002, Mendoza 2008, Pfänder et al. 2009, Sánchez 2004, Speranza 2011, Wölck 1991).[7] Diese Beobachtung gilt aber nicht für den gesamten Andenraum. Im ecuadorianischen Spanisch bildet sich die testimoniale Opposition zwar ebenso aus einer temporalen Opposition heraus, jedoch sind hier das analytische Perfekt und das synthetische Perfekt betroffen (z.B. Haboud & Vega 2008, Palacios Alcaine 2005, 2007, Pfänder & Palacios Alcaine 2013). Dies scheint auch für Quechua – Spanisch Kontaktzonen in Kolumbien zu gelten (siehe Portilla Melo 2011).

Die o.g. Studien sehen diese Entwicklung als direkten Einfluss des Quechua an, bei dem die Funktion des Markers für nicht-testimoniale Vergangenheit *-sqa* auf die Zielstrukturen ›Plusquamperfekt‹ (für das peruanische und bolivianische Spanisch) und ›analytisches Perfekt‹ (für das ecuadorianische Spanisch) transferiert und die Funktion des Markers für testimoniale Vergangenheit einmal auf das analytische Perfekt (Peru und Bolivien) und einmal auf das synthetische Perfekt übertragen wird. Zur Markierung nicht-testimonialer Vergangenheit kommen also im Andenraum zwei Zielstrukturen in Frage, die tatsächlich von den Sprechern gewählt wurden – das Plusquamperfekt und das analytische Perfekt. Warum einmal das eine und einmal das andere gewählt wurde, lässt sich an dieser Stelle nicht beantworten.[8] In Bezug auf Vorkommenshäufigkeiten induziert jedoch schon

---

[6] Diese Korpora wurden hier den mündlichen Korpora, die dieser Arbeit zu Grunde liegen, vorgezogen, da sie eine deutlich weiterreichende Datenlage bieten, die für einen Frequenzabgleich alternativer Zielstrukturen von größerem Nutzen ist, und vor allem auch historische Daten mit einbeziehen.

[7] Vgl. Kapitel 2.3 für eine ausführliche Betrachtung eines Beispiels für diese testimoniale Opposition.

[8] Diese Frage ist auch in der aktuellen Forschung noch nicht beantwortet. Eine Möglichkeit wäre jedoch, von unterschiedlichen spanischen Varietäten als Input auszugehen. Zu betonen ist aber auch bei diesem Phänomen der verdeckte Charakter des Wandels. Solche

das sehr generelle Bild, das das *Corpus del Español* liefert, dass Frequenz dabei eine untergeordnete Rolle zu spielen scheint. (Analytische) Perfekt-Formen sind frequenter als Plusquamperfekt-Formen, besonders in der Mündlichkeit. Insgesamt wird im CDE auch das synthetische Perfekt häufiger verwendet als das analytische Perfekt. Dies sind jedoch varietäten- und zeitperiodenübergreifende Eindrücke. Spezifische Korpusstudien liegen nicht vor. Eine andere, semantisch naheliegende Zielstruktur, das Konditional der Vergangenheit, wurde jedoch nicht gewählt. Letzteres wird im Spanischen der Peninsula zur Evidentialitätsmarkierung verwendet, wie z.B. in folgendem Beispiel:

Concretamente la página rusa ›Footballprice‹ asegura que Hiddink ya **habría hablado** *personalmente con Raúl para convencerle de que no renueve con el Schalke.*
(Cristo Martin in *AS.com* vom 15.03.2012
http://www.as.com/futbol/articulo/hiddink-pide-roberto-carlos-fichaje/20120315dasdasftb_17/Tes)

Squartini (2009: 223f.) führt diese Lesart des Konditionals der Vergangenheit auf den historischen Zusammenhang des Konditionals mit Nicht-Faktualität, also Irrealis-Kontexten zurück. Diese Struktur scheint somit besonders in ihrer Eigenschaft als modale Kategorie, die zusätzlich Tempus kodiert, funktional sehr nahe an der nicht-testimonialen Vergangenheit des Quechua zu liegen. Dass sie dennoch nicht als Ziel gewählt wird, kann in diesem Fall an der niedrigen Vorkommenshäufigkeit von vergangenheitskonditionalen Strukturen im Sprachgebrauch liegen. Hinzu kommt, dass ihre Verwendung zur Evidentialitätsmarkierung auf die Textgattung der journalistischen Prosa restringiert ist (Squartini 2001: 317f.).
Ausschlaggebend für die Wahl der Zielstruktur können jedoch auch zwei andere Faktoren sein, die es zu beachten gilt.
Folgt man den Arbeiten von Faller (2004), Haßler (2010) und Pfänder et al. (2009: 229), so ist die Basis für die testimoniale/nicht-testimoniale Funktion von *–rqa/–sqa* eine spatio-temporale Deixis. Im Quechua ist das Ereignis, auf

---

Um-Interpretationen sind für Sprecher aus anderen Varietäten und Norminstanzen sehr schwer zu erkennen (vgl. die Diskussion in Kapitel 7 und die Zusammenfassung in Kapitel 9). Ein ähnliches Phänomen einer verdeckten Um-Interpretation, auf das ich durch den Hinweis von Wolfgang Raible aufmerksam wurde, ist beim Erwerb von Tempusformen durch Kinder zu beobachten. Diese benutzen Tempusformen zunächst im Sinne einer Aspekt-Opposition (perfektiv-imperfektiv). Erwachsene interpretieren dies aber als bereits erfolgten Tempuserwerb. Auch in der Spracherwerbsforschung wurde dies erst spät entdeckt (siehe Kern 1997).

das referiert wird, außerhalb des Sichtfeldes des Sprechers und damit nicht von diesem bezeugt, im Spanischen ist das Plusquamperfekt das temporal am weitesten von der Sprecherorigo entfernte Tempus. Als weitere Parallele kann herangezogen werden, dass synthetische und analytische Vergangenheit sowie das Plusquamperfekt im Spanischen als Erzähltempora gebraucht werden, genau wie auch die testimoniale und die nicht-testimoniale Vergangenheit im Quechua insbesondere in narrativen Kontexten gebraucht werden.

Die spanischen Konditionalformen hingegen liegen auf einer anderen Ebene. Sie kodieren die Möglichkeit des realen Eintretens eines Ereignisses. Auch daraus kann eine evidentiale Lesart entstehen (siehe z.B. Squartini 2009: 223f.), diese folgt aber einem anderen Pfad der semantischen Extension und hat keine Verbindung zur spatio-temporalen Deixis in die Vergangenheit, sondern nur in die Zukunft. Somit ist nur eine Teilfunktion des spanischen Konditionals der Vergangenheit mit der nicht-testimonialen Vergangenheit des Quechua vergleichbar, die kategoriale Grundlage ist aber sehr unterschiedlich.

Ein weiteres Hindernis für die Wahl des Konditionals als Zielstruktur ist, dass sich für das Konditional keine Opposition anbietet. Für die Wahl einer Zielstrukur für *-rqa/-sqa* muss aber als Faktor in Betracht gezogen werden, dass der Transfer der Kategorie Testimonialität/Nicht-Testimonialität nur als Transfer der Oppositon zweier Strukturen denkbar ist, die als Paradigma innerhalb der Grenzen einer Kategorie funktioniert.

Zwar ist zu beachten, dass für den Transfer der Kategorien Testimonialität/Nicht-Testimonialität prinzipiell eine Opposition aus dem Konditional der Vergangenheit und einem Vergangenheitstempus in Erwägung gezogen werden könnte, eine solche Opposition liegt aber nicht nahe, da unter den Vergangenheitsstufen des Spanischen ausreichend ›freie‹ Zielstrukturen vorhanden sind und sich das Konditional in seiner zentralen Verwendung als *futuro del pasado* stark von der Kodierung von Testimonialität unterscheidet. Hier verhindert also die unterschiedliche Aufteilung der Subsysteme beider Sprachen einen Transfer auf das Konditional als alternative Zielstruktur, nicht die Frequenz von Vergangenheits- und Konditionalstrukturen.

8.3.2 Ausdruck reportativer Evidentialität

Der Ursprung von Reportativpartikeln sind häufig grammatikalisierte *verba dicendi* (Aikhenvald 2004: 271f., Heine & Kuteva 2004: 265). Dabei betont

Aikhenvald (2004: 272ff.), dass oft die 3. Pers. im Paradigma eines *verbum dicendi* Ausgangspunkt eines solchen Grammatikalisierungsprozesses ist. Jedoch ist festzuhalten, dass das gewählte *verbum dicendi* nicht notwendigerweise SAGEN sein muss.

Prinzipiell sind also alle *verba dicendi* als Ausgangspunkt für die Entwicklung zum Reportativpartikel geeignet. Die Frage ist nun, welcher Aspekt den Ausschlag für die Wahl eines bestimmten *verbum dicendi* gibt. Als ein entscheidender Faktor kann die Vorkommenshäufigkeit angenommen werden. Für den hier vorliegenden Fall des Andenspanischen heißt das, dass die Frequenz von *decir* im Vergleich zur Frequenz anderer *verba dicendi* analysiert werden muss, um Anhaltspunkte zu finden, die auf Frequenz als Faktor bei der Wahl der Zielstruktur hinweisen.

Den besten Ausgangspunkt für einen solchen Vergleich stellen die Korpora der Real Academia Española dar, das CORDE und das CREA, auch wenn die Ergebnisse für beide Korpora unter Vorbehalt ihrer Spezifika in der Zusammenstellung zu sehen sind, was ihren Gültigkeitsanspruch einschränkt. Die häufigsten *verba dicendi* in beiden Korpora sind *decir*[9] und *contar*. Die häufigsten Formen der beiden Paradigmen sind *dice* und *dijo* für *decir* und *cuenta* für *contar*.[10] Alle drei Verbformen sind unter den Top 35-Verben der Frequenzliste des CREA. Auch ohne die Einschränkung, dass *contar* nicht immer als *verbum dicendi* zu klassifizieren ist (siehe Fußnote 10, dieses Kapitel), bleibt festzuhalten, dass *decir* in der 3. Pers. Sg. im CORDE 3,5-mal so häufig ist wie *contar*. Insbesondere in der Zeitperiode, in der das Spanische in Lateinamerika implementiert wurde,[11] fällt diese Dominanz noch deutlicher aus (*decir* in der 3. Pers. Sg. ist darin 4,5-mal so häufig wie *contar*). Wählt man eine noch spezifischere Perspektive und betrachtet die Häufigkeitsverteilung des *strings dice(n) que* gegenüber *cuenta(n) que,* so gestaltet sich das Verhältns

---

[9] Es wurden sämtliche bekannten Schreibweisen von *decir* gezählt. Insbesondere bei der Schreibweise *deçir* wurde darauf geachtet, dass die Ergebnisse nicht durch die Bedeutung *descender* (›hinabsteigen‹) verfälscht werden. Diese Schreibweise wurde insbesondere im Altspanischen vor dem *siglo de oro* für beide Bedeutungen, SAGEN und HINABSTEIGEN gebraucht (Cejador y Frauca 1971: 127).

[10] Die hohe Frequenz von *contar* kann aber nur mit Einschränkungen gewertet werden, da es kontextabhängig auch die Bedeutung ZÄHLEN haben kann und in der 3. Pers. Sg. Homonym zu KONTO/RECHNUNG ist. Auch in der Kollokation *darse cuenta* hat *contar* keine *verbum dicendi*-Lesart. Somit ist es als *verbum dicendi* weniger frequent, als die Zahlen alleine es aussagen.

[11] Dazu wurden nur die Texte in die Suche einbezogen, die in der CORDE-Datenbank als Texte im Zeitraum des *siglo de oro* klassifiziert werden, also von 1492-1713 (http://corpus.rae.es/ayuda_c.htm).

noch deutlicher (*dice(n) que* ist 9-mal so häufig wie *cuenta(n) que*, im Zeitraum des *siglo de oro* sogar 14-mal so häufig). Eine auffällige Beobachtung ist fernerhin, dass *dice* und *dicen* im *siglo de oro* offenbar grundsätzlich häufiger verwendet werden als in den späteren Epochen (50,3% aller Vorkommen dieser Formen liegen im *siglo de oro*, obwohl der Teilkorpus zum *siglo de oro* nur 38,5% des gesamten CORDE-Korpus ausmacht). Das CORDE-Korpus ist jedoch insbesondere für die älteren Epochen eine kumulative Zusammenstellung von Texten, die deshalb als unausgewogen angesehen werden kann. Ein Blick in die spezifischen Textgattungen könnte die Aussagekraft dieser Ergebnisse relativieren, sie sind also unter Vorbehalt zu betrachten.

Dennoch scheint es angemessen, zu folgern, dass die Visibilität von *decir* durch seine Vorkommenshäufigkeit ungleich höher ist als die von anderen *verba dicendi*. Es erscheint also nur logisch, dass eine Form dieses Lemmas als Zielstruktur zur Ausformung einer reportativ-evidentiellen Kategorie gewählt wurde.

Ein anderer starker Faktor für die Wahl von *decir* kann aber auch sein breites semantisches Potential darstellen, das wiederum die Ursache für die häufige Verwendung von *decir* sein kann. Auch dafür finden sich Indizien in den Korpora CORDE und CREA.

Betrachtet man die Entwicklung der Häufigkeitsverteilung von *decir, contar* und den nächst häufigen *verba dicendi* im Spanischen, *hablar, afirmar, señalar, declarar, indicar,* und vergleicht dabei die Daten aus dem CORDE, das die Diachronie abbildet, und dem CREA, das die Synchronie abbildet, so ergibt sich folgendes Bild:

Die Häufigkeit von *decir* hat im Vergleich abgenommen. Ist im CORDE noch jedes 104. *token* von 100000 eine Form von *decir*, so sind es im CREA nur noch 46 Vorkommen einer Form von *decir* pro 100000 *token*. Gleichzeitig gewinnen die anderen *verba dicendi* an Boden, wie folgende Tabelle zeigt:

Tabelle 5: Alternativen zu *decir* in CORDE und CREA

	Vorkommen im CORDE pro 100000 Wörter	Vorkommen im CREA pro 100000 Wörter
contar	29	44
hablar	11	13
afirmar	4	8

señalar	2	9
(declarar)[12]	3	2
indicar	2	7

Diese Entwicklung erweckt also den Eindruck, dass das semantische Feld der *verba dicendi* im Spanischen sich ausdifferenziert zu haben scheint. Diese Ausdifferenzierung unterstreicht im Umkehrschluss die generische Semantik von *decir*, besonders in den älteren Zeitperioden und somit in dem Zeitraum, in dem das Spanische in Lateinamerika implementiert wurde.

Die generische Semantik prädestiniert somit die Wahl von *decir* als Zielstruktur zur Ausformung einer reportativ-evidentiellen Kategorie. *Decir* ist in diesem Sinne also nicht unter dem Aspekt zu sehen, dass es ›frequenter‹ als andere *verba dicendi* ist, woraus der Effekt seiner Wahl als Träger für Evidentialität abzuleiten wäre, sondern vielmehr als ›semantisch‹ für ein breites Spektrum an Anwendungen zu gebrauchen. Dadurch bietet es gute Voraussetzungen für eine kategorielle Reorganisation als Evidentialitätsmarker. In Bezug auf die anderen *verba dicendi* kann andererseits gefolgert werden, dass diese in ihrer Bedeutung (insbesondere zur Zeit der Implementierung des Spanischen in Lateinamerika) zu spezifisch scheinen, als dass sie als Zielstruktur in Frage kommen könnten. Erst ihre semantische Extension über die Jahrhunderte hinweg macht sie für Kontexte relevant, die ihre Frequenz und ihre Eignung für die Entwicklung hin zu einem stärker grammatischen Gebrauch verstärken.

Ein letzter Aspekt, der mit in die Betrachtung einbezogen werden muss, ist, dass die Univerbierung von *decir* + *que* und ihr Gebrauch als HÖRENSAGEN-Marker im Altspanischen schon einmal stattgefunden hat (vgl. Lopez Izquierdo 2005).[13] Der Pfad für die Wahl und den Ausbau von *decir* als Zielstruktur ist also schon in den strukturellen und funktionalen Möglichkeiten des Spanischen angelegt.

---

[12] Einzig *declarar* bildet eine Ausnahme von diesem Trend, auch wenn diese durch den Unterschied von nur einem Vorkommen sehr gering ist.

[13] Die schwer zu klärende Diskussion, inwiefern *dizque* im Andenraum als Weiterentwicklung des altspanischen *dizque* zu betrachten ist oder als unabhängig entstanden, spielt dabei für diese Überlegung keine entscheidende Rolle und wird deshalb in dieser Arbeit nicht weiter verfolgt.

8.4 Fazit

Es zeigt sich für die Mehrzahl der untersuchten Phänomene (siehe auch Anhang), dass dem Sprecher prinzipiell mehrere Alternativen für die Wahl der Zielstruktur zur Verfügung stehen. Häufig liegen diese Alternativen auf Grammatikalisierungspfaden, die in anderen Sprachen nachweislich beschritten wurden und die im Spanischen folglich ebenso möglich und erwartbar wären.
Die ausführliche Diskussion der Wahl der Zielstruktur anhand testimonialer/nicht-testimonialer Vergangenheit und reportativer Evidentialität legt nahe, dass die Vorkommenshäufigkeit bei dieser Wahl eine Rolle spielen kann (das Vergangenheitskonditional wird zu selten gebraucht; andere *verba dicendi* sind deutlich seltener als *decir*), sofern zugängliche oder plausible Varianten vorhanden sind. Jedoch spielen andere Faktoren eine tragendere Rolle (Herausbildung einer Opposition innerhalb eines Subsystems; semantisches Potential).
Ähnliches ist auch für die anderen extrahierten Kategorien im Anhang zu erwarten. Die Vermutung, dass nicht die Frequenz als starker Faktor den Ausschlag für die Wahl der Zielstruktur gibt, sondern ein multifaktorieller Cocktail aus strukturellen, funktionalen, soziolinguistischen und extralinguistischen Gesichtspunkten, liegt nahe.
Im Fall des andinen Spanisch bieten sich vor allem zwei Faktoren als besonders wirkmächtig bei der Wahl der Transferstruktur an. Zum einen ist zu beobachten, wie im Spanischen alle Wandelphänomene bereits angelegt waren (siehe Pfänder et al. 2009: 275ff.) und somit die Strukturen von den Sprechern gewählt wurden, die bereits auf dem Weg zu Funktionen waren, die den vom Quechua übertragenen ähneln. Zum anderen führt dies zur Beobachtung, dass Sprecher als *pattern seekers* (z.B. Bod 2006) zu betrachten sind, die auf Basis des Wissensstandes über den Zeichenvorrat nach semantischer und syntaktischer Ähnlichkeit in der Zielsprache suchen, um die aus dem Quechua bekannten und benötigten Kategorien im Spanischen ausdrücken zu können (Jarvis & Pavlenko 2008, Palacios Alcaine & Pfänder 2014). Daher ist anzunehmen, dass dieses Kategorien-*mapping* bei der Übertragung von sprachlichen Elementen eine entscheidende Rolle spielt.
Für einen solchen Abgleich von Ähnlichkeiten, bei dem diejenige Struktur als Ziel gewählt wird, die sich in vielen Kontexten ähnlich zu verhalten scheint, kann Frequenz nur dann sinnvoll operationalisiert werden, wenn man nicht die Kategoriehäufigkeit an sich zählt, sondern die Vorkommenshäufigkeiten

vergleichbarer Kontexte in beiden Sprachen eruiert. Dies bringt erhebliche Probleme mit sich. Es stellt sich eine empirische Problematik, da für ein solches Vorgehen Korpora benötigt werden, die eine ausreichende Anzahl an vergleichbaren Kontexten beinhalten. Außerdem gilt es, solche Kontexte im Voraus präzise zu definieren, um eine Vergleichbarkeit gewährleisten zu können.

Die Wirkmächtigkeit von Frequenz kann den Beobachtungen nach aber insbesondere dann eine Rolle spielen, wenn nicht nur die Vorkommenshäufigkeit einer Kategorie gezählt wird, sondern dies in Bezug zur Granularitätsstufe gesetzt wird, auf der die Frequenz sprachlicher Strukturen wahrgenommen wird. Denn entscheidend ist, wie Vorkommenshäufigkeiten von Sprechern wahrgenommen werden; dabei scheinen subsystematische Barrieren eine Rolle zu spielen, wie in Kapitel 8.3.1 angedeutet wird. Somit könnte die o.g. Hypothese durch eine Einschränkung auf Subsysteme erfolgreicher getestet werden und wird daher reformuliert.

H1': Bieten sich innerhalb eines Subsystems alternative strukturelle Möglichkeiten für den Transfer einer Kategorie vom Quechua ins Spanische, so wird die frequentere Alternative gewählt.

Das Testen der reformulierten Hypothese kann im Rahmen dieser Arbeit nicht mehr weiterverfolgt werden und bleibt einer eventuellen Folgearbeit überlassen.

Ein mögliches Ergebnis einer solchen Folgearbeit könnte zeigen, dass für das Szenario auf subsystematischer Ebene auch im Sprachkontakt eine Einbettung des Faktors Frequenz in eine Gruppe von Faktoren die besten Ergebnisse für die Modellierung erwarten lässt.[14]

---

[14] Dies zeigt zum Beispiel die Arbeit von Rosemeyer (2012) zum Sprachwandel für die spanische Hilfsverbselektion. Er zeigt, dass insbesondere der Konservierungseffekt eine große Rolle spielt.

9 Zusammenfassung der Ergebnisse und Ausblick

Aufgrund bisheriger Arbeiten zum Sprachkontakt auf dem amerikanischen Kontinent kann festgestellt werden, dass besonders das Spanische im Andenraum stark mit dem Quechua konvergiert und, vor allem im Vergleich mit anderen Kontaktsituationen wie beispielsweise Spanisch und Guaraní in Paraguay (Gynan 2011, Palacios Alcaine 2008) oder Spanisch und Englisch in den USA (Silva-Corvalán 1994), eine Vielzahl von Transferphänomenen zu beobachten ist (für einen Überblick siehe u.a. Escobar 2011, Gugenberger 2013, Pfänder 2013, Pfänder et al. 2009, Sälzer 2013). Dieser Transfer zeigt sich aber in erster Linie indirekt. Das heißt, übertragen werden nicht bevorzugt Konstruktionen mit eingeschliffenen phonetisch-intonatorischen Sequenzen (z.b. lexikalische Elemente wie Wörter oder Lemmata), also *matter replication* (Matras 2009), sondern abstrakte semantische und syntaktische Muster, also *pattern replication* (ibid.).[1]

Insbesondere die Arbeit von Pfänder und Kollegen (2009) zum bolivianischen Spanisch zeigt, dass die *matter*, also die Oberflächenstrukturen, sich nur geringfügig von anderen Varietäten des Spanischen unterscheiden, dass sich jedoch im Gebrauch dieser Strukturen deutliche funktionale Unterschiede zwischen dem Andenspanischen und den Standardvarietäten zeigen. Dies gilt auch für Peru (z.B. Calvo Pérez 1993, 2000, 2008, Godenzzi 2005) und Ecuador (z.B. Haboud & Vega 2008, Palacios Alcaine 2005).

Aus diesen Beobachtungen stellen sich zwei Fragen, die bisher in der Forschungsliteratur noch kaum gestellt und die in dieser Arbeit erstmalig in ausführlichem Umfang bearbeitet wurden.

Die erste Frage, die hier gestellt wurde, war, wie ähnlich sich die beobachteten Phänomene in den drei großen Varietäten des andinen Spanisch (ecuadorianisches, peruanisches und bolivianisches Spanisch) tatsächlich sind. Dies wurde in dieser Arbeit am Beispiel des Evidentialitätsmarkers, der sich aus dem *verbum dicendi decir* in verschiedenen Vorkommensvariationen herausgebildet hat (insb. die Formen *dice, dizque* und *dice que*), untersucht. In den Kapiteln 4, 5 und 6 wurden dementsprechend die unterschiedlichen Gebrauchskontexte und Nuancen dieses Markers für Korpora gesprochener Sprache aus den Ländern Ecuador (Kap. 4), Bolivien (Kap. 5) und Peru

---

[1] Eine ausführliche Definition und Unterscheidung beider Arten des Transfers findet sich in Matras 2009 (234-237), eine Kurzfassung findet sich in Matras 2010 (68.)

(Kap.6) herausgearbeitet und die Ergebnisse in einer Synopse in Kapitel 7 zusammengefasst.
Die hier vorgenommene feinschichtige Analyse der Daten aus drei Varietäten liefert einen neuen Blick auf die Kategorie der Evidentialität, der darauf schließen lässt, dass die Betrachtung dieser Kategorie über die Ebene grammatischer Marker hinausgehen muss. Sie ist als Kategorie abstrakter und konkreter zugleich. Die untersuchten Evidentialitätsstrategien zeigen, dass Evidentialität als Kategorie im Kern immer Ausdrucksstrategien sucht, die eine Quellenzuweisung vornehmen. Dabei spielt zunächst keine Rolle, ob und wie die Quelle zurückverfolgbar ist. Es geht darum, einer Proposition einen spezifischen oder unspezifischen Referenten zuzuweisen. Für die strukturelle Ebene bedeutet dies, dass sämtliche Verfahren, die dafür in Frage kommen, auch in der Lage sind, einen Kontext zu etablieren, in dem Informationsquellen perspektiviert werden. Das kann diskursiv jedoch unterschiedlich aufwendig sein. Die Ausgestaltung erfolgt von der kombinatorisch-lexikalischen Realisierung bis hin zum grammatischen Suffix und muss im Andenspanisch markiert sein.
Entscheidend sind aber die kommunikativen Funktionen dieser markierten Zuweisung als Strategie auf soziokultureller Ebene: Durch ihre Kontextualisierung in konkreten kommunikativen *settings* spielen Evidentialitätsstrategien eine wichtige Rolle für soziale Positionierung und Hierarchisierung auf einer unvermittelt interaktionalen Ebene und einer stärker formalisierten Ebene zur Gemeinschaftskonstitution durch die Verbindung mit dem Vergangenen, nicht selbst Erlebten, und Mythischen.[2]
In den drei untersuchten Varietäten sind diese kommunikativen Funktionen und Realisierungsstrategien auf verschiedenen sprachlichen Ebenen vorhanden. In ihrer jeweiligen Ausprägung unterscheiden sie sich jedoch. Für Ecuador zeigt sich:
Für die verschiedenen Vorkommensvariationen des hier untersuchten Evidentialitätsmarkers auf Basis des *verbum dicendi* ›decir‹ ist für das ecuadorianische Spanisch die Dominanz der univerbierten Form *dizque* (aus *dice que*) charakteristisch. Diese markiert nahezu ausschließlich *secondhand*-Information, ohne dass sie mit zusätzlichen Bedeutungen (epistemischer Zweifel) oder Diskursfunktionen (Distanzierung oder Autoritätssetzung) aufgeladen wird. Sie wird voll obligatorisch verwendet und hat sowohl ihr syntaktisches als

---

[2] Dieser erweiterte Blick auf Evidentialität wird von Studien wie z.B. Coler (2014) unterstrichen. Dieser spricht im Rahmen einer Analyse von Erzählungen aus einem Aymara Dorf in Peru von Evidentialitätsmarkern als grammatischen Mitteln zum Ausdruck von Dialogizität (im Sinne Bakhtins und Voloshinovs).

auch ihr morphologisches Subjekt verloren, Numerus- und Tempuskonkordanz werden nicht beachtet und die Form ist kein Valenzträger mehr. Eine Kombination beispielsweise mit Objektpronomen ist dadurch nicht mehr möglich. Sie hat ihre Satzfähigkeit als Verb verloren.
Fernerhin sind erste Tendenzen der syntaktischen Fixierung im Sinne der Grammatikalisierungsparameter von Lehmann (2002 [1995]: 146) unmittelbar vor Verben in der dritten Person feststellbar, mit welchen die Form dann als Verbalkomplex fungiert.[3] Es lässt sich also die Verfestigung einer Kategorie als grammatische Systemstelle beobachten.
In engem Zusammenhang damit steht die beobachtete Integrierung von *dizque* in eine prosodisch-phonetische Kontur.
Die kommunikativen und diskursiven Funktionen, wie z.B. Positionierungsstrategien und polyphoner Diskurs, entfallen meist auf das lexikalisch verwendete *decir* + Kontext. Spezifisch für das ecuadorianische Spanisch ist außerdem die Markierung von Quotativen über den lexikalisierten *string dizque dice*.
Zusammenfassend ist also festzuhalten, dass die in Ecuador beobachteten Vorkommen sich strukturell von den Vorkommen in Bolivien und Peru differenzieren, indem sie meist als univerbierte Partikel *dizque* auftreten, die lautlich stark reduziert sind und systematisch als *secondhand*-Marker funktionieren.
Für Bolivien zeigt sich:
Auch für die bolivianischen Daten werden vereinzelt Vorkommen von *decir* + *que* festgestellt, die als univerbiert gelten können. Meist wird der *string* aber über zwei prosodische Konturen hinweg realisiert. In seiner Verwendung operiert *dice que* häufig als eine Form-Funktionseinheit, die Information aus zweiter Hand markiert. Im Bolivianischen häufiger als im Ecuadorianischen zu beobachten ist die Verwendung zur Diskursstrukturierung, Distanzierung oder Autoritätssetzung, eine stärkere Pragmatisierung der Einheit also. Besonders hervorstechend sind Vorkommen in ambigen Kontexten, z.B. mit zwar syntaktisch möglichen, aber pragmatisch nicht in Frage kommenden Subjekten. Die Emergenz des Markers *dice que* aus solchen Kontexten heraus zeigt sich daran besonders deutlich. Die strukturellen Grenzen des Spanischen werden dadurch unauffällig ausgeweitet und die Form verschiebt sich nach und nach von einer Kategorie in die nächste.

---

[3] Siehe dazu Olbertz 2005: 93.

Auch das alleinstehende *dice* steht im Bolivianischen als Evidentialitätsmarker, wenn es rechtsversetzt oder postponiert in retroaktiver Funktion benutzt wird.

Eine spezifische Beobachtung für das Bolivianische ist fernerhin die Kombination beider Strategien als Rahmentechnik für die *secondhand*-Markierung *(dice que ... dice)*.

Ähnlich wie in Ecuador bildet sich auch in Bolivien ein Quotativmarker heraus *(dice diciendo)*. Im hier verwendeten Korpus wird dieser zwar nicht benutzt, er wird aber in anderen Arbeiten beschrieben (u.a. bei Pfänder et al. 2009).

Man kann also subsumieren, dass sich die bolivianischen Vorkommen insbesondere durch ihr Auftreten als emergente Strukturen, die sowohl die lexikalische als auch die evidentiale Lesart zulassen, von den ecuadorianischen und peruanischen Vorkommen unterscheiden.

Für Peru zeigt sich:

Ein eindeutig univerbierter *dice que-string* ist in Peru nicht feststellbar. Er wird phonetisch stets vollständig realisiert. Aus syntaktischer Sicht kann *dice que* im peruanischen Spanisch mehrheitlich als das Element analysiert werden, das den Matrixsatz konstituiert, auch wenn der Verlust der eindeutigen Sprecherreferenz, fehlende Valenzrealisierungen und in einigen Fällen fehlende Numeruskonkordanz für Ambiguität sorgen. Wenn die Sprecher jedoch die Form *dice que* wählen, dann lässt sich ein klarer *secondhand*-Gebrauch konstatieren.

Auf der anderen Seite ist im Peruanischen besonders die *secondhand*-Markierung mit *dice* häufig, wie auch von anderen Studien bestätigt wird (Andrade 2007, Merma Molina 2007). Dabei steht die Form meist nach der ersten Konstituente oder postponiert in retroaktiver Funktion.

Insgesamt lässt sich bei den Markern im Peruanischen oft ein implizites pragmatisches Subjekt rekonstruieren, auch wenn kein syntaktisches Subjekt vorhanden ist. Häufig finden sich auch lexikalische Strategien mit dem Plural *dicen*.

Auffällig ist, dass *secondhand*-Marker in Peru eng verknüpft mit Quotativ-Konstruktionen verwendet werden, wodurch die Funktionen der Distanzierung oder Autoritätssetzung dominieren. Die subjektivierenden Funktionen von Distanzierung und Zweifel treten häufig zu Tage und sind typisch für einen noch stärker an der Pragmatik orientierten Gebrauch der *decir*-Marker.

Beachtenswert im peruanischen Spanisch ist die sehr präsente Rahmentechnik aus *decir*-Elementen für Quotativ-Konstruktionen *(dice ... dice)*. Diese

Rahmen sind als Ressource ständig in der Hinterhand des Sprechers und können bei Bedarf als fixes Schema verwendet werden.
Das Peruanische zeichnet sich durch die breite Variation aus, mit der eine *secondhand*-Markierung ausgedrückt werden kann. Die Beispiele zeigen außerdem sehr aufwendige und komplexe kontextuelle Verfahren zur Positionierung, die mit den Markierungsstrategien für Evidentialität einhergehen.
Es kann also zusammengefasst werden, dass die Spezifika der peruanischen Vorkommen, im Vergleich zu den beiden anderen Varietäten, ihre Nähe zur ursprünglichen lexikalischen Lesart und die starke Variation der gebrauchten *decir*-Elemente sind.
Als Fazit der drei Kapitel (4, 5 und 6) lässt sich feststellen, dass in allen drei Varietäten die strukturellen Möglichkeiten des Spanischen ausgereizt und die sich bietenden Pfade ausgenutzt und ausgebaut werden. Dies passiert behutsam über das Ausnutzen von Ambiguitäten (syntaktisch und semantisch), die sich im Kontext wieder auflösen, aber das Gebrauchsspektrum der Einheit erweitern.
Die überwältigende Präsenz und Variation in der Verwendung von *decir* als Evidentialitätsmarker, die sich in den Kapiteln 4, 5 und 6 darstellen, demonstrieren in Bezug auf die Sprecher vor allem eines: das Konzept der Evidentialität scheint im Andenraum von höchster Wichtigkeit zu sein. Diesem Ergebnis musste jedoch zunächst eine entscheidende Frage vorangestellt werden:
Im Rahmen der Aufarbeitung der methodisch-theoretischen Grundfragen in Kapitel 2 stellte sich somit in Kapitel 2.3 die Frage, wie sich die Konvergenz der Kategorie Evidentialität zwischen dem Quechua und dem Spanischen in der konkreten Interaktion gestaltet. Dies wurde beantwortet, indem je eine vergleichbare Erzählsequenz aus dem Quechua und dem andinen Spanisch gewählt und auf sämtliche Strategien des Ausdrucks von Evidentialität hin analysiert wurde. Beide Sequenzen sind Erzählungen über vergangene Ereignisse, an denen die Sprecher nicht selbst beteiligt waren, die aber in ihrem unmittelbaren Umfeld, im vertrauten Raum von vertrauten Personen, erlebt wurden. Die gewählten Sprecher sind beide aus derselben Region und gehören derselben Altersgruppe an.
Im Ergebnis stellte der Vergleich in Kapitel 2.3 zwei Aspekte heraus. Zum einen zeigte sich, dass der obligatorische Gebrauch von Evidentialitätsmarkierungen in beiden Sprachen über die grammatische Markierung hinausreicht. Es besteht also eine kulturell-kognitive Notwendigkeit der Informationsquellenmarkierung, die nicht auf eine allein auf die Grammatik verdichtete Systematik reduziert werden kann. In anderen Worten: die Mit-

tel zur systematischen Markierung von Evidentialität sind auf Formseite nicht auf grammatische Marker beschränkt.
Zum anderen zeigte sich als Konsequenz daraus, dass die Unterschiede in der Evidentialitätsmarkierung nur die strukturelle Oberfläche betreffen. Die dahinterliegenden Konzepte sind im Quechua und im andinen Spanisch identisch und sie werden mit vergleichbarer Regelmäßigkeit verwendet.
Die Wichtigkeit der kommunikativen Funktionen der Informationsquellenmarkierungen im kommunikativen Alltag der Sprecher liefert schließlich das entscheidende Kriterium für den Transfer von Evidentialität als Kategorie vom Quechua ins andine Spanisch. Denn die Sprecher suchen im andinen Spanisch nach Mitteln und Wegen, um die Funktionen, die sie aus dem Quechua kennen, ausdrücken zu können. Dabei spielt es zunächst keine Rolle, auf welcher sprachlichen Ebene dies geschieht. Entscheidend ist, dass es geschieht.
In einer zweiten Frage wurde in Kapitel 8 die Beobachtung aufgegriffen, dass in den untersuchten Varietäten die gleichen Ressourcen des Spanischen zur Herausbildung der neuen Funktion (in diesem Fall der Markierung von Evidentialität) herangezogen werden. Zu beantworten war, warum es immer wieder auf die gleichen Zielstrukturen hinausläuft. Dabei legen die Ausarbeitungen für die Übertragung der Kategorie der Evidentialität in Kapitel 8 und die Übersicht über andere relevante Kategorien im Sprachkontakt Spanisch – Quechua im Anhang dar, dass zumindest vom linguistischen Standpunkt aus den Sprechern durchaus attraktive Alternativen zur Verfügung stehen. Für diese Ausarbeitung wurden aus einem Korpus-*sample* aus bolivianischem Quechua die darin vorkommenden grammatischen Kategorien extrahiert, und es wurde anhand des Transfers der Evidentialitätskategorien ausführlich überprüft und diskutiert, welche möglichen Zielstrukturen für einen Transfer ins Spanische in Frage kommen, welche dieser Optionen gewählt wird und welche möglichen Begründungen sich aus der Sprecherperspektive heraus dafür ergeben.
Es zeigte sich, dass die generische SAGEN-Semantik der geeignete Nährboden für die Evidentialitätsentwicklung ist. Dies wird von zwei Faktoren unterstützt: a) Die *verba dicendi* im Altspanischen waren weniger ausdifferenziert als heute. Somit deckte *decir* einen breiteren Bereich an Arten des Sagens ab und ist eindeutig die dominante Form. b) Zusätzlich wird SAGEN im Quechua noch deutlich ausgeweiteter gebraucht als im Spanischen. Es deckt auch das nichtartikulierte SAGEN, also das DENKEN ab. Dies macht SAGEN zu einem Element, das sich sehr gut ›tarnen‹ kann. SAGEN-Konstruktionen sind *sneaky*. Sie fallen auch in ungewohnten Kontexten und in evidentialen Lesarten nicht

als falsch auf, sondern eher als expressiv oder redundant. Dies wird von Normierungsströmungen nicht so kategorisch sanktioniert, dass es unterdrückt wird.

Für die Übertragung der testimonialen Vergangenheit (markiert im Quechua durch die Suffixe *–sqa* und *–rqa*) auf die Zielstrukturen im andinen Spanisch zeigte sich, dass die Einbeziehung von Frequenzeffekten auf subsystematischer Ebene ein gewinnbringendes Unterfangen für die Erklärung ist. Insgesamt wurden aber in der bisherigen Forschungsliteratur und auch in den hier analysierten Daten Vorkommens- und Verwendungshäufigkeiten vor allem als Symptom, nicht als Effekt beobachtet.

Insbesondere für den Sprachkontakt kann somit gelten, dass die Betrachtung von Frequenzeffekten auf rein sprachlicher Ebene ein unzureichendes Bild liefert. Gerade im Kontakt des Quechua mit dem Spanischen treffen nicht nur zwei typologisch sehr unterschiedliche Sprachen aufeinander, sondern besonders die Versprachlichung zweier sehr unterschiedlicher kultureller Routinen. Dies gilt es zu berücksichtigen. Für derartige Situationen muss der Blick also über Frequenzeffekte hinaus auf die gesamte Kognition erweitert werden.

Zusammenfassend kann also für die Ergebnisse der hier vorliegenden Arbeit festgehalten werden, dass der Vergleich der Varietäten des Andenspanischen aus Ecuador, Peru und Bolivien für jede Varietät unterschiedliche Ergebnisse liefert, trotz der im Grunde gleichen Ausgangsbedingungen. Dies zeigt, dass Sprache als System von Möglichkeiten modelliert werden muss. Die formalen Ausprägungen des Wandels lassen sich nicht unmittelbar aus den funktionalen Bedürfnissen erklären. Die drei Varietäten bringen drei Alternativen für den Wandel des Spanischen hervor und zeigen somit, dass das Potential für Wandel in einer Sprache nicht als ein determinierter Pfad zu betrachten ist, sondern als ein Pool von Möglichkeiten, die in verschiedenen Konfigurationen und Nuancierungen ausgeschöpft werden können. Entscheidend für das Kategorienportfolio, das die Sprecher in die jeweiligen Kontaktsprachen übertragen, sind vor allem deren kulturelle Routinen. In den hier analysierten Daten ist somit im Grunde die Versprachlichung der kulturellen Routinen des Andenraumes mit den strukturellen Mitteln des Spanischen zu beobachten. Dies ist ein vielschichtiger und dynamischer Prozess in dem die sprachlichen Erfahrungen der Sprecher, in diesem Fall in der Realisierung der Kategorie Evidentialität, ständig aktualisiert und die verschiedenen strukturellen Möglichkeiten, die sich den Sprechern bieten, verschieden stark ausgenutzt werden.

Dieses behutsame, verschieden starke Ausnutzen der strukturellen Möglichkeiten führt aber dazu, dass ein Großteil der angewandten Strategien lange unter der sprachlichen Oberfläche bleibt. Die Umstrukturierung gewisser Systempositionen im Spanischen bleibt somit lange Zeit für alle Beteiligten unbemerkt.

10 Literaturverzeichnis

Adelaar, Willem F. H. (1990): »The role of quotations in Andean discourse«. In: Harm Pinkster & Inge Genee (Hg.): *Unity in Diversity.* Berlin/New York: De Gruyter Mouton, 1-12.

Adelaar, Willem F. H. (2004): »Quechua«. In: Geert E. Booij et al. (Hg.): Morphologie/Morphology - Ein internationales Handbuch zur Flexion und Wortbildung/An International Handbook on Inflection and Word-Formation. Berlin/New York: De Gruyter Mouton, 1453-1464.

Adelaar, Willem F. H. & Muysken, Pieter (2004): *The languages of the Andes.* Cambridge u.a.: Cambridge University Press.

Aikhenvald, Alexandra Y. (2003): »Mechanisms of Change in Areal Diffusion: New Morphology and Language Contact«. In: *Journal of Linguistics* 39(1), 1-29.

Aikhenvald, Alexandra Y. (2004): *Evidentiality.* Oxford u.a.: Oxford University Press.

Aikhenvald, Alexandra Y. (2006): »Evidentiality in Grammar«. In: Keith Brown (Hg.): *Encyclopedia of Language and Linguistics.* Oxford, UK: Elsevier, 320-325.

Aikhenvald, Alexandra Y. (2011): »The grammaticalization of evidentiality«. In: Heiko Narrog & Bernd Heine (Hg.): *The Oxford Handbook of Grammaticalization.* Oxford u.a.: Oxford University Press, 605-613.

Aikhenvald, Alexandra Y., Dixon, R. M. W. & Joseph, Brian D. (Hg.) (2003): *Studies in Evidentiality.* Amsterdam/Philadelphia: John Benjamins.

Albó, Xavier (1960): *El quechua a su alcance, Vol.2.* Cochabamba: Instituto de Cultura Indígena.

Alcázar, Asier (2014): »On the Grammaticalization of *dizque*«. In: Andrés Enrique-Arias et al. (Hg.): *Perspectives in the Study of Spanish Language Variation – Papers in Honor of Carmen Silva-Corvalán.* Santiago de Compostela: Universidade de Santiago de Compostela, 20-42.

Anderson, Lloyd B. (1986): »Evidentials, Paths of Change, and Mental Maps: Typologically Regular Asymmetries«. In: Wallace Chafe & Johanna Nichols (Hg.): *Evidentiality: The Linguistic Coding of Epistemology.* Norwood, NJ: Ablex, 273-312.

Andrade, Luis (2007): *Usos de dice en el castellano andino: estrategias evidenciales y narrativas en contacto con el quechua.* M.A. Thesis, Pontificia Universidad Católica del Peru.

Aoki, Ataya (2010): »Rapport management in Thai and Japanese social talk during group discussion«. In: *Pragmatics* 20(3), 289-313.

Asociación de Academias de la Lengua Española (2010): *Nueva gramática de la lengua española: manual*. Madrid: Espasa.

Assmann, Jan & Assmann, Aleida (1988): »Schrift, Tradition und Kultur«. In: Wolfgang Raible (Hg.): *Zwischen Festtag und Alltag – Zehn Beiträge zum Thema »Mündlichkeit und Schriftlichkeit«*. Tübingen: Narr, 25-50.

Atkinson, Paul (1999): »Medical discourse evidentiality and the construction of professional responsibility«. In: Srikant Sarangi & Celia Roberts (Hg.): *Talk, Work and Institutional Order, Volume 1*. Berlin/New York: De Gruyter Mouton, 75-108.

Auer, Peter (2000): »On line-Syntax – oder: Was es bedeuten könnte, die Zeitlichkeit der mündlichen Sprache ernst zu nehmen«. In: *Sprache und Literatur* 85 (Die Medialität der Gesprochenen Sprache), 43-56.

Auer, Peter (2005): »Projection in interaction and projection in grammar«. In: *Text* 25(1), 7-36.

Auer, Peter (2007): »Syntax als Prozess«. In: Heiko Hausendorf (Hg.): *Gespräch als Prozess. Linguistische Aspekte der Zeitlichkeit verbaler Interaktion*. Tübingen: Narr, 95-142.

Auer, Peter (2009): »On-line syntax: Thoughts on the temporality of spoken language«. In: *Language Sciences* 31(1), 1-13.

Auer, Peter & Pfänder, Stefan (2007): »Multiple retractions in spoken French and spoken German. A contrastive study in oral performance styles«. In: *Cahiers de Praxématique* 48, 57-84.

Auer, Peter & Pfänder, Stefan (2011): »Constructions: Emergent or emerging?«. In: Peter Auer & Stefan Pfänder (Hg.): *Constructions: Emerging and Emergent*. Berlin/Boston: De Gruyter, 1-21.

Avellana, Alicia (2013): »Fenómenos de transferencia entre lenguas: Evidencialidad en el español en contacto con el guaraní y el quechua«. In: *Estudios de Lingüística: Universidad de Alicante (EULA)* 27, 31-60.

Babel, Anna M. (2009): »*Dizque*, evidentiality, and stance in Valley Spanish«. In: *Language in Society* 38(04), 487-511.

Babel, Anna M. & Pfänder, Stefan (2014): »Doing copying: Why typology doesn't matter to language speakers«. In: Juliane Besters-Dilger et al. (Hg.): *Congruence in Contact-Induced Language Change. Language Families, Typological Resemblance, and Perceived Similarity*. Berlin, Boston: De Gruyter, 239-257.

Backus, Ad (2010): »The Role of Codeswitching, Loan Translation and Interference in the Emergence of an Immigrant Variety of Turkish«. In: *Working Papers in Corpus-based Linguistics and Language Education* 5, 225-241.
Bakhtin, Michail M. (1981): »Discourse and the novel«. In: Michael Holquist (Hg.): *The dialogic imagination. Four Essays by M. M. Bakhtin*. Austin, Texas: University of Texas Press, 259-442.
Bamberg, Michael G. W. (1997): »Positioning Between Structure and Performance«. In: *Journal of Narrative and Life History* 7, 335-342.
Bamberg, Michael G. W. (2005): »Narrative Discourse and Identities«. In: Jan Christoph Meister (Hg.): *Narratology beyond Literary Criticism*. Berlin/New York: De Gruyter, 213-237.
Bamberg, Michael G. W. (2008): »Positioning«. In: David Herman et al. (Hg.): *Routledge encyclopedia of narrative theory*. London: Routledge.
Bergmann, Jörg (1998): »Authentisierung und Fiktionalisierung in Alltagsgesprächen«. In: Herbert Willems & Martin Jurga (Hg.): *Inszenierungsgesellschaft*. Opladen: Westdeutscher Verlag, 107-123.
Biber, Douglas & Finegan, Edward (1989): »Styles of stance in English: Lexical and grammatical marking of evidentiality and affect«. In: *Text – Interdisciplinary Journal for the Study of Discourse* 9(1), 93-124.
Bod, Rens (2006): »Exemplar-Based Syntax: How to Get Productivity from Examples«. In: *The Linguistic Review* 23 (Special Issue on Exemplar-Based Models in Linguistics), 291-320.
Boye, Kasper & Harder, Peter (2009): »Evidentiality: Linguistic Categories and Grammaticalization«. In: *Functions of Language* 16(1), 9-43.
Brown, Cecil H. (1999): *Lexical Acculturation in Native American Languages*. Oxford u.a.: Oxford University Press.
Brown, Penelope & Levinson, Stephen C. (1987): *Politeness*. Cambridge u.a.: Cambridge University Press.
Bybee, Joan L. (1985): *Morphology: a study of the relation between meaning and form*. Amsterdam/Philadelphia: John Benjamins.
Bybee, Joan L. (2002): »Word frequency and context of use in the lexical diffusion of phonetically conditioned sound change«. In: *Language Variation and Change* 14(03), 261-290.
Bybee, Joan L. (2003): »Mechanisms of change in grammaticization: The role of frequency«. In: Brian D. Joseph & Richard D. Janda (Hg.): *The Handbook of Historical Linguistics*. Malden, Mass. u.a.: Wiley-Blackwell, 602-623.
Bybee, Joan L. (2006): »From Usage to Grammar: The Mind's Response to Repetition«. In: *Language* 82(4), 711-733.

Bybee, Joan L. (2007): *Frequency of use and the organization of language*. Oxford u.a.: Oxford University Press.

Bybee, Joan L. (2010): *Language, Usage and Cognition*. Cambridge u.a.: Cambridge University Press.

Bybee, Joan L. & Dahl, Östen (1989): »The Creation of Tense and Aspect Systems in the Languages of the World«. In: *Studies in Language* 13(1), 51-103.

Bybee, Joan L. & Hopper, Paul (2001): *Frequency and the emergence of linguistic structure*. Amsterdam/Philadelphia: John Benjamins.

Bybee, Joan L., Perkins, Revere D. & Pagliuca, William (1994): *The evolution of grammar – tense, aspect, and modality in the languages of the world*. Chicago: University of Chicago Press.

Calvo Pérez, Julio (1993): *Pragmática y gramática del quechua cuzqueño*. Cuzco: Centro de Estudios Regionales Andinos »Bartolomé de las Casas«.

Calvo Pérez, Julio (2000): »Partículas en castellano andino«. In: Julio Calvo Pérez (Hg.): *Teoría y práctica del contacto: el español en el candelero*. Madrid/Frankfurt a.M.: Iberoamericana/Veruvert, 73-112.

Calvo Pérez, Julio (2007): *Tendiendo puentes – La lengua de los emigrantes peruanos (y ecuatorianos) en la Comunidad Valenciana*. Valencia: Universidad de Valencia.

Calvo Pérez, Julio (2008): »Peru«. In: Azucena Palacios Alcaine & Julio Calvo Pérez (Hg.): *El español en América – contactos lingüísticos en Hispanoamérica*. Barcelona: Ariel, 189-212.

Cassierer, Ernst (2006 [1944]): »An Essay on Men«. In: Birgit Recki (Hg.): *Ernst Cassierer – Gesammelte Werke – Hamburger Ausgabe, 23*. Hamburg: Meiner.

Catta, Javier (1994): *Gramática del Quichua Ecuatoriano*. Quito: Ediciones Abya-Yala.

Cejador y Frauca, Julio (1971): *Vocabulario medieval castellano*. Hildesheim u.a.: Olms.

Cerrón-Palomino, Rodolfo (2003): *Castellano Andino – Aspectos sociolingüísticos, pedagógicos y gramaticales*. Lima: Pontificia Universidad Católica del Perú.

Cerrón-Palomino, Rodolfo (2008): *Quechumara – Estructuras paralelas del Quechua y del Aimara*. La Paz (Bolivia): Plural.

Chafe, Wallace (1986): »Evidentiality in English Conversation and Academic Writing«. In: Wallace Chafe & Johanna Nichols (Hg.): *Evidentiality: The Linguistic Coding of Epistemology*. Norwood, NJ: Ablex, 261-272.

Chappell, Hilary (2008): »Variation in the grammaticalization of complementizers from verba dicendi in Sinitic languages«. In: *Linguistic Typology* 12(1), 45-98.

Choque Villca, Celestino (1991): *Estructura gramatical de la lengua quechua*. La Paz (Bolivia): Centro Cultural Jayma.

Clark, Herbert H. & Gerrig, Richard J. (1990): »Quotations as Demonstrations«. In: *Language* 66(4), 764-805.

Coler, Matt (2014): »The Grammatical Expression of Dialogicity in Muylaq' Aymara Narratives«. In: *International Journal of American Linguistics* 80(2), 241-265.

Cornillie, Bert (2007): *Evidentiality and Epistemic Modality in Spanish (Semi-) Auxiliaries: A Cognitive-Functional Approach*. Berlin/New York: De Gruyter Mouton.

Coronel-Molina, Serafín M. (2011): »Marcadores de evidencialidad en hablantes bilingües de quechua-castellano«. In: Willem F. H. Adelaar et al. (Hg.): *Estudios sobre lenguas andinas y amazónicas: Homenaje a Rodolfo Cerrón-Palomino*. Peru: Fondo editorial de la Pontifica Universidad Católica del Perú, 391-412.

Cruschina, Silvio & Remberger, Eva-Maria (2008): »Hearsay and Reported Speech: Evidentiality in Romance«. In: *Rivista di Grammatica Generativa* 33, 95-116.

Crystal, David (2003): *A dictionary of linguistics & phonetics*. Malden, Mass. u.a.: Wiley-Blackwell.

Dankel, Philipp (2009): *¿Cómo hacer palabras con juegos? – Grammatische Konstruktionen im kommunikativen Genre ›Live-Radio-Fußballübertragung‹ in Bolivien*. M.A. Thesis, Albert-Ludwigs-Universität Freiburg i.Br.

Dankel, Philipp, Fernández Mallat, Victor, Godenzzi, Juan Carlos & Pfänder, Stefan (Hg.) (2012): *Neue Romania 41 – El español de los Andes: estrategias cognitivas en interacciones situadas*. München: Lincom.

Dankel, Philipp & Pagel, Steve (Hg.) (2012): *Más que una heroina*. Freiburg & Basel: HPSL, New Ideas in Human Interaction/Stories (coord. Carlos Coello & Stefan Pfänder).

Davies, Mark (2002): Corpus del Español: 100 million words, 1200s-1900s. (Online verfügbar unter http://www.corpusdelespanol.org).

De Haan, Ferdinand (2001): »The relation between modality and evidentiality«. In: *Linguistische Berichte Sonderheft* 09/2001 (Modalität und Modalverben im Deutschen), 201-216.

De Haan, Ferdinand (2003): Visual evidentiality and its origins. (Zugriffsdatum: 12.01.2013; zitiert bei: http://www.academia.edu/755492/Visual_evidentiality_and_its_origins) Manuskript, University of Arizona.

De Smet, Hendrik (2012): »The course of actualization«. In: *Language* 88(3), 601-633.

Demonte, Violeta & Fernández-Soriano, Olga (2013): »Evidentials *dizque* and *que* in Spanish. Grammaticalization, parameters and the (fine) structure of Comp«. In: *Lingüística. Revista de Estudos linguísticos da Universidade do Porto* 8, 211-234.

Deutscher, Guy (2011): »The grammaticalization of quotatives«. In: Heiko Narrog & Bernd Heine (Hg.): *The Oxford Handbook of Grammaticalization.* Oxford u.a.: Oxford University Press, 646-655.

Diessel, Holger (2007): »Frequency effects in language acquisition, language use, and diachronic change«. In: *New Ideas in Psychology* 25(2), 108-127.

Diessel, Holger (2008): Where do grammatical morphemes come from? On the development of grammatical markers from lexical expressions, demonstratives, and question words. (Zugriffsdatum: 15.08.2012; http://www.personal.uni-jena.de/~x4diho/Grammaticalization NRG4.pdf) Manuskript, Universität Jena.

Diewald, Gabriele (2006): »Context types in grammaticalization as constructions«. In: *Constructions* 1(9).

Diewald, Gabriele & Smirnova, Elena (2010a): »Abgrenzung von Modalität und Evidentialität im heutigen Deutsch«. In: Andrzej Katny & Anna Socka (Hg.): *Modalität/Temporalität in kontrastiver und typologischer Sicht.* Frankfurt a.M.: Peter Lang, 113-131.

Diewald, Gabriele & Smirnova, Elena (2010b): *Evidentiality in German.* Berlin/New York: De Gruyter Mouton.

Diewald, Gabriele & Smirnova, Elena (Hg.) (2010c): *Linguistic Realization of Evidentiality in European Languages.* Berlin, Boston: De Gruyter Mouton.

Dumitrescu, Domnita (2011): *Aspects of Spanish pragmatics.* New York u.a.: Peter Lang.

Eberenz, Rolf (2004): »*Dizque*: antecedentes medievales de un arcaísmo afortunado«. In: *Lexis* 28(1-2), 139-156.

Ebert, Karen H. (1991): »Vom Verbum dicendi zur Konjunktion – Ein Kapitel universaler Grammatikentwicklung«. In: Walter Bisang & Peter Rinderknecht (Hg.): *Von Europa bis Ozeanien – Von der Antonymie zum Relativsatz, Arbeiten des Seminars für allgemeine Sprachwissenschaft der Universität Zürich.* Zürich: Universität Zürich, 77-95.

Ehmer, Oliver (2011): *Imagination und Animation. Die Herstellung mentaler Räume durch animierte Rede.* Berlin/Boston: De Gruyter.
Ellis, Nick C. (2002): »Frequency effects in language processing«. In: *Studies in Second Language Acquisition* 24, 143-188.
Elsig, Martin (2011): »Benchmark varieties and the individual speaker: Indispensable touchstones in studies on language contact«. In: *Bilingualism: Language and Cognition* 15(02), 230-232.
Escobar, Anna María (1994): »Evidential Uses in the Spanish of Quechua Speakers in Peru«. In: *Southwest Journal of Linguistics* 13(1), 21-43.
Escobar, Anna María (1997): »Contrastive and Innovative Uses of the Present Perfect and the Preterite in Spanish in Contact with Quechua«. In: *Hispania* 80, 859-870.
Escobar, Anna María (2000): *Contacto Social y Lingüístico – El español en contacto con el quechua en el Perú.* Lima: Pontificia Universidad Católica del Perú.
Escobar, Anna María (2001): »La Relación de Pachacuti: ¿español andino o español bilingüe?«. In: *Lexis* XXV(1-2), 115-136.
Escobar, Anna María (2011): »Spanish in Contact with Quechua«. In: Manuel Díaz-Campos (Hg.): *The Handbook of Hispanic Sociolinguistics.* Malden, Mass. u.a.: Wiley-Blackwell, 323-352.
Estrada, Andrea (2009): »Ethos y pedagogía – el marcador de evidencialidad ›a ver‹ en la clase magistral«. In: *Lingüística* 22, 61-80.
Fabre, Alain (2005): Quechua. Diccionario etnolingüístico y guía bibliográfica de los pueblos indígenas sudamericanos, [zuletzt geändert: 22/08/12] (Zugriffsdatum: 07.01.2013; http://butler.cc.tut.fi/~fabre/BookInternet-Versio/Dic=Quechua.pdf).
Faller, Martina (2002): *Semantics and Pragmatics of Evidentials in Cuzco Quechua.* Dissertation, Stanford University.
Faller, Martina (2004): »The Deictic Core of ›Non Experienced Past‹ in Cuzco Quechua«. In: *Journal of Semantics* 21(1), 45-85.
Feke, Marilyn Suzanne (2004): *Quechua to Spanish Cross-Linguistic Influence among Cuzco Quechua-Spanish Bilinguals: the Case of Epistemology.* Dissertation, University of Pittsburgh.
Fernández Garay, Ana (2010): »Del tehuelche al español. La traducción intercultural«. *Primer simposio internacional interdisciplinario ›Aduanas del Conocimiento‹.* Cordoba, Argentina: Epoké.
Fernández Lávaque, Ana María (1998): »Dice reportativo«. In: Ana María Fernández Lávaque & Juana del Valle Rodas (Hg.): *Español y quechua en el noroeste argentino. Contactos y transferencias.* Salta: Consejo de Investigación de la Universidad Nacional de Salta, 67-73.

Fiksdal, Susan (1988): »Verbal and Nonverbal Strategies of Rapport in Cross-Cultural Interviews«. In: *Linguistics and Education* 1, 3-17.

Floyd, Rick (1997): *La estructura categorial de los evidenciales en el quechua wanka*. Lima: Ministerio de Educación: Instituto Lingüístico de Verano.

Floyd, Rick (1999): *The structure of evidential categories in Wanka Quechua*. Dallas, Tex.: Summer Institute of Linguistics Inc.

García Fajardo, Josefina (2009): »El modal *dizque*: estructura dinámica de sus valores semánticos«. In: Martha Islas (Hg.): *Entre las Lenguas Indígenas, la Sociolingüística y el Español. Estudios en Homenaje a Yolanda Lastra*. München: Lincom, 302-325.

Garcilaso de la Vega, Inca (1985 [1609]): »Comentarios reales de los Incas«. In: Aurelio Miró Quesada (Hg.): *Comentarios reales de los Incas*. Caracas: Fund. Bibl. Ayacucho.

Gerner, Matthias (2003): »Demonstratives, articles and topic markers in the Yi group«. In: *Journal of Pragmatics* 35, 947-998.

Gipper, Sonja (2014): »From inferential to mirative«. In: Evie Coussé & Ferdinand von Mengden (Hg.): *Usage-Based Approaches to Language Change*. Amsterdam/Philadelphia: John Benjamins, 83-116.

Godenzzi, Juan Carlos (2005): *En las redes del lenguaje – Cognición, discurso y sociedad en los Andes*. Lima: Universidad del Pacífico.

Godenzzi, Juan Carlos (2007): »El español de América y el español de los Andes: universalización, vernacularización y emergencia«. In: Martina Schrader-Kniffki & Laura Morgenthaler García (Hg.): *La Romania en interacción: entre historia, contacto y política. Ensayos en homenaje a Klaus Zimmermann*. Madrid/Frankfurt a.M.: Iberoamericana/Vervuert, 29-50.

Godenzzi, Juan Carlos & Vengoa Zúñiga, Janett (1994): *Runasimimanta yuyaychakusun. Manual de lingüística quechua para bilingües*. Cuzco: Centro de Estudios Rurales »Bartolomé de Las Casas«/Asociación Pukklasunchis.

Gómez Rendón, Jorge Arsenio (2008a): *Typological and social constraints on language contact: Amerindian languages in contact with Spanish. Volume I*. Utrecht: LOT.

Gómez Rendón, Jorge Arsenio (2008b): *Typological and social constraints on language contact: Amerindian languages in contact with Spanish. Volume II*. Utrecht: LOT.

Granda, Germán de (1998): »Condicionamientos internos y externos de un proceso de variación morfosintáctica en el español andino«. In: *Boletín de Filología de la Universidad de Chile* XXXVII, 547-564.

Granda, Germán de (2001): *Estudios de Lingüística Andina*. Lima: Pontificia Universidad Católica del Perú.

Granda, Germán de (2002): *Lingüística de contacto: español y quechua en el área andina suramericana*. Valladolid: Universidad de Valladolid.
Gries, Stefan Th. & Hilpert, Martin (2008): »Assessing frequency changes in multi-stage diachronic corpora: Applications for historical corpus linguistics and the study of language acquisition«. In: *Literary and Linguistic Computing*, 385-401.
Gugenberger, Eva (2013): »Peru«. In: Sandra Herling & Carolin Patzelt (Hg.): *Weltsprache Spanisch: Variation, Soziolinguistik und geographische Verbreitung des Spanischen. Handbuch für das Studium der Hispanistik*. Stuttgart: Ibidem, 703-732.
Günthner, Susanne (1997): »Direkte und indirekte Rede in Alltagsgesprächen. Zur Interaktion von Syntax und Prosodie in der Redewiedergabe«. In: Peter Schlobinski (Hg.): *Syntax des gesprochenen Deutsch*. Opladen: Westdeutscher Verlag, 227-262.
Gynan, Shaw N. (2011): »Spanish in Contact with Guaraní«. In: Manuel Díaz-Campos (Hg.): *The Handbook of Hispanic Sociolinguistics*. Malden, Mass. u.a.: Wiley-Blackwell, 323-352.
Haboud, Marlee & Vega, Esmeralda de la (2008): »Ecuador«. In: Azucena Palacios Alcaine (Hg.): *El español en América* Barcelona: Ariel, 161-188.
Hardman-de-Bautista, Martha James (1982): »The mutual influence of Spanish and the Andean languages«. In: *Word* 33 (April-August), 143-157.
Haspelmath, Martin (2003): »The geometry of grammatical meaning: semantic maps and cross-linguistic comparison«. In: Michael Tomasello (Hg.): *The New Psychology of Language, Vol 2: Cognitive and Functional Approaches to Language Structure*. Mahwah, New Jersey, London: Erlbaum, 211-242.
Haspelmath, Martin (2008): »Frequency vs. iconicity in explaining grammatical asymmetries«. In: *Cognitive Linguistics* 19(1), 1-33.
Haspelmath, Martin & Müller-Bardey, Thomas (2004): »Valence change«. In: Geert E. Booij et al. (Hg.): *Morphologie/Morphology. Ein internationales Handbuch zur Flexion und Wortbildung/An International Handbook on Inflection and Word-Formation*, 2. Berlin/Boston: De Gruyter Mouton, 1130-1145.
Haßler, Gerda (2010): »Epistemic modality and evidentiality and their definition on a deictic basis«. In: Martin G. Becker & Eva-Maria Remberger (Hg.): *Modality and Mood in Romance*. Berlin/Bosten: De Gruyter, 95-108.
Haverkate, Henk (2002): *The Syntax, Semantics and Pragmatics of Spanish Mood*. Amsterdam/Philadelphia: John Benjamins.
Heger, Klaus (1976): *Monem, Wort, Satz und Text*. Tübingen: Niemeyer.
Heine, Bernd (2002): »On the role of context in grammaticalization«. In: Ilse Wischer & Gabriele Diewald (Hg.): *New Reflections on Grammaticalization. In-*

ternational Symposium, Potsdam, 17-19 June, 1999. Amsterdam/Philadelphia: John Benjamins, 83-101.

Heine, Bernd & Kuteva, Tania (2004): *World Lexicon of Grammaticalization*. Cambridge u.a.: Cambridge University Press.

Heine, Bernd & Kuteva, Tania (2007): *The Genesis of Grammar*. Oxford u.a.: Oxford University Press.

Hennemann, Anja (2013): *A context-sensitive and functional approach to evidentiality in Spanish or why evidentiality needs a superordinate category*. Frankfurt a.M.: Peter Lang.

Hill, Jane H. & Irvine, Judith T. (1993a): »Introduction«. In: Jane H. Hill & Judith T. Irvine (Hg.): *Responsibility and evidence in oral discourse*. Cambridge u.a.: Cambridge University Press, 1-23.

Hill, Jane H. & Irvine, Judith T. (Hg.) (1993b): *Responsibility and evidence in oral discourse*. Cambridge u.a.: Cambridge University Press.

Hopper, Paul J. (1991): »On some Principles of Grammaticization«. In: Elizabeth Closs Traugott & Bernd Heine (Hg.): *Approaches to grammaticalization*. Amsterdam: John Benjamins, 17-35.

Hopper, Paul J. & Traugott, Elizabeth Closs (2003): *Grammaticalization*. Cambridge u.a.: Cambridge University Press.

Howard, Rosaleen (2007): *Por los linderos de la lengua*. Lima: IEP, IFEA, PUCP.

Hurch, Bernhard & Mattes, Veronika (2005): »Über die Entstehung partieller Reduplikation«. In: Gertraud Fenk-Oczlon et al. (Hg.): *Sprache und Natürlichkeit (Gedenkband für Willi Mayerthaler)*. Tübingen: Narr, 137-156.

Iemmolo, Giorgio (under review): »On the polysemy of object markers and topic markers: a study in diachronic typology«. Zürich: Universität Zürich.

Ifantidou, Elly (2001): *Evidentials and relevance*. Amsterdam/Philadelphia: John Benjamins.

Jacob, Daniel (2003a): »De la función primaria a la autonomía de la sintaxis: hacia un enfoque sociológico del cambio gramatical«. In: *Lexis* 27, 359-399.

Jacob, Daniel (2003b): »Niveaux de grammaticité: de la fonction primaire à l'autonomie grammaticale«. In: *Travaux du Cercle linguistique d'Aix-en-Provence (CLAIX)* 18, 59-81.

Jäger, Andreas (2010): »Reported speech constructions and the grammaticalization of hearsay evidentiality: a cross-linguistic survey«. In: *Language Typology and Universals* 63(3), 177-195.

Jarvis, Scott & Pavlenko, Aneta (2008): *Crosslinguistic influence in language and cognition*. New York u.a.: Routledge.

Johanson, Lars (1992): *Strukturelle Faktoren in türkischen Sprachkontakten*. Stuttgart: Steiner.
Johanson, Lars (2002): »Contact-induced change in a code-copying framework«. In: Mari C. Jones & Edith Esch (Hg.): *Language Change – The Interplay of Internal, external and Extra-Linguistic Factors*. Berlin/New York: De Gruyter Mouton, 285-313.
Johanson, Lars (2008): »Remodeling grammar. Copying, conventionalization, grammaticalization«. In: Peter Siemund & Noemi Kintana (Hg.): *Language contact and contact languages*. Amsterdam/Philadelphia: John Benjamins, 61-79.
Johanson, Lars (2010): »Turkic Language Contacts«. In: Raymond Hickey (Hg.): *The Handbook of Language Contact*. Malden, Mass. u.a.: Wiley-Blackwell, 652-672.
Kaiser, Georg A. (2011): »Preposition stranding and orphaning: The case of bare prepositions in French«. In: *Bilingualism: Language and Cognition* 15(02), 240-242.
Kalt, Susan E. (2013): »Cambios morfosintácticos en castellano impulsados por el quechua hablante«. In: *Neue Romania* 41(El español de los Andes: estrategias cognitivas en interacciones situadas), 165-192.
Kany, Charles E. (1944): »Impersonal dizque and Its Variants in American Spanish«. In: *Hispanic Review* 12(2), 168-177.
Kany, Charles E. (1976): »Sintaxis hispanoamericana«. In: *Biblioteca románica hispánica/2* 136.
Kasper, Gabriele (1998): »Linguistic Etiquette«. In: Florian Coulmas (Hg.): *The handbook of sociolinguistics*. Oxford u.a.: Blackwell, 374-386.
Kern, Sophie (1997): *Comment les enfants jonglent avec les contraintes communicationnelles, discursives et linguistiques dans la production d'une narration*. Villeneuve d'Ascq: Presses Univ. du Septentrion.
Klee, Carol A. (1996): »The Spanish of the peruvian Andes: The influence of Quechua on Spanish language structure«. In: Ana Roca & John B. Jensen (Hg.): *Spanish in contact: Issues in Bilingualism*. Somerville, Mass.: Cascadilla Press, 73-91.
Klee, Carol A. & Ocampo, Alicia M. (1995): »The Expression of Past Reference in Spanish Narratives of Spanish-Quechua Bilingual Speakers«. In: Carmen Silva-Corvalán (Hg.): *Spanish in four continents: studies in language contact and bilingualism*. Washington D.C.: Georgetown University Press, 52-70.

Kriegel, Sibylle, Ludwig, Ralph & Pfänder, Stefan (erscheint): »Convergence in Language Contact. On the Interaction of Structures, Speakers' Perception, and Change«. In: *Journal of Language Contact.*
Laprade, Richard A. (1981): »Some cases of Aymara influence on La Paz Spanish. In The Aymara Language in its Social and Cultural Context«. In: Martha James Hardman-de-Bautista (Hg.): *The Aymara Language in its Social and Cultural Context.* Gainesville, FL: University Presses of Florida, 207-227.
Lazard, Gilbert (2001): »On the grammaticalization of evidentiality«. In: *Journal of Pragmatics* 33(3), 359-367.
Lee, Tae Yoon (1997): *Morfosintaxis amerindias en el español americano. Desde la perspectiva del quechua.* Madrid: Ediciones del Orto, Universidad Complutense de Madrid.
Lehmann, Christian (2002 [1995]): »Thoughts on grammaticalization«. *ASSIDUE (Arbeitspapiere des Seminars für Sprachwissenschaft der Universität Erfurt) 9.* Erfurt: Seminar für Sprachwissenschaft der Universität Erfurt.
Levinson, Stephen C. (1983): *Pragmatics.* Cambridge u.a.: Cambridge University Press.
Lipski, John (1994): *Latin American Spanish.* London: Longman.
Lopez Izquierdo, Marta (2005): »L'émergence de dizque comme stratégie médiative en espagnol médiéval«. In: *Cahiers de linguistique et de civilisation hispaniques médiévales* 29, 483-495.
Lucius-Hoene, Gabriele & Deppermann, Arnulf (2005): »Narrative Identität und Positionierung«. In: *Gesprächsforschung – Online-Zeitschrift zur verbalen Interaktion* 2005(5), 166-183.
Ludwig, Ralph (1988): *Modalität und Modus im gesprochenen Französisch.* Tübingen: Narr.
Magaña, Elsie (2005): »El paso de dice que a dizque, de la referencia a la evidencialidad«. In: *Contribuciones desde Coatepec* 08, 59-70.
Malone, Terrell (1988): »The Origin and Development of Tuyuca Evidentials«. In: *International Journal of American Linguistics* 54(2), 119-140.
Mannheim, Bruce (1999): »Hacia una mitografia andina«. In: Juan Carlos Godenzzi (Hg.): *Tradición oral andina y Amazónica. Métodos de análisis e interpretación de textos.* Cusco: Centro de Estudios Regionales Andinos »Bartolomé de las Casas«, 57-96.
Martínez, Juan Luis (1996): *Contribuciones sobre educación intercultural bilingüe en Bolivia.* La Paz (Bolivia): Area de comunicación y documentación.
Matras, Yaron (2009): *Language Contact.* Cambridge u.a.: Cambridge University Press.

Matras, Yaron (2010): »Contact, Convergence, and Typology«. In: Raymond Hickey (Hg.): *The Handbook of Language Contact*. Malden, Mass. u.a.: Wiley-Blackwell, 66-85.

Mayer, Rolf (1990): »Abstraction, Context and Perspectivisation – Evidentials in Discourse Semantics«. In: *Theoretical Linguistics* 16(2-3), 101-164.

Mendoza, José G. (1992): *Gramática Castellana con referencia a la variedad hablada en Bolivia*. La Paz (Bolivia): Papiro.

Mendoza, José G. (2008): »Bolivia«. In: Azucena Palacios Alcaine (Hg.): *El español en América – Contacto lingüístico en Hispanoamérica*. Barcelona: Ariel, 213-236.

Merma Molina, Gladys (2007): *Contacto lingüístico entre el español y el quechua: un enfoque cognitivo-pragmático de las transferencias morfosintácticas en el español andino peruano*. Universidad de Alicante.

Michael, Lev David (2008): *Nanti evidential practice: Language, knowledge, and social action in an Amazonian society*. Dissertation, University of Texas at Austin.

Mick, Carola (2011): *Encuentros con voces marginadas* Berlin: Berliner Wissenschaftsverlag.

Miglio, Viola G. (2010): »Online Databases and Language Change: The Case of Spanish *dizque*«. In: Stefan Th. Gries et al. (Hg.): *Corpus-Linguistic Applications: Current Studies, New Directions*. Amsterdam: Rodopi, 7-28.

Muntendam, Antje (2005): »El español de Tarata: nuevas funciones de *se*«. In: Hella Olbertz & Pieter Muysken (Hg.): *Encuentros y conflictos: Bilingüismo y contacto de lenguas en el mundo andino*. Madrid/Frankfurt a.M.: Iberoamericana/Vervuert, 171-190.

Muntendam, Antje (2006): »*Se* en el Español andino: una perspectiva comparativa«. In: Alba Valencia (Hg.): *Actas del XIV Congreso de la Asociación de Lingüística y Filología de la América Latina (ALFAL)*. Monterrey, México: Universidad Autónoma de Nuevo León.

Mushin, Ilana (2001): *Evidentiality and Epistemological Stance in Narrative Retelling*. Amsterdam/Philadelphia: John Benjamins.

Mutz, Katrin (2000): *Die italienischen Modifikationssuffixe. Synchronie und Diachronie*. Frankfurt a.M.: Peter Lang.

Muysken, Pieter (1984): »The Spanish That Quechua Speakers Learn: L2 Learning as Norm-Governed Behavior«. In: Roger W. Andersen (Hg.): *Second languages: a cross-linguistic perspective*. Rowley, MA: Newbury House, 101-124.

Muysken, Pieter (2011): »Another icon of language contact shattered«. In: *Bilingualism: Language and Cognition* 15(02), 237-239.

Olbertz, Hella (2005): »›Dizque‹ en le español andino ecuatoriano: conservador e innovador«. In: Hella Olbertz & Pieter Muysken (Hg.): *Encuentros y conflictos: bilingüismo y contacto de lenguas en el mundo andino*. Madrid/Frankfurt a.M.: Iberoamericana/Vervuert, 77-94.

Olbertz, Hella (2007): »*Dizque* in Mexican Spanish: the subjectification of reportative meaning«. In: Mario Squartini (Hg.): *Evidentiality between lexicon and grammar. Special issue of Italian Journal of Linguistics/Rivista di Linguistica 19/1*. Pisa: Pacini, 151-172.

Olbertz, Hella (2008): »›Dar‹ + gerund in Ecuadorian Highland Spanish. Contact-induced grammaticalization?«. In: *Spanish in Context* 5(1), 89-109.

Otheguy, Ricardo (2011): »Concurrent models and cross-linguistic analogies in the study of prepositional stranding in French in Canada«. In: *Bilingualism: Language and Cognition* 15(02), 226-229.

Palacios Alcaine, Azucena (2005): »La influencia del quichua en el español andino ecuatoriano«. In: Carmen Ferrero & Nilsa Lasso-von Lang (Hg.): *Variedades lingüísticas y lenguas en contacto en el mundo de habla hispana*. Bloomington, Indiana: Authorhouse, 44-52.

Palacios Alcaine, Azucena (2007): »Cambios lingüísticos de ida y vuelta: los tiempos de pasado en la variedad emergente de los migrantes ecuatorianos en España«. In: *RILI* V(2.10), 109-125.

Palacios Alcaine, Azucena (2008): »Paraguay«. In: Azucena Palacios Alcaine (Hg.): *El Español en América. Contactos lingüísticos en Hispanoamérica*. Barcelona: Ariel, 279-300.

Palacios Alcaine, Azucena & Pfänder, Stefan (2014): »Similarity effects in language contact. Taking the speakers' perceptions of congruence seriously«. In: Juliane Besters-Dilger et al. (Hg.): *Congruence in Contact-Induced Language Change. Language Families, Typological Resemblance, and Perceived Similarity*. Berlin/Boston: De Gruyter, 219-238.

Pfänder, Stefan (2000): *Aspekt und Tempus im Frankokreol. Semantik und Pragmatik ›grammatischer Zeiten‹ im Kreol unter besonderer Berücksichtigung von Französisch-Guyana und Martinique*. Tübingen: Narr.

Pfänder, Stefan (2004): *Spanisch in Bolivien – Sprachkontakt und Sprachwandel*. Habilitationsschrift, Universität Halle-Wittenberg.

Pfänder, Stefan (2013): »Bolivien«. In: Sandra Herling & Carolin Patzelt (Hg.): *Weltsprache Spanisch: Variation, Soziolinguistik und geographische Verbreitung des Spanischen. Handbuch für das Studium der Hispanistik*. Stuttgart: Ibidem, 733-763.

Pfänder, Stefan, Behrens, Heike, Auer, Peter, Jacob, Daniel, Kailuweit, Rolf, Konieczny, Lars, Kortmann, Bernd, Mair, Christian & Strube, Gerhard

(2013): »Erfahrung zählt. Frequenzeffekte in der Sprache – ein Werkstattbericht«. In: Rita Franceschini & Stefan Pfänder (Hg.): *Frequenzeffekte – Sonderheft der Zeitschrift für Literaturwissenschaft und Linguistik (Heft 169)*, *Vol. 43*. Stuttgart/Weimar: Metzler, 7-32.

Pfänder, Stefan, in Zusammenarbeit mit Juan A. Ennis, Mario Soto Rodriguez & España Villegas Pinto (2009): *Gramática Mestiza – Presencia del quechua en el castellano boliviano, II*. La Paz (Bolivia): IBLEL.

Pfänder, Stefan & Palacios Alcaine, Azucena (2013): »Evidencialidad en los tiempos verbales de pasado en el español andino ecuatoriano«. In: *Círculo de lingüística aplicada a la comunicación* 54, 65-98.

Plaza Martínez, Pedro (2009): »Quechua«. In: Mily Crevels & Pieter Muysken (Hg.): *Lenguas de Bolivia – Tomo I: Ámbito andino*. La Paz (Bolivia): Plural, 215-284.

Poplack, Shana & Levey, Stephen (2010): »Contact-induced grammatical change: A cautionary tale«. In: Peter Auer & Jürgen Erich Schmidt (Hg.): *Language and Space*. Berlin/New York: De Gruyter Mouton, 391-419.

Poplack, Shana, Zentz, Lauren & Dion, Nathalie (2011a): »Phrase-final prepositions in Quebec French: An empirical study of contact, code-switching and resistance to convergence«. In: *Bilingualism: Language and Cognition* 15(02), 203-225.

Poplack, Shana, Zentz, Lauren & Dion, Nathalie (2011b): »What counts as (contact-induced) change«. In: *Bilingualism: Language and Cognition* 15(02), 247-254.

Portilla Melo, Ómar Andrés (2010): »La Evidencialidad en el Castellano Andino Nariñense«. In: *Forma y Función* 23, 157-180.

Quiróz Villarroel, Alfredo (2008): *Gramática quechua*. Cochabamba: Impresores Colorgraf Rodriguez.

Raible, Wolfgang (1980): »Regel und Ausnahme in der Sprache«. In: *Romanische Forschungen* 92, 199-222.

Raible, Wolfgang (1983): »Knowing and Believing – and Syntax«. In: Herman Parret (Hg.): *On Believing. Epistemological and Semiotic Approaches – De la croyance. Approches épistémologiques et sémiotiques*. Berlin: Walter de Gruyter, 275-291.

Raible, Wolfgang (1992): *Junktion. Eine Dimension der Sprache und ihre Realisierungsformen zwischen Aggregation und Integration*. Heidelberg: Winter.

Real Academia Española: Banco de datos (CORDE) [en línea]. Corpus diacrónico del español. (Zugriffsdatum: 23.09.2012; http://www.rae.es).

Real Academia Española: Banco de datos (CREA) [en línea]. Corpus de referencia del español actual. (Zugriffsdatum: 23.09.2012; http://www.rae.es).

Rivarola, José Luis (2000): *Español andino. Textos de bilingües de los siglos XVI y XVII.* Madrid/Frankfurt a.M.: Iberoamericana/Vervuert.

Roberge, Yves (2011): »On the distinction between preposition stranding and orphan prepositions«. In: *Bilingualism: Language and Cognition* 15(02), 243-246.

Rosemeyer, Malte (2012): *Auxiliary selection in Spanish. Gradience, gradualness, and conservation.* Dissertation, Albert-Ludwigs-Universität Freiburg.

Sälzer, Sonja (2013): »Ecuador«. In: Sandra Herling & Carolin Patzelt (Hg.): *Weltsprache Spanisch: Variation, Soziolinguistik und geographische Verbreitung des Spanischen. Handbuch für das Studium der Hispanistik.* Stuttgart: Ibidem, 685-702.

Sánchez, Liliana (2003): *Quechua-Spanish Bilingualism: Interference and Convergence in Functional Categories.* Amsterdam/Philadelphia: John Benjamins.

Sánchez, Liliana (2004): »Functional Convergence in the Tense, Evidentiality and Aspectual Systems of Quechua Spanish Bilinguals«. In: *Bilingualism: Language and Cognition* 7(2), 147-162.

Saxena, Anju (1995): »Unidirectional grammaticalization: diachronic and cross-linguistic evidence«. In: *Sprachtypologische Universalienforschung (STUF)* 48, 350-372.

Schwegler, Armin (1983): »Predicate negation and word-order change: A problem of multiple causation«. In: *Lingua* 61(4), 297-334.

Selting, Margret, Auer, Peter, et al. (2009): Gesprächsanalytisches Transkriptionssystem 2 (GAT 2). Gesprächsforschung – Online-Zeitschrift zur verbalen Interaktion, 10 (Zugriffsdatum: 13.04.2012; http://www.gespraechsforschung-ozs.de) Verlag für Gesprächsforschung, Mannheim.

Sichra, Inge (1986): *Quechua und Spanisch in zwei Gemeinden der Provinz Cochabamba.* Dissertation, Universität Wien

Siewierska, Anna (2011): »Verbal Person Marking«. In: Matthew S. Dryer & Martin Haspelmath (Hg.): *The World Atlas of Language Structures Online, Kapitel 102.* München: Max Planck Digital Library, online verfügbar unter http://wals.info/chapter/102, Zugriffsdatum: 13.11.2012.

Silva-Corvalán, Carmen (1994): *Language contact and change.* Oxford: Clarendon Press.

Soto Rodríguez, Mario (2002): *Interferencia del castellano en el quechua radial del norte de Potosí a través del uso de conectores.* Tesis de licenciatura, Universidad Mayor de San Andrés.

Soto Rodríguez, Mario (2013): *La gramática en interacción bilingüe: expresar la causa en el quechua y español bolivianos*. Dissertation, Albert-Ludwigs-Universität Freiburg.

Soto Rodríguez, Mario & Dankel, Philipp (in Vorbereitung): »›Decir‹ y ›justificar‹ en los Andes«. Freiburg: Albert-Ludwigs-Universität Freiburg i.Br., Manuskript.

Soto Rodríguez, Mario & Fernández Mallat, Victor (2012): »Marcando referencias y vínculos en el español andino: A propósito del llamado doble posesivo«. In: Philipp Dankel et al. (Hg.): *Neue Romania 41 – El español de los Andes: estrategias cognitivas en interacciones situadas, 41*. München: Lincom, 57-88.

Speranza, Adriana (2006): »Estrategias evidenciales en castellano: análisis de una variedad del castellano en contacto con el quechua«. In: *Tópicos del Seminario* 15 (Ejemplar dedicado a: Huellas del contacto lingüístico), 111-140.

Speranza, Adriana (2011): *Evidencialidad en español. Su análisis en variedades del español en contacto con las lenguas quechua y guaraní en el Gran Buenos Aires y la Ciudad de Buenos Aires*. Tesis de doctorado, Universidad de Buenos Aires.

Squartini, Mario (2001): »The internal structure of evidentiality in Romance«. In: *Studies in Language* 25, 297-334.

Squartini, Mario (2009): »Evidentiality, Epistemicity, and their Diacronic Connections to Non-Factuality«. In: Maj-Britt Mosegaard Hansen & Jacqueline Visconti (Hg.): *Current Trends in Diachronic Semantics and Pragmatics*. Bingley: Emerald, 211-226.

Squartini, Mario (2010): »Where mood, modality and illocution meet: the morphosyntax of Romance conjectures«. In: Martin G. Becker & Eva-Maria Remberger (Hg.): *Modality and Mood in Romance*. Berlin/New York: De Gruyter, 109-130.

Stratford, Dale (1989): *Structure and Use of Altiplano Spanish*. Dissertation, University of Florida.

Szmrecsanyi, Benedikt (2005): »Language users as creatures of habit: A corpus-based analysis of persistence in spoken English«. In: *Corpus Linguistics and Linguistic Theory* 1(1), 113-149.

Szmrecsanyi, Benedikt (2006): *Morphosyntactic Persistence in Spoken English*. Berlin/New York: De Gruyter.

Taylor, Gerald (1996): »Les particules modales en quechua«. In: Zlatka Guentchéva (Hg.): *L'énonciation médiatisée*. Leuven: Peeters, 259-269.

Thomason, Sarah G. (2001): *Language contact*. Edinburgh: Edinburgh University Press.

Thomason, Sarah G. (2010): »Contact Explanations in Linguistics«. In: Raymond Hickey (Hg.): *The Handbook of Language Contact*. Malden, Mass. u.a.: Wiley-Blackwell, 29-47.

Torres Cacoullos, Rena (1999): »Construction Frequency and Reductive Change: Diachronic and Register Variation in Spanish Clitic Climbing«. In: *Language Variation and Change* 11(2), 143-170.

Torres Cacoullos, Rena (2006): »Relative Frequency in the Grammaticization of Collocations: Nominal to Concessive a pesar de«. In: Timothy L. Face & Carol A. Klee (Hg.): *Selected Proceedings of the 8th Hispanic Linguistics Symposium*. Somerville, Mass.: Cascadilla Proceedings Project, 37-49.

Torres Cacoullos, Rena (2011): »A milestone study: Structured variability as the key to unraveling (contact-induced) language change«. In: *Bilingualism: Language and Cognition* 15(02), 233-236.

Traugott, Elisabeth Closs (1999): »The rhetoric of counter-expectation in semantic change: a study in subjectification«. In: Andreas Blank & Peter Koch (Hg.): *Historical semantics and cognition*. Berlin/New York: Mouton De Gruyter, 177-196.

Travis, Catherine E. (2006): »*Dizque*: A Colombian Evidentiality Strategy«. In: *Linguistics: An Interdisciplinary Journal of the Language Sciences* 44(6), 1269-1297.

van der Auwera, Johan & Plungian, Vladimir A. (1998): »Modality's semantic map«. In: *Linguistic Typology* 2(1), 79-124.

van Hout, Roeland & Muysken, Pieter (1994): »Modeling lexical borrowability«. In: *Language Variation and Change* 6(01), 39-62.

Vries, Lourens De (1995): »Demonstratives, referent identification and topicality in Wambon and some other Papuan languages«. In: *Journal of pragmatics* 24, 513-533.

Wachtmeister Bermúdez, Fernando (2006): *Evidencialidad: La codificación lingüística del punto de vista*. Institutionen för spanska, portugisiska och latinamerikastudier.

Waltereit, Richard (2006): *Abtönung: Zur Pragmatik und historischen Semantik von Modalpartikeln und ihren funktionalen Äquivalenten in romanischen Sprachen*. Tübingen: Niemeyer.

Watts, Richard J. (2003): *Politeness*. Cambridge u.a.: Cambridge University Press.

Weiss, Helmut (1998): *Syntax des Bairischen*. Tübingen: Niemeyer.

Willett, Thomas (1988): »A cross-linguistic survey of the grammaticization of evidentiality«. In: *Studies in Language* 12, 51-97.

Wölck, Wolfgang (1991): »Time, Tense and evidentials in Quechua«. In: *Buffalo Papers in Linguistics* 91(01), 258-265.

Zavala, Virginia (2001): »Borrowing evidential functions from Quechua: The role of pues as a discourse marker in Andean Spanish«. In: *Journal of Pragmatics* 33, 999-1023.

11 Anhang: Zielstrukturen und mögliche Alternativen für die grammatischen Kategorien des Quechua

Die folgende Tabelle zeigt in der Spalte ganz links die aus dem *sample* für Kapitel 8 extrahierten grammatischen Kategorien des bolivianischen Quechua. In der nächsten Spalte sind die in den für diese Arbeit verwendeten Korpora zum bolivianischen Spanisch identifizierten Zielstrukturen aufgeführt, mit denen die jeweilige grammatische Kategorie des Quechua im Andenspanisch ausgedrückt wird. Die halbrechte Spalte zählt mögliche Alternativen zu diesen Zielstrukturen auf. In der Spalte ganz rechts werden, soweit in der Forschungsliteratur ausfindig gemacht, Beispiele und Quellen aus der Grammatikalisierungs- und Kontaktforschung angegeben, die eine mögliche Entwicklung der alternativen Zielstrukturen in anderen Sprachen hin zur entsprechenden Kategorie, für die sie gewählt werden können, illustrieren.

Tabelle 6: gewählte und alternative Zielstrukturen im Transfer Quechua – Spanisch

Kategorie aus dem Quechua	gewählte Zielstruktur	mögliche Alternativen	Beispiele aus der Kontakt- und Grammatikalisierungsforschung
Ablativ **-manta**	*desde, de*	eventuell zu speziell, aber möglich: *originando, procedente*	
		prinzipiell möglich: *dejar, salir, partir*	VERLASSEN/ LASSEN/ AUFBRECHEN > Ablativ, wie z.B. im Tamil (zitiert bei Heine & Kuteva 2004: 189f.)
Additiv **-pis**	*también, encima, más, pues*	*arriba*	OBEN > Additiv, wie z.B. im Kono (zitiert bei Heine & Kuteva 2004: 305)
Adjazentiv **-ntin**	*incluso*	*junto, en común, en conjunto,*	

257

Agentiv -*x*	Relativsatzkonstruktion: N *que* V (*Bsp: el que gana*)	*encima, arriba* -*dor*/ -*nte* (*Partizip aktiv*)	siehe dazu Fußnote 19 und ausführlich: Adelaar & Muysken 2004: 226-229
Akontinuativ -*ña*	*ya*	*acabado terminado, listo*	
Akkusativ -*ta*	Akkusativmarkierung mit *lo* oder *a*[1]	auch denkbar: definite Determinierer: *el, la, lo*	Liliana Sánchez (2003: 22ff.) beobachtet die Konvergenz von direkten Determinierern im Quechua und im Spanischen. Auch für -*ta* beobachtet sie Funktionen als direkter Determinierer.

---

[1] Lipski (1994: 105ff.) stellt für das andine Spanisch eine häufige Verwendung von *lo* (als unmarkiertestes Pronomen) zur Markierung des direkten Objektes im andinen Spanisch fest. Dies schreibt er als Resultat dem Verhalten von bilingualen Sprechern im Interlekt zu, die *lo* aufgrund von Positionsähnlichkeit zunächst als *calque* für das Akkusativsuffix -*ta* verwenden (-*ta* steht als Klitikon des direkten Objektes unmittelbar vor dem Verb, *lo* als proklitisches Pronomen steht bei ›andiner‹ Wortstellung (SOV) mit Objektdoppelung (SO*lo*V) an vergleichbarer Position. Diese vergleichbare Sequenz ist bei den verschiedenen Funktionen, die für -*ta* existieren, aber nur bei der Akkusativmarkierung gegeben. Lipski spekuliert, dass in einem späteren Stadium des Spracherwebs von bilingualen Sprechern *lo* in proklitischer Stellung vor dem Verb bei SVO-Satzbau erhalten bleibt, trotz der Ausdehung des Gebrauchs von *lo* als klitisches Pronomen, allerdings in invarianter Form. Dadurch entsteht die typisch andine Pronomendoppelung (*lo pongo la caja*). Der Akkusativ-*calque* bleibt also hängen. Somit steht auch die Pronomendoppelung in Zusammenhang mit dem Quechua (Lipski 1994: 10) und ist Teil der Strategien zur Markierung des direkten Objektes.
Pfänder et al. (2009: 107, 248) stellen fest, dass sich die Verwendung des Markers zur differenziellen Objektmarkierung *(a)* ausweitet auf unbelebte Kontexte. Der Zweitaktant wird im andinen Spanisch also entweder m*it a* oder *lo* markiert (ibid.: 218).

		Opposition: *a* und Ø (Differenzielle Objektmarkierung) für *-ta* und *-man* Adelaar 2004: 214 > beide, *-man* und *-ta* werden ins Spanische meist mit *a* übertragen.	Laut Adelaar & Muysken (2004: 214) fungieren *-ta* und *-man* in einigen Quechua-Dialekten ähnlich wie die differenzielle Objektmarkierung im Spanischen. Dabei kann *-ta* nur mit belebten, *-man* nur mit unbelebten Subjekten verwendet werden. Dagegen sprechen aber die Beobachtungen von Lee (1997: 89), dass sowohl die Funktion von *-ta* als auch von *-man* auf *a* im Spanischen transferiert wird.
		prinzipiell auch denkbar: *de*	Für das Quechua wird eine Überlappung des Akkusativ mit dem Genitiv beim adverbialen Gebrauch von Adjektiven beobachtet.
diskursiver Anknüpfer *-ri:*	*pues*	*y*, *o sea*,	
		con	Komitativ > NP-Verknüpfer/Satzverknüpfer im Ewe (zitiert bei Heine & Kuteva 2004: 80)
Approximativ *-nix*	*casi*	auch möglich, da lokal gebraucht: *aproximadamente*, *más o menos*	
		cerca	KREIS > rundherum > Approximativ, wie z.B. auch ›rings‹ im Deutschen (zitiert bei Heine & Kuteva 2004: 67)
		entorno	Umgebung > rundherum > Approximativ, z.B. im Isländischen (zitiert bei Heine & Kuteva 2004: 122)

Attenuativ -ri	-ri,² Konditional	Futur	Die primäre Funktion des Quechua-Futurparadigmas ist die modale Lesart (Wölck 1991: 263).
		Subjunktiv, Periphrasen mit Modalverben	
Benefaktiv -pu³	Pronominalsequenz melo⁴	dar + Gerund⁵	Benefaktive Applikativmarker entstehen aus:⁶ - grammalisierten ›give‹-verbs (Haspelmath & Müller-Bardey 2004: 1142, Heine & Kuteva 2004: 54, 149)

[2] Als materiell kopiertes Morphem aus dem Quechua übernommen (siehe Pfänder et al. 2009: 242).

[3] Während im Quechua beim Reflexiv -ku die Verbhandlung auf den Handelnden selbst zurückfällt, ist beim Benefaktivsuffix -pu der Begünstigte der Verbhandlung nicht mit dem Handelnden gleichzusetzen. Meist tritt es in Konstruktionen auf, in denen der Sprecher von der Handlung profitiert, also in Kombination mit dem Objektmarker der 1. Pers. -wa (Bsp: *puesto-y tiya-pu-wa-n* – *Ich habe einen [Markt-] Stand für mich zugewiesen bekommen*).

[4] Im andinen Spanisch wird die Pronominalsequenz melo vorwiegend zur Abtönung von Imperativkonstruktionen verwendet. Godenzzi (2005: 173) spricht von einer Modalisierung des Imperativs (Bsp.: *Dímelo a Juan que me llame.* statt *Dile a Juan que me llame.*) zum Ausdruck höflicher Aufforderungen. Diese Funktion leistet auch die parallele Konstruktion im Quechua. Umstritten ist, welches der beiden strukturellen Elemente der Sequenz -pu entspricht und welches -wa und ob überhaupt von einem eins-zu-eins-Morphem-Mapping gesprochen werden kann (siehe z.B. Kalt 2013). Das Spanische im Andenraum wird so um eine neue Möglichkeit der Valenzveränderung von Verben erweitert.

[5] Im Spanischen Ecuadors führt der Funktionstransfer des Quechua-Benefaktivs zur Grammatikalisierung eines GIVE-Verbs. Olbertz (2008) beschreibt die Entwicklung der Konstruktion dar + Gerund, die als Benefaktiv- und Hortativ-Konstruktion verwendet wird, als »Reflex« des Quechua-Suffix -pu/-pa. Die Beschränkung auf Ecuador ist nach Olbertz der zunehmenden Obsoletheit der Personen-Objektmarkierung im ecuadorianischen Quechua geschuldet. Dies führt zu fehlender Intuition der Quechua Sprecher für die Verbvalenz im Spanischen, was dar leicht mit Gerundkonstruktionen kombinierbar macht (ibid.: 103).

[6] Typischerweise entstehen Applikativmarker aus Markern für einen *Kasus obliquus*, Adverbien oder Verbserialisierungen durch Grammatikalisierung eines ihrer Elemente (Haspelmath & Müller-Bardey 2004: 1142).

		para + N, a favor de + N[7]	- Dativ/Benefaktiv-Präpositionen (ibid.)
		llegar	- grammatikalisierte COME TO-Konstruktionen (Heine & Kuteva 2004: 73f.)
Certitudinal-marker *-puni*	*siempre*	*cierto, seguro, evidente*	
		Futur	Futur > epistemische Modalität, wie z.B. im Englischen *(will)* und Deutschen *(werden)* (siehe Heine & Kuteva 2004: 142f.)
Delimitativ *-lla*	*nomás*	*sólo, solamente, únicamente, hasta ahí*	Heine & Kuteva (2004: 90) beobachten einen Pfad: Komparativ (+ Negation) > Delimitativ *(no longer)*, der allerdings immer mit MEHR-Markern funktioniert. Entwicklungen mit weniger treten nicht auf.
Destinativ *-pax*	*para*	*a fin de, con el fin de,*	
		a favor de, al beneficio de	Benefaktiv > Destinativ, wie z.B. im Englischen *(for)*, (siehe Heine & Kuteva 2004: 55f.)
		destinado a, como para	Direktiv > Destinativ, z.B. im Albanischen (zitiert bei Heine & Kuteva 2004: 39)

---

[7] Die Möglichkeit des Ausdrucks einer benefaktiven semantischen Rolle über einen Applikativ ist im Standardspanischen nicht gegeben (Fernández Garay 2010), sondern wird über präpositionale Objekte (z.B. *para* + *N*, *a favor de* + *N*) oder indirekte klitische Pronomen ausgedrückt. Eigentlich ist also zu erwarten, dass auf solche Präpositional- oder Pronominalkonstruktionen zurückgegriffen wird. Beides sind aber nominale Strategien zum Ausdruck von Benefaktivität und kommen als Zielstruktur eher für das Nominalsuffix *-pax* (Destinativ/Benefaktiv) in Frage (siehe für den Destinativ *para* als Zielstruktur).

Diminutiv *-ita/ -itu/ -citu* **(aus dem Spanischen)**	Deutlicher Gebrauchsanstieg im Andenraum; Ausweitung auf adverbiale und verbale Wortklassen.[8]	Abtönungspartikel und Strategien z.B.: *un poco, de todos modos, sin embargo, no obstante* (siehe *quand même*)	Diminutive als Abtönungsstrategie finden sich z.B. auch im Portugiesischen (Waltereit 2006: 109-127). Siehe insbesondere die Argumentation von Waltereit (2006: 120ff.) und Mutz (2000: 40), in der sie für eine metonymische Relation des Diminutivs zur Abtönung argumentieren.[9]
		Augmentativsuffixe: *-ote/-ota, -ón/-ona, -azo/-aza*	
Direktiv *-man*	hacia	*en direción a, dirigido a, dirigiéndose a,*	evtl. auch GEHEN + Präpositionen, wie die hier genannten, wie z.B. im Mandarin beobachtet (zitiert bei Heine & Kuteva 2004: 160)

---

[8] Diminutive werden auch mit Adverbien und im verbalen Bereich mit Gerundien (wenn auch Gerundien, die nicht prototypisch verbal sind) gebraucht. Zu erwähnen ist fernerhin, dass der Spanische Diminutiv umgekehrt als Materialkopie (u.U. kann auch von einer Globalkopie gesprochen werden) ins Quechua übernommen wurde (zum Konzept der globalen und selektiven Kopien im Sprachkontakt siehe z.B. Johanson 2008: 64f. und diese Arbeit, Kapitel 2.3). Der Diminutivgebrauch im andinen Spanisch gleicht aber dem Gebrauch von Abtönungssuffixen im Quechua, es scheint also, dass auf die Diminutive die Obligatorik von Abtönung übertragen wurde (Pfänder et al. 2009: 199).

[9] Darin argumentiert Waltereit, der sich auf die Arbeit von Mutz stützt, dass Diminutivsuffixe als indexikalische Marker für eine interpersonell vertraute Beziehung fungieren. Als solche entwickeln sie in unernsten Kontexten eine abtönende Wirkung (mit der Modifizierung durch einen Diminutiv wird die Unernstigkeit der Situation etabliert), die den Sprecher zumindest teilweise von seiner kommunikativen Regresspflicht entbindet.

		para	Prinzipiell möglich, aber im Andenspanisch bereits durch den Destinativ belegt. Direktivmarker und Destinativmarker befinden sich zwar häufig auf demselben Grammatikalisierungspfad (Heine & Kuteva 2004: 39f.), da im Quechua jedoch beide Kategorien grammatisch unterschieden werden, ist es naheliegend, dass die Sprecher auch im Spanischen zwei verschiedene Zielstrukturen ausformen.
Dubitativ **-sina**	*creo que*	*tal vez que, posiblemente* *quizás* *a lo mejor* *acaso*	siehe Haverkate 2002: 36
		dudar que *ser dudoso*	ibid.: 81-88.
direktes Evidential **-mi**	*he visto,* *vi que,*	*por lo visto,* *a ver* (siehe Estrada 2009)	SEHEN (und andere Perzeptionsverben) > direktes Evidential, wie z.B. im Wintu (zitiert bei Aikhenvald 2004: 273)
		justo	Aikhenvald (2004: 275) nennt mehrere deiktische und lokative Marker als Ausgangspunkt für direkte Evidentiale (und auch andere Evidentialitätstypen).
		pues	Zavala (2001) schreibt *pues* eine Funktion als direktes Evidential, als Pendant zum Quechua-Suffix -*mi* zu.
		Tempus/Aspekt-Morpheme, deiktische Morpheme	Laut De Haan (2003: 25ff.) sind Tempus/Aspekt-Morpheme und deiktische Morpheme die Grundlage visueller Evidentialität, nicht Perzeptionsverben.

inferenzielles Evidential -*chá*	*seguramente*	*parece que, parecer* + Infinitiv, parenthetisches *según parece* u.a.	siehe dazu ausführlich Cornillie 2007: 25-36
Faktitiv (Kausativ) -*chi*	*hacer* + Inf.	*dar* + inf.	GEBEN > Kausativ z.B. im Thai (zitiert bei Heine & Kuteva 2004: 152)
		llevar/ tomar +Inf.	NEHMEN > Kausativ z.B. im Nupe (zitiert bei Heine & Kuteva 2004: 286)
		causar poner verse dejar mandar	
Frequentativ -*paya*	*mucho*	*frequentemente, cada rato una y otra vez siempre de nuevo a menudo regularmente*	Adverben wie oft (siehe Bybee et al. 1994: 165)
		seguir u.a.	Iterative Verben > Frequentativ; z.B. FORTFÜHREN > Frequentativ (siehe Bybee et al. 1994: 165)
		Reduplikation	z.B. im Tupi-Guaraní (siehe Hurch & Mattes 2005: 150, auch Bybee et al. 1994: 166, 170-174)

Futurparadigma[10] -*sax* (1SG) -*nqa* (3SG) -*sun* (1PI) -*nqanku* (3PL)	*haber de* + V,[11] spanisches Futurparadigma,[12] GEHEN-Futur (Pfänder 2004: 191)	Subjunktivparadigma	Der Subjunktiv vereint modale und temporale Lesarten (Nueva gramática de la lengua española: manual 2010: 457). Dadurch scheint er ein geeigneter Kandidat zu sein, besonders da das Quechua keine vergleichbare Kategorie grammatisch markiert und die Subjunktivformen also ›noch frei‹ sind.
		Konditionalformen	
		Temporal- oder Lokaladverbien (siehe Fußnote 10)	z.B. MORGEN > Futur, wie bspw. im Neyo (zitiert bei Heine & Kuteva 2004: 299), oder DANN/DANACH > Futur, wie bspw. im Bari (zitiert bei Heine & Kuteva 2004: 294)
Genitiv -*x*/ -*xta* -*pa*/ -*pata*	Pränominaler Genitiv in Doppel-Possessivkonstruktionen, z.B.: *de mi mamá su hija* (Lee 1997: 52ff.)	denkbar auch mit *mío, tuyo, suyo, ...*	

---

[10] Die Futurmarkierung am Quechua-Verb wird für alle nicht realisierten Ereignisse verwendet, die nach dem Moment des Sprechens stattfinden (Adelaar & Muysken 2004: 223). Jedoch entwickeln die Futurmarker im Quechua genau wie in einer Vielzahl anderer Sprachen (siehe Bybee et al. 1994) modale Lesarten, die laut Wölck (1991: 263) als die primären Funktionen des Quechua-Futurparadigmas gelten können. Das Futur, so Wölck weiter (1991: 264), wird viel häufiger über lexikalische Elemente ausgedrückt. Escobar gibt dafür die Beispiele *pacha* - Zeit/Ort, *nayra* - davor/früher und *qhipa* - dahinter/später (2000: 183).

[11] Die Konstruktion *haber de* + V wird als neue analytische Futurkonstruktion gebraucht, die ihre modale Lesart verloren hat (Pfänder et al. 2009: 240).

[12] Escobar (2000: 191-211) beobachtet dabei eine starke Ausdehnung der modalen Lesarten der Futurkonstruktionen des andinen Spanisch, die sie in Zusammenhang mit dem von Wölck (1991) festgestellten primär modalen Gebrauch des Futurs im Quechua bringt. Das andine Spanisch ist also auf dem von Bybee et al. (1994) beschriebenen Grammatikalisierungspfad vom Futur hin zur Modalität bereits weiter fortgeschritten, so Escobar (2000: 210).

		ebenso denkbar: Generalisierung von *para mí*, *para tí*, ...	Diese Generalisierung kann in einigen Situationen für den Ausdruck des Genitivs verwendet werden (Soto Rodríguez & Fernández Mallat 2012: 64).
Gerund *-spa*	span. Gerund: *-ndo*	andere infinite Verbformen des Spanischen: *Partizip*, *Infinitiv*	
Imminential *-ra*	*de repente*	*de una vez*, *de pronto*	
Imperativ[13] *-y* (2SG) *-chun* (3SG)	- analytisches Futur, - Infinitiv (Pfänder et al. 2009: 242) - synthetisches Futur (Escobar 2000: 207, Lee 1997: 107ff.) imperativisch gebraucht; - Imperativ[14]	Verbalperiphrasen mit deontischen Verben: *haber de* + *V*, *necesitar* + *V*, *deber* + *V*, *tener que* + *V*	Der enge Zusammenhang zwischen analytischem Futur und Imperativ ist auch aus anderen Sprachen bekannt: z.B. GEHEN > Hortativ/Imperativ (siehe Heine & Kuteva 2004: 159f.).
Inchoativ *-ri*	*empezar a*	*venir a* *volverse*, *ponerse en*	come to > Inchoativ z.B. im Sango (zitiert bei Heine & Kuteva 2004: 74).

---

[13] Das Imperativparadigma im Quechua überschneidet sich mit dem Infinitivsuffix und in einigen Dialekten mit dem Futur im inklusiven Plural der ersten Person (Adelaar 2004: 219, Cerrón-Palomino 2008: 146). Fernerhin kann das Futur im Quechua imperativisch gebraucht werden (Adelaar 2004: 222, Plaza Martínez 2009: 248).

[14] Die neuen Möglichkeiten, im Andenspanisch den Imperativ auszudrücken, basieren auf universalen sprachlichen Strategien (siehe dazu z.B. Escobar 2000, Pfänder et al. 2009), verstärkt durch die im Quechua vorhandenen Synkretismen (das Suffix *-y* entspricht dem Infinitiv und gleichzeitig dem Imperativ 2SG; das Suffix *-sun* kann sowohl den Imperativ 1PI als auch das Futur in der gleichen Person ausdrücken).

Infinitiv[15] -y	Infinitiv, teilweise das Gerund[16]	Gerund	
		Partizip	
		finite Verbform reanalysiert als infinite Form	Aus Spracherwerbs-Perspektive ist denkbar, dass durch die Reduktion von Finitheit in der *Interlanguage* auch eine unmarkierte, ursprünglich finite Verbform (z.B. 3PS) als infinite Form reanalysiert wird.
		a/para	Allativ-/Final-Präpositionen > Infinitiv, wie z.B. *zu* im Deutschen, oder *pur* im Seychellen-Kreol (zitiert bei Heine & Kuteva 2004: 34, 247).
Instrumental/ Komitativ -*wan*	*con*	*compañía*	GESELLSCHAFT/KAMERAD > Komitativ, wie z.B. im Baskischen ›*kide*‹ (zitiert bei Heine & Kuteva 2004: 91).
		seguir	folgen > Komitativ, wie z.B. im Mandarin (zitiert bei Heine & Kuteva 2004: 139).
		llevar/tomar +Inf.	NEHMEN > Komitativ/Instrumental, wie z.B. im Tiwi (zitiert bei Heine & Kuteva 2004: 287).

---

[15] Der Infinitivmarker -*y* des Quechua wird in der Regel zum System der Nominalisierungen gerechnet, die im Quechua zum Kernbereich der Grammatik zählen (Adelaar & Muysken 2004: 226). Nominalisierungskonstruktionen mit dem Infinitivmarker -*y* treten aber häufig als infinitivische Ergänzungen unter Hinzunahme des Akkusativsuffix -*ta* auf (Adelaar & Muysken 2004: 226, Pfänder 2004: 120). Es zeigt sich außerdem eine starke Tendenz zur Nominalisierung von Infinitiven im andinen Spanisch, genauso wie Nominalisierungsstrategien grundsätzlich eine zentralere Rolle übernehmen, als sie im Standardspanisch innehaben (siehe Fußnote 19).

[16] Das Gerund wir im Andenspanisch als die geschichtlich unmarkierteste infinite Form besonders stark ausgebaut (Pfänder et al. 2009: 147) und expandiert dabei auch in Kontexte, die im Standard dem Infinitiv vorbehalten sind (ibid.: 144).

Interrogativ **-chu**	¿*no?* am Propositionsende, teilweise auch ¿*ya?* und ¿*no ve?*			Vergleichbare Entwicklungen z.B. im Kantonesischen und im Mandarin (zitiert bei Heine & Kuteva 2004: 217).
		¿*así?, ¿sí?*		
		¿*o?/ ¿o no?*		ODER > Entscheidungsfragen, wie z.B. im Moré, mit Einschränkung auch im Baskischen (zitiert bei Heine & Kuteva 2004: 226).
Kausalmarker **-rayku**	*por*		*a causa de, debido a, con motivo de, como, tanto que*	
			desde que	SEIT(DEM) > Kausalmarker, wie z.B. *since* (temporal > kausal) im Englischen (zitiert bei Heine & Kuteva 2004: 275).
Kollektivmarker **-pura**	*entre N (entre ellos)* oder *puro N (puro varones)*		*exclusivamente, sólo, meramente*	
Kompletiv **-tawan**	*despues de*		*salir de, dejar, dejando,*	AUFBRECHEN/VERLASSEN/LASSEN > Kompletiv, z.B. im Tamil (zitiert bei Heine & Kuteva 2004: 189f.).
			acabado, terminado	BEENDEN/ENDEN > Kompletiv z.B. im Sranan (port. *acabar* > *kaba*); auch im Mandarin Chin. und Tendenzen im Spanischen (zitiert bei Heine & Kuteva 2004: 134ff.).
			puesto, metido,	SETZEN/STELLEN/LEGEN > Kompletiv z.B. im Yagaria (zitiert bei Heine & Kuteva 2004: 248).
			tomado, agarrado	NEHMEN/PACKEN > Kompletiv z.B. im Nupe (zitiert bei Heine & Kuteva 2004: 287).

			hecho	prinzipiell denkbar, MACHEN ist im Andenspanisch aber schon durch den Faktitiv (Kausativ) belegt.
Konjektural-marker -chus	no sé/quién sabe		no se sabe, cómo saber, a ver, tal vez/quizás	
			Subjunktiv	Siehe Squartini 2010: 127.
Kontinuativ -rax	todavía		aún, siguiendo	
			ir + Inf.	GEHEN > Kontinuativ, z.B. im Lahu (siehe Heine & Kuteva 2004: 158).
			quedar	BLEIBEN > Kontinuativ, wie z.B. im Vietnamesischen (zitiert bei Heine & Kuteva 2004: 254).
Koordinativ/ syntakt. Kontinuativ -tax/ -taq	nachgestelltes pero		luego, después, mas	
Limitativ -kama	metonymisch erweitertes hasta		incluso, inclusive	
			límite	
			entrar	Laut Adelaar & Muysken (2004: 215) steht die Grammatikalisierung von -kama in Zusammenhang mit dem Verb kama - ›passen‹, ›beleben‹ (als religiösem Konzept).
Lokativmarker -pi	en + Lokaladverb (en aquí)		por aquí, localizado, encima,	
			prinzipiell möglich: zona/área centro	GEBIET/ZONE > Lokativ, z.B. im Imonda (siehe Heine & Kuteva 2004: 44).
Negation mana ... chu	Doppelung von no (Prädikatnegation, ähnlich dem Frz.)		no ... paso	Mit ähnlicher Entwicklung wie für das Französische (siehe Schwegler 1983: 304ff.).

		nunca ... no *no ... nada* u.a.	Ähnlich der doppelten Negation im Bairischen (z.B. Weiss 1998: Kap. 4).
		faltar	FEHLEN/ERMANGELN > Negation z.B. im Bemba (zitiert bei Heine & Kuteva 2004: 188).
Objektpersonen Paradigma *-wa-n* (3.1) *-su-nki* (3.2) *-wa-nku* (3PL.1) *-wa-yku* (3PL.1PE) *-wa-yki* (2.1) *-wa-y* (2.1-2.IMP) *-(su)-yki* (1.2) *-(su)-ykichis* (1.2PL)	häufig erwähnt: Pronomendoppelung[17]	Markierung von Genus und Numerus am Verb	Siehe Siewierska (2011: Bsp. 12).
	Klitika		
	fehlende Pronomensetzung in der 3PS[18]		

---

[17] Siehe Lee 1997: 74-80.
[18] Siehe Calvo Pérez 2007: 776-780 und de Granda 2001: 82.

Obligativ -*na*[19]	*tiene que* + Inf., *debe* + Inf., *hay que*	*estar obligado a*, *haber de*
Partizip -*sqa*/ -*sqi*	span. Partizip	denkbar ist der Infinitiv[20]
Plural -*kuna* (-*s* aus dem Spanischen)	Fehlende Numeruskonkordanz, der meist Pragma-Universalien (*constructio ad sensum* u.a.) folgen (Pfänder et al. 2009: 181f.)	*mucho*, *varios*
	todo(s)	ALLE > Plural, wie z.B. im Tayo-Kreol (zitiert bei Heine & Kuteva 2004: 36)

---

[19] Das Suffix -*na* ist eines von mindestens vier Nominalisierungen, die in allen Quechua-Dialekten etabliert sind. Diese werden von Adelaar & Muysken (2004: 226-229) folgendermaßen unterschieden:
(1) Nominalisierungen (mit -*y*) in Bezug auf ein Ereignis in seiner Abstraktheit, mit den Eigenschaften eines Infinitivs.
(2) Subjekt-zentrierte Agentiv-Nominalisierungen (mit -*q*), die sich auf das Subjekt eines vom Verb bezeichneten Ereignisses beziehen und zum Ausdruck von Relativkonstruktion verwendet werden (Bsp: *rima-q* – ›der, der spricht‹ > ›der Sprecher‹).
(3) Instrumentale Nominalisierungen (mit dem hier vorliegenden -*na*), die sich auf künftige Ereignisse beziehen. Sie bezeichnen Mittel, einen Ort oder einen Zeitpunkt in der Zukunft, ein betroffenes Objekt, die Notwendigkeit eines Ereignisses oder einfach das Stattfinden eines Ereignisses. Alleinstehend drückt -*na* den hier vorliegenden Obligativ aus. Die instrumentale Nominalisierung wird gebraucht, um Relativsätze zu erstellen, bei denen das Subjekt sich vom Vorhergehenden unterscheidet.
(4) Stative Nominalisierungen (mit -*sqa*) entsprechen in ihrer Anwendung den Instrumentalen, mit dem Unterschied, dass sie sich auf Ereignisse beziehen, die im Verhältnis zum Hauptereignis in der Vergangenheit liegen oder gleichzeitig zu diesem stattfinden.
Nominalisierungen sind Teil der *core grammar* des Quechua (Adelaar & Muysken 2004: 226). Sie übernehmen in der Regel die syntaktischen Funktionen, die im Spanischen mit Subordinationen ausgedrückt werden. Ein Transfer ins Spanische überbrückt also verschiedene Junktionsstufen im Sinne Raibles (1992). Hier ist insbesondere eine gegenseitige Beeinflussung des Quechua und des Spanischen zu beobachten (siehe dazu Soto Rodríguez 2013). Dies ist eine komplexe Ausgangssituation für den Transfer des Obligativs und seine mögliche Übertragung auf alternative Zielstrukturen, der an dieser Stelle nicht im nötigen Umfang Rechnung getragen werden kann. Sie wird hier also nicht weiter verfolgt.

[20] Das Partizip im Quechua kann die Nominalisierungsfunktion, die im Spanischen der Infinitiv leistet *(el comer)*, ausdrücken (*miku-sqa-yki-ta rikhu-ni* – essen-PART-2SG-AKK sehen-1SG – *Ich sah dich beim Essen*).

			banda, gente	LEUTE/GRUPPE > Plural, wie z.B. im Seychellen-Kreol (zitiert bei Heine & Kuteva 2004: 230)
Possesiv *-yux*	el/la que tiene N, llevar consigo	Nominalisierung: el que posee N, N-*teniente*, *cargar*		HALTEN/BEHALTEN > Possessiv (haben), wie z.B. im West-Baskischen (zitiert bei Heine & Kuteva 2004: 186).
		tomar *agarrar*		NEHMEN/ERGREIFEN > Possessiv (haben), wie z.B. im Waata (zitiert bei Heine & Kuteva 2004: 291).
Potential *-man*[21]	Konditional (de Granda 1998)	Subjunktiv		
Progressiv *-sa*	Gerundkonstruktion (*estar* V-*ndo*)	*estar por/en* +Inf.		Kopula + Lokativ > Verlaufsform z.B. im Godié (zitiert bei Heine & Kuteva 2004: 97). Lokal gebrauchtes *in* > Verlaufsform (ibid.: 187).
		estar con + Inf.		Kopula + Komitativ > Verlaufsform z.B. im Umbundu (zitiert bei Heine & Kuteva 2004: 83).
		ir/andar + V		GEHEN + Verb > Verlaufsform z.B. im Maricopa (zitiert bei Heine & Kuteva 2004: 157).
		venir + Partizip		im Spanischen (Bybee & Dahl 1989: 58, sie geben aber kein Beispiel).
		V + *hacer* oder *hace* V-*ndo*		*do* > Verlaufsform z.B. im Bongo (zitiert bei Heine & Kuteva 2004: 118).

---

[21] Der Potentialis im Quechua kodiert Ereignisse, deren Eintreten in der Zukunft möglich ist und Ereignisse, die in der Vergangenheit hätten eintreten können und unterliegt als Teil der *non-realized events* der im Quechua grundlegenden Unterscheidung zwischen bereits real erlebbaren Ereignissen und (noch) nicht real erlebbaren Ereignissen (Adelaar & Muysken 2004: 223f.).

			existir +V	EXISTIEREN + Verb > Verlaufsform z.B. im Kongo (zitiert bei Heine & Kuteva 2004: 127).
			permanecer, quedarse	BLEIBEN/FORTDAUERN > Durativ/Habitualis z.B. im Vietnamesischen und im Ewe (zitiert bei Heine & Kuteva 2004: 254f., auch 276, 280).
Rapportpartikel **ah/ari**	*pues*[22]		*sabes/sabe, fíjate*	*Ah/ari* kann als Rapportstrategie gelten, dementsprechend sind auch Transferstrukturen wie *sabes/sabe* denkbar. Solche werden für Rapportstrategien im Englischen beschrieben (Fiksdal 1988).
			mira	
			no vé	
			así	
Reflexiv **-ku**[23]	Reflexivpronomen des Spanischen (Muntendam 2005, 2006)	Personalpronomen + *mismo* (z.B. *ella misma; a si mismo*)		*Mismo* kann eine reflexive Lesart erhalten und Reflexivkonstruktionen modifizieren (Nueva gramática de la lengua española: manual 2010: 251). Der Grammatikalisierungspfad von Adjektiven wie *mismo* zu emphatischen Reflexivmarkern ist außerdem aus anderen Sprachen bekannt (Heine & Kuteva 2004: 261).

---

[22] Zur Funktion von *ah/ari* und *pues* liegen bisher nur wenige Studien vor. Bisher tritt hervor, dass eine wichtige Funktion der Marker in beiden Sprachen die Klarstellung und die Bestätigung sind und dass insbesondere der Gebrauch von *pues* als direktes Evidential zu beobachten ist (Zavala 2001). Dies ist jedoch nicht unumstritten. In einer aktuellen Arbeit, in der sich Soto Rodriguez (2013) diesem Marker ausführlich widmet, betont dieser die Verwendung von *ah/ari* und *pues* zum Ausdruck von Verbindlichkeit und Verantwortlichkeit seitens des Sprechers gegenüber dem Behaupteten, und schreibt ihm ebenfalls die Verwendung in Situationen von Vertrautheit, Familiarität und Informalität zu. Dies entspricht dem Gebrauch z.B. von Rapportpartikeln im Japanischen (Aoki 2010).

[23] Das Reflexiv-Suffix *-ku* wird nicht nur zum Ausdruck von Reflexivität verwendet, sondern auch um die Benefaktivität der Verbhandlung dem Subjekt zuzuschreiben oder um die affektive Verbundenheit des Subjekts mit der Verbhandlung auszudrücken (Cerrón-Palomino 2008: 157, Plaza Martínez 2009: 254).

		*propio*²⁴	
Relationalisierer (Possessivparadigma) -*y* (1SG) -*yki* (2SG) -*n* (3SG) -*yku* (1PE) -*nchis* (1PI) -*ykichis* (2PL) -*nku* (3PL)	Possessivpronomen des Spanischen	*bestimmter Artikel*	
Reziprokal -*naku*²⁵	*entre* + Pron. (z.B. *entre sí, entre nosotros*)²⁶ *inter-/entre-*	*[el] uno* + Präposition +*[el] otro*	Häufig sind Reflexivmarker Ausgangspunkt für die Entstehung von Reziprokalmarkern, da reflexive Pluralformen im Kontext häufig eine reziprokale Lesart erlauben (Haspelmath 2003: 223, Heine & Kuteva 2004: 254).
Topikmarker -*qa*	evtl. übertragen auf den bestimmten Artikel²⁷	unmarkiertes Pronomen *lo*²⁸	

---

[24] *Propio* kann in reflexiver Lesart gebraucht werden, allerdings in sehr restringierten Kontexten (z.b. alternierend mit dem Possessivpronomen *su* in Kontexten, in denen Possessivität und Reflexivität zusammenfallen oder mit *de uno* in Konstruktionen mit unpersönlichem Subjekt).

[25] Cerrón-Palomino (2008: 158) beschreibt -*naku* als Verschmelzung des zur Nominalisierung verwendeten -*na* mit dem Reflexivum -*ku*, die als neues Grammem Reziprozität kodiert.

[26] Ein Teil der reziproken Pronomen im Spanischen lässt sich formal nicht von den Reflexivpronomen unterscheiden. Die reziproke Lesart wird in diesen Fällen entweder pragmatisch oder durch das Hinzufügen von Präpositionalgruppen, wie den o.g., disambiguiert. Diese enge formale und funktionale Verknüpfung zwischen beiden Kategorien ist in einer Vielzahl von Sprachen zu beobachten.

[27] Zum Transfer des sehr häufig gebrauchten Topikmarkers -*qa* ins Spanische gibt es mehr Fragen als Antworten. Wie Studien zur Grammatikalisierung von Topikmarkern zeigen, ist eine Entwicklung vom definiten Artikel zum Topikmarker gängig (z.B. Gerner 2003), jedoch fehlen für das Andenspanisch im Kontakt zum Quechua Studien, die eine solche Entwicklung klar belegen würden. Hardman-de-Bautista (1982: 150) vermutet für den Marker im Quechua *(-qa)*, ähnlich wie Laparde (1981) und Stratford (1989) für den Marker -*xa* im Aymara, einen Zusammenhang mit dem häufig quer durch alle sozialen Schichten gebrauchten und nicht stigmatisierten bestimmten Artikel, insb. wenn dieser mit Personennamen *(la María)* vorkommt.

[28] Entgegengesetzt zu den Analysen von Lipski (1994: 105ff.) und Pfänder et al. (2009: 111-115) kann die Überlegung angestellt werden, ob *lo* (Bsp: *lo leiste el libro*) nicht als Akkusativmarker, sondern als Topikmarker reanalysiert wurde.

		Differentieller Objektmarker in topischer Funktion	Auch der Marker zur differentiellen Objektmarkierung *(a)* kann als Topikmarker reanalysiert werden (siehe Iemmolo, under review, der aus einer diachronen typologischen Perspektive heraus systematische Parallelen zwischen beiden Marker-Typen feststellt).
		denkbar auch: Grammatikalisierung von Demonstrativa zu Topikmarkern (Bsp.: *este mi hijo*)	Siehe dazu Diessel 2008, Gerner 2003, Vries 1995.
		Weiterhin in Frage kommen: Präpositionen, Wortstellung, Intonation	Das Topik als Funktion ist essentiell. Es wird in beiden Sprachen ausgedrückt. Es stellt sich aber die Frage, ob das Vorhandensein eines Morphems im Quechua mit den spanischen Strategien (wie z.B. Wortstellung und Intonation) aufgefangen werden kann, oder ob sich eine neue Form rauskristallisiert, wie Muysken (1984: 118) vorschlägt.
Translokativ *-mu*	evtl. über direktive Konstruktionen mit *para* (z.B. V + *para* + lokatives Element) [29]	Konstruktionen mit *venir* oder *ir*	KOMMEN > Translokativ (Venitiv), wie z.B. im Tok Pisin u.a. (zitiert bei Heine & Kuteva 2004: 70f.).
Verbalisatoren[30] *-cha* *-ya*	*-ear*	*hacer* N	

---

[29] Zum Transfer des Translokativ *-mu* vom Quechua ins Spanische gibt es bisher keine Arbeiten. Der hier vorliegende Überblick über die Transferstrukturen im andinen Spanisch gibt ebenfalls kaum Aufschluss. Hierzu sind weitere Studien nötig.

[30] Plaza Martínez (2009: 256) unterscheidet folgendermaßen: *-cha* bildet Aktionsverben mit belebtem Agens aus Nomina, Adjektiven und Adverbien; *-ya* bildet Verben der Zustandsveränderung ohne belebtes Agens, ebenso aus Nomina, Adjektiven und Adverbien.